그리스도인의 기도학교
영광의 보좌로 나아가는 기도

영광의 보좌로 나아가는 기도

2012년 12월 30일 | 제1판 1쇄 발행
2013년 3월 5일 | 제1판 2쇄 발행

지은이 | 이성훈
펴낸이 | 안병창
펴낸데 | 요단출판사

주   소 | 158-053 서울특별시 양천구 목3동 605-4
기   획 | (02)2643-9155
영   업 | (02)2643-7290~1   FAX (02)2643-1877
등   록 | 1973. 8. 23. 제13-10호

ⓒ 이성훈 2012

편집기획 | 이영림   편집 | 송혜숙
디 자 인 | 오순영 최효정   제작 | 박태훈 권아름
영   업 | 김창윤 정준용 이영은 심현진

값 13,000원
ISBN 978-89-350-1450-7 03230

이 책의 한국어판 저작권은 요단출판사가 소유하고 있습니다.
출판사의 사전 승인 없이 책의 내용이나 표지 등을 복제, 인용할 수 없습니다.

요단인터넷서점 www.jordanbook.com

그리스도인의 기도학교

영광의 보좌로 나아가는 기도

이성훈 지음

추천의 글

기도는 영혼의 호흡입니다. 생명이 있는 사람들은 다 호흡을 해야 하듯이 영적 생명이 있는 사람들도 다 영적 호흡인 기도를 해야 합니다. 그래서 본 교재의 저자도 서문에 언급한 것처럼 우리가 예수님을 믿고 영적인 생명을 얻었다 해도 영적 호흡인 기도를 해야 하는데 이것은 영적인 영역이라 매우 어렵게 느껴집니다. 육체적으로는 호흡을 잘 하면서도 영적 호흡인 기도는 잘 못하는 사람들이 많이 있습니다. 그 때문에 우리의 신앙생활과 영적 생활이 잘 안 되고 영적 건강도 잘 유지되지 못합니다.

이러한 성도들의 고민을 누구보다 잘 아는 이성훈 목사님이 이번에 《영광의 보좌로 나아가는 기도》라는 제목으로 그리스도인의 기도생활의 지침서를 발간하게 된 것을 기쁨으로 여깁니다.

이성훈 목사님은 저와 함께 남서울교회에서 6년 동안 동역하는 동안에 무슨 일에나 충성스러움을 나타냈는데, 특별히 중보기도 사역을 맡은 후에 그의 충성스러움은 더욱 빛이 났습니다. 목사님은 기도에 관한 책도 많이 읽고, 직접 기도훈련을 진행하면서 성도들에게 기도에 대한 가르침을 더 잘 전달하려고 직접 교재와 책을 만들어 교육하고 훈련했습니다. 그러한 그의 충성스러움과 기도의 실천이 이렇게 귀한 책으로 열매 맺었습니다.

따라서 이 책을 읽어 보면 이 목사님이 어떤 분인지 알 수 있고, 그의 경건생활과 기도생활에 대해서도 잘 알 수 있습니다. 또한 남서울교회에서 사역하면서 성도들에게 얼마나 많은 영적 유익을 주었는지 알 수 있습니다. 저는 이성훈 목사님과 동역자로 사역했던 것을 자랑스럽게 생각하고 이 점을 하나님께 감사합니다. 특별히 그의 영적 통찰력과 영혼을 향한 사랑은 제가 매우 부러워하고 존경하는 부분이며, 저만 그런 것이 아니라 많은 성도도 같은 생각인 것을 밝히고 싶습니다.

이번에 발간한 이 책을 통해서 그동안 남서울교회 성도들만이 누렸던 기도의 은혜와 축복이 다른 모든 성도들에게까지 전달되기 바랍니다. 그래서 주님을 사랑하고 기도를 사랑하는 성도들이 많이 세워져서 그들을 통하여 이 땅에 하나님의 나라가 더욱 강하게 임하게 되기를 바랍니다. 끝으로, 이렇게 귀한 사역에 헌신하고 책을 발간하기 위해 해산의 수고를 아끼지 않은 이성훈 목사님에게 감사하고, 그의 수고와 노고에 대해 주님께서 좋은 것으로 갚아주시기를 기도합니다.

이 책을 읽는 모든 분에게 기도를 통한 주님의 은혜와 복이 충만하기를 축원합니다.

이 철_남서울교회 2대 담임 목사
_현 한국 피스메이커 대표

물질만능주의와 세속적 성공중심의 기복주의 기도가 교회에 횡행하는 이때에 순수하게 생수의 근원이신 하나님 자신을 구하며 예수 그리스도의 은혜와 진리의 풍성함을 모든 성도가 누리도록 훈련시키는 이 책을 적극 추천합니다.

이 책으로 기도훈련을 하면 추상적으로 느껴지던 하나님을 인격적이면서도 실제적으로 삶의 현장에서 누릴 수 있습니다. 부디 모든 성도가 삶 속에 이러한 하나님의 풍성함과 임재를 누리기를 바랍니다.

화종부_남서울교회 3대 담임 목사
_WEC, JOY 이사, KOSTA 강사

기도는 예수님의 사역에 동참하는 성도들의 축복이며 특권입니다. 그리고 성령 안에서 하나님의 임재와 영광 가운데로 들어가, 하늘에서 하나님의 뜻이 이루어지는 것처럼 땅에서도 하나님의 뜻만이 온전히 이루어지기를 간구하는 행위입니다.

본서는 단순한 이론이 아니라 저자가 성도들과 함께 기도하면서 기도학교를 운영하며 기도를 훈련시킨, 살아 있는 기도의 책입니다. 바라기는 이 책이 널리 읽혀져서 기도를 말하는 사람이 아닌, 무릎으로 교회와 주의 나라를 섬기는 성도들이 많아지기를 기대해봅니다.

엄기영_상하이 한인연합교회 목사
_KOSTA 국제본부 강사

모든 성도는 기도할 수 있습니다. 그러나 육으로 기도하는 사람은 많지만, 마가복음 14장 38절에 나오는 예수님의 말씀처럼 성령이 원하시는 기도를 하는 사람은 많지 않습니다. 성령이 원하시는 기도는 하나님의 임재와 영광 앞에서 주님과 깊이 교제하는 기도입니다.

이 책은 성경적 기도의 본질과 내용을 기도학교라는 현장을 통해 풀어낸 기도교과서입니다. 성령이 원하시는 기도를 체험하기를 원한다면 이 책을 읽기를 추천합니다.

이 책은 목회자들에게 기도의 통찰력을 제공할 것입니다. 그리고 성도들에게는 더욱더 성숙된 기도의 자리로 나아가도록 안내할 것입니다.

이찬수_분당 우리교회 목사
_총회교육위원회 교육전문위원, KOSTA 국제본부 강사

"기도하는 한 사람이 기도하지 않는 한 민족보다 강하다"라는 말처럼 평생 기도의 영광과 능력 속에서 살아온 이성훈 목사님의 이 책을 기쁜 마음으로 적극 추천합니다. 기도의 바이블과 같이 영감 있고 깊이 있는 이 책을 통해 다시 한 번 한국교회에 새로운 부흥이 일어날 것을 확신하며, 제가 사랑하는 모든 국군장병의 손에 이 책이 들려지기를 간절히 소원합니다.

황성준_해군군목 중령 목사
_신학박사, 국방부

목차

추천의 글 *4*
서문 *14*

제1부: 성경적 기도의 이론

제1과 기도의 의미와 원칙 *23*

|제1일| 기도의 의미와 목적 *23*
|제2일| 기도와 간구 *27*
|제3일| 기도의 기능을 하는 영 – 인격 *33*
|제4일| 기도의 자격 – 누가 기도할 것인가 *37*
|제5일| 주님의 임재를 누리는 기도(기도의 원칙1) *40*
|제6일| 주님을 위한 기도(기도의 원칙2) *42*
|제7일| 하나님의 목적을 이루는 통로(기도의 원칙3) *46*

제2과 주님의 임재 속에 거하는 제사장과 기도 *51*

|제1일| 주님과 교통하는 세 단계 *51*
|제2일| 만인제사장 *57*
|제3일| 제사장의 봉사⑴ – 성막 뜰의 기도 *62*

|제4일| 제사장의 봉사(2) – 성소의 기도 *65*
|제5일| 제사장의 봉사(3) – 지성소의 기도 *69*
|제6일| 성경에서 가장 중요한 제사장 직분 *73*
|제7일| 주님의 형상으로 닮아가는 비결(제사장의 중요목적) *78*

제3과 성령 안에서 기도하라 *83*

|제1일| 성령 안에서 기도하는 것의 의미 *83*
|제2일| 어떻게 성령 안에서 기도할 것인가 *86*
|제3일| ⑴ 회개기도 *90*
|제4일| ⑵ 성령의 생각으로 충만하라 *94*
|제5일| ⑶ 성령을 인격으로 대하고 기도하라 *97*
|제6일| ⑷ 성령의 빛 가운데 행하고 기도하라 *100*
|제7일| ⑸ 성령과 하나 되어 기도하라 *103*

제2부 : 성경적 개인기도 훈련

제4과 주님의 인격을 누리는 기도 109

|제1일| 주님의 인격을 누리라 109
|제2일| 주님의 인격을 누리는 기도 – 주님의 이름의 의미 113
|제3일| 주님의 이름을 누린 믿음의 선진들 116
|제4일| 주님의 이름을 부를 때 오는 유익(1) 120
|제5일| 주님의 이름을 부를 때 오는 유익(2) 123
|제6일| 언제 주님의 이름을 부를 것인가 129
|제7일| 주님의 인격을 어떻게 누릴 것인가 132

제5과 말씀으로 기도함(성령과 함께하는 기도) 137

|제1일| 말씀으로 기도함의 의미 137
|제2일| 말씀으로 기도함의 유익 141
|제3일| 말씀으로 기도한 믿음의 선진들 145
|제4일| 말씀으로 기도하는 방법(1) 151
|제5일| 말씀으로 기도하는 방법(2) 155
|제6일| 말씀으로 기도하는 방법(3) – 다섯 가지 유익한 열쇠 158
|제7일| 말씀으로 응답하시는 하나님 162

*말씀으로 기도하기 예문1

*말씀으로 기도하기 예문2

제3부: 성경적 연합기도 훈련

제6과 주님의 임재를 누리는 대화식 기도⑴ 177

|제1일| 주님의 임재란 무엇인가 177
|제2일| 주님의 임재를 누리는 두 가지 연합기도 180
|제3일| 주님의 임재를 누리는 대화식 기도 183
|제4일| 주님의 육체의 임재와 영의 임재 187
|제5일| 주님의 임재의 유익 190
|제6일| 주님의 임재를 누린 사람들 - 여호수아, 다윗 195
|제7일| 대화식 기도의 실제 원리 199

제7과 주님의 임재를 누리는 대화식 기도⑵ 205

|제1일| 대화식 기도 이렇게 하라⑴ 205
|제2일| 대화식 기도 이렇게 하라⑵ 209
|제3일| 대화식 기도 이렇게 하라⑶ 213
|제4일| 대화식 기도 이렇게 하라⑷ 215
|제5일| 하나님의 임재를 누렸던 프랭크 로바크 선교사 218
|제6일| 대화식 기도 예문⑴,⑵ 223
|제7일| 말씀중심의 연합 대화식 기도 229

제4부: 성령의 다양한 풍성함을 누리는 기도

제8과 생수를 누리는 기도(1) 235

|제1일| 성령의 다양한 표현과 사역 235
|제2일| 생수를 누리는 기도란 무엇인가 238
|제3일| 생수를 누리는 기도의 중요성 242
|제4일| 생수를 누리는 기도의 유익 246
|제5일| 치유, 회복, 번성을 위해 249
|제6일| 생명수가 흐르는 곳 252
|제7일| 어떻게 생수를 누릴 것인가(1) 256
*생수를 구하는 기도 예문

제9과 생수를 누리는 기도(2) 263

|제1일| 어떻게 생수를 누릴 것인가(2) 263
*찬송시 작사 예문
|제2일| 영적 전쟁에서 승리하는 비결 268
|제3일| 생수를 누린 사람들(1) – 인류의 시작 아담 271
|제4일| 생수를 누린 사람들(2) – 아브라함, 이삭, 야곱 275
|제5일| 생수를 누린 사람들(3) – 출애굽한 백성, 삼손, 다윗과 주님을 사랑하는 성도들 278
|제6일| 생수를 누리는 비결(1) 281
|제7일| 생수를 누리는 비결(2) – 생수를 흘려보내는 삶 285

제10과 기름부음의 기도 *289*

|제1일| 성령의 기름부음 *289*
|제2일| 기름부음의 유익⑴ - 자유함을 누림 *293*
|제3일| 기름부음의 유익⑵ - 능력 행함, 성령의 보증, 분별과 앎 *297*
|제4일| 사람의 영과 성령 *302*
|제5일| 기름부음의 성분과 효능 - 관유⑴ *305*
|제6일| 기름부음의 성분과 효능 - 관유⑵ *309*
|제7일| 기름부음을 사모하라 *314*

*기름부음 기도 예문

*성령의 기름부음

그리스도인의 기도학교 수료후기 *321*

기도학교 운영자 지침 *327*

기도학교 훈련생 지침 *329*

그리스도인의 기도학교 과별 진행표 *331*

그리스도인의 기도학교 훈련원 *332*

그리스도인의 기도학교 세미나 신청서 *334*

서문

신앙생활을 오래할수록 점점 말씀과 기도가 어렵다는 사실을 깨닫습니다. 우리는 말씀과 기도에 대해 잘 알 것 같기도 하다가도, 때로는 잘 알지 못하는 경험을 자주 합니다. 초신자일 때는 무언가 알 것 같았는데, 오히려 신앙이 성장하면서 점점 더 어렵게 느껴지기도 합니다.

말씀과 기도는 신비한 영역입니다. 그러므로 이를 깊이 알려면 반드시 성령의 도움이 필요합니다. 성령이 깨닫게 해주시지 않으면 피상적 깨달음은 있을지언정, 깊은 부분까지 정확히 깨달을 수는 없습니다.

사실 기도의 깊이는 말씀의 깊이라고 할 수 있습니다. 말씀을 깊이 깨닫지 못한다면 기도의 세계에 깊이 들어갈 수 없습니다. 많은 사람이 말씀과 기도를 별개라고 생각하지만, 성경적 관점에서 보면 말씀과 기도는 서로 깊이 연결되어 있습니다.

당신은 기도의 세계에서 얼마나 부요하고 풍성하게 누리며 살아가고 있습니까? 당신의 기도는 자아중심입니까, 아니면 성경에서 말하는 성령중심입니까? 자아중심의 기도란 하나님을 자아를 위한 축복의 도구로만 생각하고 기도하는 것을 의미합니다. 우리는 이것을 기복중심의 기도라고도 부릅니다.

예수님께서는 겟세마네 동산에서 철저히 자신을 부인하시며, 하나님의 뜻이 자신에게 이루어지도록 기도하셨고, 응답을 받으셨습니다. 성경적 기도란 하나님의 뜻이 중심이 되어 우리의 삶 가운데에 나타나는 기도입니다. 우리는 우리를 향한 하나님의 뜻을 깨닫고 그 뜻이 이루어지도록 기도해야 합니다. 그러나 과거의 저의 기도생활을 돌이켜보면, 주님의 사명과 뜻보다는 나의 뜻과 의견대로 하나님께서 역사해주시기를 간구했던 때가 더 많았습니다.

이 책은 성경적 기도의 의미가 무엇인지, 성경에서 말하는 기도를 어떻게 회복할 것인지에 대한 내용입니다. 또한 '그리스도인의 기도학교'를 통해 많은 성도와 함께 고민하며 훈련한 내용을 담은 것으로, 이제 더 많은 사람과 그 유익을 함께 나누고자 합니다.

책이 나오기까지 중보기도부를 맡겨주시고 소신껏 일하도록 격려하며 기다려주신 이철 목사님, 청교도적 영성의 가르침을 주신 화종부 목사님, 대학시절 제자훈련에 눈을 뜨게 해주시고 저를 훈련시켜주신 멘토 엄기영 목사님, 추천사를 써주신 이찬수 목사님, 황성준 목사님, 편집과 감수를 맡아주신 이명진 목사님, 이 책이 나오기를 간절히 기도하며 도와주신 강은경 권사님, 물심양면으로 아낌없이 후원하신 전은미 집사님, 교정해주신 이대희 집사님, '그리스도인의 기도학교'를 섬기며 조원들과 함께 나누고 훈련해주신 조장님들과 이향숙 부장님, 조원들 모두에게 감사드립니다.

무엇보다 저에게 많은 자극과 영향을 준 동역자인 교역자들과 곁에서 늘 제 편이 되어준 아내에게도 감사드립니다.

아직 부족한 점이 많지만, 이 책을 통해 하나님 나라의 확장과 성숙에 조금 더 가까이 이르게 하실 하나님께 영광을 올려드립니다.

이 책은 총 4부(제1부: 1-3과, 제2부: 4-5과, 제3부: 6-7과, 제4부: 8-10과)로 구성되어 있습니다.

*제1부는 기도에 대한 성경적 이론을 살펴봅니다.

제1과에서는 성경에서 말하는 기도에 대한 의미와 목적을 알아봅니다. 간구중심의 기도에서 인격적이고 순수한 양심중심의 기도로 변화되어 주님의 보좌 앞에 나아가는 일의 중요성과 기도의 동기를 철저하게 점검함으로써, 하나님의 영광과 목적과 뜻을 이루는 기도가 되도록 합니다.

제2과는 누가 하나님의 영광의 보좌 앞에 나아갈 수 있는지를 살펴봅니다. 구약시대에는 하나님께 나아갈 수 있는 자격이 제사장과 대제사장에게만 주어졌기에 백성은 제사장을 통해서만 하나님께 나아갈 수 있었습니다. 그러나 신약시대에 와서는 우리가 왕 같은 제사장이 되었습니다. 종교개혁자들은 만인제사장이라는 진리를

우리에게 밝혀주었습니다. 구약시대에 제사장이 하나님 앞에 나아갈 때는 세 단계(성막 뜰, 성소, 지성소)를 거쳤습니다. 오늘날 우리의 기도도 이 세 가지 단계로 예표된 과정을 거칩니다. 여러분의 기도는 어떤 교통의 단계에서 주님을 누리고 있습니까? 출애굽기도 세 가지 단계의 교통의 수준을 소개합니다. 이스라엘 백성, 칠십 인의 장로, 산꼭대기에 있는 모세입니다. 제2과에서는 주님과의 교통의 수준이 어느 단계에 있는지 점검해보고, 하나님께서 원하시는 영광의 보좌로 나아가도록 훈련합니다.

제3과에서는 우리가 영광의 보좌 앞으로 나아가는 일은 오직 성령에 의해 가능하다는 것을 알아봅니다. 기도는 철저히 성령의 지배 아래에서, 성령의 도우심으로 할 수 있습니다. 성경은 성령 안에서 기도하라고 명령합니다. 어떻게 해야 성령 안에서 기도할 수 있습니까? 자신의 자아와 고집과 의견으로부터 돌아서야 하며, 성령의 지배 속으로 들어가야 합니다. 이것이 회개입니다. 우리 속에 계신 성령을 인격으로 대하고, 성령과 하나 되어 성령의 빛 가운데서 행하고 살며, 기도해야 합니다.

*제2부는 주님의 임재를 누리기 위한 개인적 기도훈련의 과정입니다.

이 교재는 각 교회에서 기도학교 교재로 사용할 수 있도록 구성했습니다. 따라서 이론뿐 아니라 실제로 주님의 임재를 누리기 위한 훈련과정을 다루었습니다.

제4과에서는 주님을 인격으로 대하는 훈련을 합니다. 그렇게 하

려면 그분의 인격을 나타내는 이름의 의미를 생각하고, 묵상하며, 그분의 이름을 불러야 합니다. 그럴 때 주님의 임재를 누릴 수 있습니다. 이 과에서는 언제, 어디서, 어떻게, 왜 주님을 인격으로 대해야 하는지를 배우며, 또한 그분의 인격을 누리는 훈련을 합니다.

제5과에서는 말씀으로 기도하는 구체적 방법을 배웁니다. 주님의 임재 안으로 들어가기 위한 중요한 방법 중의 하나가 말씀으로 기도하는 훈련입니다. 말씀을 묵상하고 그 묵상한 내용으로 기도하는 것도 좋은 방법이지만, 이 방법은 묵상시간이 많이 필요합니다. 가장 좋은 방법은 말씀을 읽으면서 바로 기도하는 방법입니다. 여기서는 말씀으로 기도하는 다섯 가지 방법을 소개합니다. 말씀을 읽고, 반복하고, 선포하고, 적용하고, 기도하면 됩니다. 필자는 이 방법으로 성도들이 짧은 시간에 말씀의 능력과 임재 안으로 들어가는 것을 기도학교에서 많이 보았습니다.

*제2부가 개인기도의 훈련과정이라고 한다면, 제3부는 그룹기도의 훈련과정입니다.

개인적으로 주님의 임재를 누리는 훈련도 필요하지만, 형제들과 연합하여 그룹으로 함께 기도하는 훈련을 하면, 성령의 임재가 더욱 충만해지고 강력한 성령의 능력이 나타납니다.

특별히 제3부에서는 대화식 기도를 소개합니다. 대화식 기도를 통해 그룹원이 한마음이 되는 체험을 할 수 있습니다. 이 기도법은 로자린드 링커(Rosalind Rinker)의 《대화식 기도》의 내용을 일부 참조했고, 필자의 경험과 기도인도법을 더해 더욱 발전된 형태를 소개합니다.

*제4부는 성령의 풍성함을 다양하게 누리는 기도를 알아봅니다.

성경은 성령의 다양한 사역과 표현을 소개합니다. 바람, 불, 비둘기, 구름 등 무수히 많은 성령의 나타남 중 여기서는 생수와 기름부음이라는 대표적인 성령의 사역을 누리는 훈련을 합니다. 이러한 개념은 전통적 한국교회의 성도들에게는 익숙하지 않지만, 성경에서는 성령의 풍성한 사역의 한 부분으로 소개합니다. 생수처럼, 기름처럼 부으시는 성령의 풍성함을 누리기 바랍니다.

하나님은 영이시니

요한복음 4장 24절

제1부

성경적 기도의 이론

기도는 영이신 하나님을 우리 영 안에 호흡하여 그리스도의 거룩한 인격과 성품을 우리 내면에 채워 자기를 부인하고 성령으로 충만하여 하나님의 목적과 계획을 이 땅에 나타내는 것이다.

제1과
기도의 의미와 원칙

제1일 기도의 의미와 목적

    기도란 무엇입니까? 기도는 영혼의 호흡입니다. 기도는 사람이 하나님을 자기의 영혼 속에 받아들이고, 하나님과 하나 되어 하나님으로 충만해지는 것입니다. 하나님의 영으로 충만해질 때, 비로소 우리는 하나님의 생각과 감정과 의지를 표현할 수 있습니다.

    기도는 누구나 할 수 있습니다. 꼭 그리스도인이 아니더라도 모든 종교인은 다 기도를 합니다. 어떤 형상을 만들거나 혹은 돌멩이, 해, 달, 짐승의 형상 앞에 절을 하기도 합니다. 사람들은 물질로는 채울 수 없는 영혼의 갈망을 채우기 위해 기도합니다.

> 여호와 하나님이 땅의 흙으로 사람을 지으시고 생기를 그 코에 불어넣으시니 사람이 생령이 되니라 창 2:7

    하나님께서는 사람을 지으실 때, 사람의 코에 생기를 불어넣어

주셔서 생령 즉, 살아 있는 영이 되어 영적 세계를 접촉할 수 있게 하셨습니다. 그래서 영이신 하나님과 교제가 가능하도록 만드셨습니다.

그러나 아담의 범죄로 말미암아 사람의 영은 죽었고, 하나님과의 교통이 끊어져서 그분과의 교제인 기도를 할 수 없게 되었습니다. 이에 하나님께서 은혜와 긍휼을 베푸셔서 우리는 예수 그리스도의 구속으로 죄 사함을 받았습니다. 그리고 우리의 영은 부활하신 예수 그리스도의 영이신 성령으로 인해 다시 살게 되었습니다(엡 2:1 참조).

기도는 영혼의 호흡입니다. 기도는 사람이 하나님을 자기의 영혼 속에 받아들이고, 하나님과 하나 되어 하나님으로 충만해지는 것입니다.

예수님께서는 부활하신 후에 제자들에게 다시 찾아오셔서 "숨을 내쉬며…성령을 받으라"(요 20:22)라고 말씀하시고 성령을 제자들의 영 안에 넣어주셨습니다. 예수님 안에 있는 충만한 그 영을 제자들에게 공급하신 것입니다. 이처럼 우리 속의 죽은 영은 성령과 연합하여 다시 살아나 숨을 쉬게 되었습니다. 이것이 바로 기도이고, '기도는 영혼의 호흡이다' 라고 말하는 이유입니다(창 2:7; 요 20:22 참조).

기도는 영혼의 호흡이므로, 우리의 육체가 4분 이상 숨을 쉬지 못하면 죽는 것처럼 영혼도 계속 살기 위해서는 호흡해야 합니다. 그렇다면 영혼은 무엇으로 호흡해야 할까요? 또한 우리의 영혼이 호흡해야 할 대상은 누구일까요? 그 대상은 바로 성령이신 하나님 자신입니다. '성령'은 헬라어로 '프뉴마' 입니다. 이 단어는 공기, 바람, 영의 의미를 내포합니다. 다시 말하면, 성령은 마치 우리 영혼의 공기처럼 우리의 호흡의 대상입니다.

육체가 온종일 숨을 쉬듯이 영혼도 24시간 숨 쉬듯 기도해야 합니다. 그래서 성경은 쉬지 말고 늘 밤낮으로 호흡하듯 기도해야 함을 강조합니다(살전 5:17 참조).

우리는 성령을 호흡해서 영혼에 가득 채워야 합니다. 이것이 바로 성령 충만입니다. 그러면 왜 성령 충만해야 합니까? 하나님의 온전하신 통치가 우리의 삶 속에 나타나게 하기 위해서입니다. 하나님의 영이 우리의 영혼 속에 충만히 거하실 때, 우리의 옛 사람의 인격이 나타나지 않고 우리 속에 있는 그리스도의 인격을 나타낼 수 있습니다.

> 이는 내게 사는 것이 그리스도니   빌 1:21

성령 충만하려면 항상 기도 즉, 영혼의 호흡을 해야 합니다. 이러한 의미에서 기도는 성령을 호흡하는 것이라고 말할 수 있습니다. 기도를 영혼의 호흡이라고 하는 것은 우리가 하나님 없이 살 수 없는 존재라는 의미입니다. 매 순간 그리스도를 얻는 삶을 살아야 합니다(빌 3:8 참조).

기도는 하나님을 내 영혼 속에 공기처럼 가득 채우는 것이며, 그리스도를 얻는 것이고, 성령으로 충만해지는 것입니다. 기도를 하면 사람이 하나님을 영혼 속에 받아들여 그분으로 충만해지고, 그분과 하나 되어 그분의 생각과 감정과 의지를 표현하게 됩니다.

온종일 주님 한 분만으로 나의 영혼을 가득 채우고 삶의 순간들을 주님과 함께 누리십시오. 그리고 주님의 생각과 감정과 의지가 당신의 인격이 되게 기도하십시오. 그러면 모든 환경을 통치할 수 있는 능력이 생깁니다.

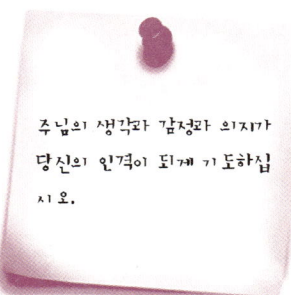

> 하나님이 자기 형상 곧 하나님의 형상대로 사람을 창조하시되 남자와 여자를 창조하시고 하나님이 그들에게 복을 주시며 하나님이 그들에게 이르시되 생육하고 번성하여 땅에 충만하라 땅을 정복하라 바다의 물고기와 하늘의 새와 땅에 움직이는 모든 생물을 다스리라 하시니라   창 1:27-28

우리의 기도가 하나님의 형상을 닮아갈수록, 생육과 번성이 땅에 충만하여 땅을 정복하고 모든 환경을 다스릴 수 있는 능력이 주어집니다. 다스림은 인격의 문제입니다. 하나님처럼 높은 인격을 나타낼 때, 모든 만물을 다스릴 수 있습니다.

당신의 인격이 주님의 인격으로 변화되도록 하나님을 닮아가는 기도에 집중하십시오. 하나님을 닮아가는 비결은 주님을 인격으로 누리는 것입니다. 오늘도 주님을 가까이하십시오.

🔖 묵상 및 적용

1. 주님을 호흡하듯 주님 자신을 받아들이는 기도를 하십시오.

2. 주님의 사랑과 평안과 기쁨을 영혼 속에 받아들이고 인정하는 기도를 하십시오.

✋ 오늘의 기도

제2일 기도와 간구

    기도와 간구는 어떤 차이가 있을까요? 기도의 요소로는 찬양, 감사, 회개, 간구 등이 있습니다. 기도를 집합이라고 한다면, 간구는 집합의 원소인 셈입니다. 즉, 기도는 간구라는 요소를 포함합니다. 기도가 하나님과의 일반적인 교제라면, 간구는 하나님 앞에서 특별한 필요를 아뢰는 것입니다. 많은 사람은 일반적으로 간구하면서 기도를 배우기 시작합니다.

> 구하라 그리하면 너희에게 주실 것이요 찾으라 그리하면 찾아낼
> 것이요 문을 두드리라 그리하면 너희에게 열릴 것이니   마 7:7

우리의 삶은 늘 문제에 둘러싸여 있습니다. 경제적·육체적·물질적·정신적·영적 문제가 생기면, 우리는 하나님께 나아가 도움을 요청합니다. 간절히 하나님께 아뢸 때, 그분은 우리의 필요를 채워주시고 응답하십니다. 하나님께서는 우리가 그분에게 나아가 간절히 구하기를 원하십니다.

그러나 우리의 기도가 간구에 그쳐서는 안 됩니다. 현재의 간구가 '기도'로 발전해야 합니다. 어떤 일, 문제, 필요만 아뢰고 하나님과의 인격적인 접촉이 없다면 비록 문제와 필요에 대해서는 응답을 받을지라도 그 영혼은 야위어갈 것입니다. 왜냐하면 주님의 능력에만 접촉할 뿐 그분의 인격에는 접촉하지 못할 수도 있기 때문입니다. 그 예로, 이스라엘 백성은 광야에서 만나로 만족하지 못하고 그들의 정욕을 채울 메추라기를 간구했습니다. 하나님께서는 그들의 코에서 냄새가 나도록 메추라기를 공급하셨습니다. 그러나 그들의 영혼은 점점 파리해져갔습니다(시 106:15 참조). 이것은 참으로 모순처럼 보입니다. 그들은 욕심대로 간구했고 하나님께서는 응답하셨습니다. 그들의 정욕과 탐심은 배불렀지만,

> 기도가 하나님과의 일반적인 교제라면, 간구는 하나님 앞에서 특별한 필요를 아뢰는 것입니다.

그들의 영혼은 주려갔습니다. 이것이 간구의 위험성입니다.

하나님을 인격으로 대하지 않고, 우리의 물질적 필요만 채워주는 분으로만 인식하면, 간구는 기복주의로 변합니다. 영적으로 어린아이일 때는 간구를 통해 기도의 응답을 배웁니다. 그러나 영적으로 성장할수록 하나님의 인격을 구해야 합니다. 그분이 우리에게 정말 주시기를 원하는 것은 그분 자신입니다.

마태복음을 보면 하나님께서는 우리에게 구하라고 하시면서 구하는 자에게 좋은 것을 주신다고 말씀하십니다.

> 너희가 악한 자라도 좋은 것으로 자식에게 줄 줄 알거든 하물며 하늘에 계신 너희 아버지께서 구하는 자에게 좋은 것으로 주시지 않겠느냐   마 7:11

그런데 똑같은 본문이지만 누가복음에서는 '좋은 것'을 성령이라고 언급합니다. 하나님께서 우리에게 진정 주시기를 원하는 가장 좋은 것은 하나님 자신인 성령이라는 것입니다.

> 너희가 악할지라도 좋은 것을 자식에게 줄 줄 알거든 하물며 너희 하늘 아버지께서 구하는 자에게 성령을 주시지 않겠느냐 하시니라   눅 11:13

당신은 자신에게 가장 큰 필요인 하나님을 구하십니까? 하나님 외에 당신의 필요만을 간구하지는 않습니까? 이러한 간구중심적인 기도태도는 저의 어린 시절을 떠올리게 합니다. 제 아버지는 직장에서 퇴근하실 즈음 가끔씩 우리 형제들을 위해서 맛있는 과자, 과일 등을 사오셨습니다. 다섯 명의 우리 형제들은 문간에 나가, "아빠, 다녀오셨어요?"라고 간단히 인사만 하고는, 아버지가 들고 계신 선물을 낚아채서 맛있게 먹으며 좋아했습니다. 우리는 아버지에게는 별로 관심이 없고 선물에만 관심이 있었습니다. 그래도 아버지는 즐거워하셨습니다. 우리가 기뻐하니 아버지도 즐거우셨던 것입니다.

우리의 기도는 더욱 발전되어야 합니다. 만약 우리가 기도를 항상 이런 식으로만 이해하여 주님께 필요만 간구하고, 주님과 인격적으로 만나지 못한다면, 우리는 상당히 위험한 지경에 빠질지도 모릅니다. 주님과의 인격적인 교제가 이루어지지 않기 때문입니다.

> 하나님을 인격으로 대하지 않고, 우리의 물질적 필요만 채워주는 분으로만 인식하면, 기도는 기복주의로 변합니다.

기도는 홀로 완전한 인격이신 하나님의 보좌 앞에 나아가 우리의 마음(인격)을 열고 대화하며, 그분을 온전히 우리의 영 안에 채우고, 그분의 얼굴을 구하고, 그분의 임재 앞에 머물러 있는 것입니다.

어떤 부모에게 두 아들이 있다고 가정해봅시다. 한 아들은 그가 필요로 할 때만 부모에게 와서 부탁을 합니다. 배가 고프거나, 용돈이 필요하거나, 몸이 아플 때만 도움을 청합니다. 그래도 부모는 아들의 부탁을 외면하지 않고 필요를 채워줍니다.

또 다른 아들은 그의 필요뿐만 아니라, 하루 동안 경험한 기쁘고

슬픈 모든 상황에 대해 마음을 열고 한두 시간씩 털어놓습니다. 부모 역시 그 아들에게 그들의 경험담도 들려주고, 그를 위로하며 격려해줍니다. 부모는 아들과 마음을 나눔으로써 뿌듯하고 만족을 느낄 것입니다.

이러한 즐거움을 하나님 아버지와 함께 누리는 것이 진정한 기도의 기쁨이며, 교제의 즐거움입니다. 하나님의 마음과 우리의 마음이 연결되고 통하는 것, 그것이 기도의 기쁨입니다.

당신의 기도제목을 한번 살펴보십시오. 여러 가지 일과 문제에 대한 필요중심의 간구가 대부분을 차지하지는 않습니까? 그렇다면 기도를 너무 편협하게 이해하며, 진정한 기도의 기쁨을 누리지 못하는 상태입니다.

주님을 바라보는 것만으로도 기도라고 말할 수 있습니다. 단지 주님의 얼굴을 바라보고만 있어도 당신의 마음은 기쁨으로 충만해질 것입니다. 그분은 무척 아름답고 놀라운 인격을 지니신 분이기 때문입니다. 그분을 바라보기만 해도 그분의 영광의 광채가 당신의 마음을 가득 채울 것입니다.

사도 바울의 마음속에는 오직 그리스도 한 분뿐이었습니다.

> 이는 내게 사는 것이 그리스도니 죽는 것도 유익함이라 빌 1:21

바울은 그리스도가 자신 속에 살아 자신이 그리스도를 나타내는 것에만 관심을 두었습니다. 그는 비록 육신의 죽음을 맞이할지라도, 그의 안에 그리스도가 살아 나타난다면 죽는 것도 유익하다고 고백합니다.

저는 사도 바울의 이러한 고백이 기도의 의미와 목적을 잘 드러 낸다고 생각합니다. 기도란 내가 그리스도를 얻고, 그리스도로 내 안을 채우며, 그리스도가 내 안에서 충만하게 사시도록 하는 것입니다. 그분이 내 안에 들어와 먹고 마시며 나와 함께 교제의 삶을 누리는 것입니다.

> 볼지어다 내가 문 밖에 서서 두드리노니 누구든지 내 음성을 듣고 문을 열면 내가 그에게로 들어가 그와 더불어 먹고 그는 나와 더불어 먹으리라   계 3:20

기도는 또한 주님과의 교제를 통해 그분과 내가 하나 되는 것입니다. 나의 자아는 사라지고 내 안에 그분만 사시게 하는 것입니다. 이러한 삶이야말로 성경에서 말하는 가장 높은 수준의 기도를 추구하는 삶입니다.

사도 바울이 주님과 하나 되어 살며 고백했듯이, 우리도 이렇게 살 수 있도록 기도의 수준을 높여야 합니다. 그리스도로 말미암아 내 안이 충만해지도록 기도하면서 오늘도 주님의 풍성한 사랑과 임재를 누리십시오.

🔖 묵상 및 적용

1. 기도와 간구의 차이는 무엇입니까?

2. 당신의 기도제목을 살펴보고 기도와 간구의 균형이 맞는지 점검하십시오.

🙏 오늘의 기도
_____
_____
_____
_____
_____
_____

제3일 기도의 기능을 하는 영 - 인격

몸에는 여러 가지 기능을 하는 기관들이 있습니다. 식사를 하려면 입과 이를 사용하여 음식물을 잘게 부숴야 합니다. 냄새를 맡으려면 후각을 사용하고, 음식의 맛을 느끼려면 미각을 이용해야 합니다. 영적인 것도 마찬가지입니다. 기도는 영에 속한 것이므로 영적인 기능을 하는 영을 사용해야 합니다. 우리는 기도를 하나님께

합니다. 그분은 영이신 분입니다.

하나님은 영이시니　　　　　　　　　　요 4:24

영의 세계는 육신의 눈으로 볼 수 없는 세계입니다. 하나님께서는 영이시며, 천사도 영이고, 타락한 천사인 사탄도 영입니다. 공통점은 육체가 없는 영만 가진 존재라는 것입니다(성육신 하신 예수님께서는 인성과 신성을 가지신 하나님입니다).

그런데 사람의 존재는 특이합니다. 육체를 지닌 영적 존재입니다. 사람은 육체와 영혼이 있어서 물질적 세계는 물론 영적 세계를 접촉할 수 있는 존재입니다. 눈에 보이는 물질적 세계를 접촉하려면 육체의 기능을 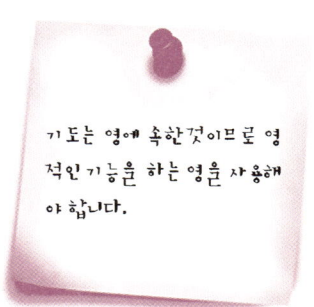 사용해야 하듯이, 영적 세계를 접촉하려면 하나님께서 우리에게 주신 영의 기능을 사용해야 합니다.

여호와 하나님이 땅의 흙으로 사람을 지으시고 생기를 그 코에 불어넣으시니 사람이 생령이 되니라　　　　　　창 2:7

하나님께서는 우리의 육신을 흙으로 만드셨고, 코에 하나님의 생기를 불어넣으셔서 살아 있는 영이 되게 하셨습니다. 따라서 기도는 우리의 육체적 기관이 아닌 영적 기능을 하는 영을 사용해야 합니다(제3과 '성령 안에서 기도하라' 참조).

사람의 영혼은 전인격적 요소인 생각, 감정, 의지, 마음(양심)을 포함합니다(창 1:26; 롬 8:6, 9:1; 요 14:1 참조). 그러므로 인격이신 하나님과 교통하려면 우리도 인격을 사용해야 합니다.

영이신 하나님과는 우리의 영을 사용함으로써 접촉이 가능합니다. 그러나 아담과 하와가 사망의 열매인 선악과를 먹으면서, 죄와 사망이 우리 안에 들어오게 되었고 우리의 영은 죽었습니다. 다시 말하면, 우리에게는 영이 있지만 죄의 영향으로 그 기능을 상실해 버렸습니다.

아담과 하와가 선악과를 먹기 전에는 영이 살아 있어서 하나님과 교통하며 기도하는 데 전혀 문제가 없었습니다. 그러나 선악과를 먹고 영이 죽은 후에는, 우리에게 영이 있어도 전혀 움직이지 못하는 고장 난 자동차처럼 되었습니다. 영혼에 속한 인격인 생각과 감정과 의지와 양심이 죄와 사망의 영향으로 어두워져 영이신 하나님과 접촉할 수 없고, 육체에 속한 세속적인 일에만 접촉하며 살게 되었습니다.

그래서 예수님께서는 우리의 죄를 처리하기 위해 십자가에서 피 흘려 죽으시고, 부활하시고, 승천하셔서 우리에게 성령을 보내주셨습니다. 누구든지 성령을 영 안에 받아들이면 죽었던 영이 성령과 연합되어 다시 살아납니다(엡 2:1; 롬 8:10 참조). 그러면 우리의 영이 성령으로 말미암

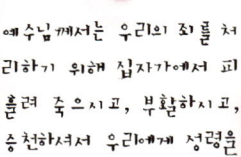

아 제 기능을 발휘하게 되어 하나님과 제대로 교통할 수 있고 기도할 수 있습니다. 그러므로 하나님의 영, 성령을 모시지 않은 사람은 진정한 의미에서 하나님의 보좌 앞에 나아가 기도할 수가 없습니다.

그러나 성령을 모신 사람은 영이신 하나님의 보좌 앞으로 나아갈 수 있습니다. 생명의 영인 성령이 죄와 사망의 권세에서 우리를 해방시키시고, 우리의 영을 살리셔서 생각과 감정과 의지, 양심이 새로워져 하나님과의 교통이 가능하기 때문입니다(롬 8:1-2; 엡 2:1 참조).

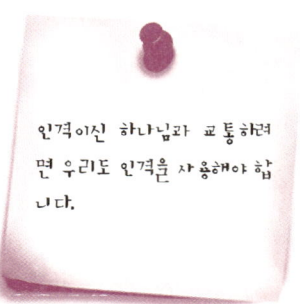
인격이신 하나님과 교통하려면 우리도 인격을 사용해야 합니다.

성령이 우리의 영 안에 들어오기 전에는 죄로 말미암아 하나님의 영광을 볼 수 없습니다. 볼 수 있는 시력 자체가 없습니다. 눈은 있으나 시력은 상실했습니다. 그러나 성령을 모신 이후로는 영적 시력이 회복되어 하나님의 얼굴을 볼 수 있고, 그분의 영광을 바라보며 누릴 수 있습니다. 또한 하나님께서 자녀들에게 예비하신 부요한 수많은 보화 즉, 하나님의 풍성한 사랑, 의로움, 기쁨, 평안 등을 누릴 수 있습니다(롬 8:17 참조).

우리의 영을 살리시고, 우리가 하나님의 보좌 앞으로 나아가 하나님의 모든 부요함을 누릴 수 있게 해주신 주님을 찬양합시다. 그분의 은혜의 보좌 앞에 당당히 나아갑시다.

🍫 묵상및적용

1. 당신의 영혼 속에 성령이 오심으로써 영이 살아났음을 고백하고 선포하십시오.

2. 성령의 역사로 말미암아 당신의 영이 은혜의 보좌로 당당히 나아가는 감사의 기도문을 써보십시오.

🙏 오늘의 기도

제4일 기도의 자격 – 누가 기도할 것인가

너희는 다시 무서워하는 종의 영을 받지 아니하고 양자의 영을 받았으므로 우리가 아빠 아버지라고 부르짖느니라 성령이 친히 우리의 영과 더불어 우리가 하나님의 자녀인 것을 증언하시나니
롬 8:15-16

기도의 자격은 관계의 문제입니다. 하나님과 우리는 아버지와 자녀의 관계입니다. 우리가 하나님 앞에 나아갈 수 있는 이유는 우리가 종의 영을 받지 않고 양자의 영, 아들의 영을 받았기 때문입니다. 우리는 세상의 영을 받은 사람이 아니라 아들의 영인 거룩한 성령을 받은 사람들입니다. 성령을 받은 사람만이 진정으로 하나님 앞에 나아갈 수 있고, 하나님을 아버지라고 부를 수 있습니다. 우리 속에 계신 성령은 친히 우리의 영과 더불어 하나님의 자녀임을 증언하시면서 우리가 하나님을 '아빠 아버지'라고 부르게 해주십니다.

하나님께서 우리의 아빠 혹은 아버지가 되신다는 것은 하나님께서 우리의 근원이 되신다는 의미입니다. 우리의 육체, 영혼이 그분에게서 나왔으며, 우리는 하나님께로부터 하나님 자신의 생명 즉, 영생을 받은 자녀들

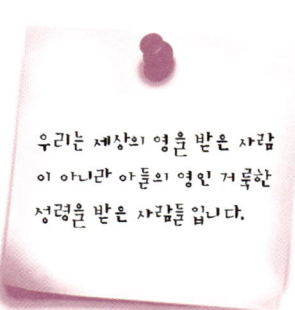

우리는 세상의 영을 받은 사람이 아니라 아들의 영인 거룩한 성령을 받은 사람들입니다.

입니다. 아빠는 자녀에게 모든 것을 공급해줍니다. 물질적 필요뿐 아니라 사랑과 관심으로 정서적인 필요도 공급합니다.

아기가 처음 하는 말은 '엄마, 아빠'입니다. 아기가 엄마 아빠를 알아보고 부를 때, 부모의 마음은 세상의 모든 것을 얻은 것처럼 기쁩니다.

하나님께서는 우리 자녀들이 하나님께 '아빠'라고 부르는 것을 듣기를 원하십니다. 하나님을 '아빠'라고 소리 내어 불러보십시오. 하나님 아버지께서 기뻐하시는 것을 느낄 수 있을 것입니다. 제가

이 사실을 깨달은 날, 저는 온종일 하나님을 '아빠'라고 불렀습니다. 그때마다 하나님의 사랑과 기쁨이 제 마음속에 흘러 들어오는 것을 경험했습니다. 기도의 첫마디, 가장 간단하면서도 달콤한 사랑의 기도는 하나님을 '아빠'라고 고백하는 것입니다. 소리를 내어 '아빠'라고 불러보십시오.

오늘 온종일 입을 열어서 하나님을 생각하며, "아빠, 사랑해요"라고 고백해보십시오. 그리고 그 사랑을 누리십시오. 당신이 입을 열어 하나님을 '아빠'라고 고백할 때, 당신 속에 계신 성령이 함께 고백하십니다. 형식적으로 고백하지 말고 나를 구원하기 위해 독생자도 아끼지 않고 보내주신 사랑을 마음속 깊이 생각하며 고백해보십시오. 성령이 친히 당신이 하나님의 자녀임을 증거하실 것입니다.

 묵상 및 적용

1. 하나님을 '아빠'라고 고백할 수 있는 사람은 누구입니까?

2. 오늘부터 매 순간 "아빠 아버지, 사랑해요"라고 고백하십시오.

오늘의 기도

제5일 주님의 임재를 누리는 기도(기도의 원칙1)

> 우리가 보고 들은 바를 너희에게도 전함은 너희로 우리와 사귐이 있게 하려 함이니 우리의 사귐은 아버지와 그의 아들 예수 그리스도와 더불어 누림이라
> 요일 1:3

'사귐'은 헬라어로 '코이노니아'이며, 교제, 나눔, 교통의 의미입니다. 하나님과의 교제는 누림과 기쁨의 시간입니다.

제가 결혼 전에 제 아내와 데이트하며 함께 보내는 시간은 정말 행복했습니다. 풍족하고 부요한 환경은 아니었지만, 야외 공원이나 대학 교정에서 커피를 마시며 오순도순 이야기하는 시간은 어찌나 쏜살같이 지나가는지 두 시간, 세 시간을 함께 있어도 더 이야기하고 싶고, 더 듣고 싶어서 헤어지는 것이 고통스러웠습니다. 어떤 때는 서로 아무 말 없이 얼굴만 쳐다보아도 행복하고 좋았습니다. 사랑의 마음으로 얼굴을 바라볼 때 모든 것이 아름다웠고, 행복했고, 기뻤습니다.

기도도 이와 같습니다. 사랑하는 주님과 함께 있다는 것 자체가 기쁨이요, 행복입니다. 당신의 기도시간은 어떻습니까? 하나님의 얼굴을 바라만 보아도 그분에게 매혹되어, 그분의 아름다움에 취해서 시간을 보낸 적이 있습니까?

예전에 '기도는 노동이다'라는 말을 들은 적이 있습니다. 그래서 열심히 하나님께 간구했습니다. 산에 올라가서 소나무 밑동을 붙잡

고 씨름하며 내 마음의 소원을 하나님께 아뢰었습니다. 땀을 흘리며 나라와 교회를 위해, 나 자신을 위해 오랫동안 기도했습니다. 그러나 얼마 되지 않아 기도하는 일이 너무 힘들게 느껴졌습니다. 물론 그렇게 기도하는 동안에도 하나님의 사랑과 은혜를 많이 체험했습니다.

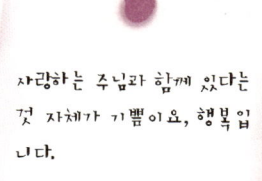

그러던 어느 날, 주님께서는 저에게 기도의 지경을 넓혀주셨습니다. 기도가 얼마나 달콤하고, 사랑스러우며, 행복하고, 즐거운 시간인지를 가르쳐주셨습니다. 물론 때로 기도의 짐을 지고 고통 가운데에 기도하거나, 혹은 나라와 민족과 나의 죄를 놓고 주님 앞에 자복할 때도 있습니다. 그러나 기도가 늘 이런 식이라면 기도생활은 오래 지속되지 못합니다. 사람과의 만남에서도 즐거움과 기쁨이 있어야 관계가 깊어지듯이, 주님과의 만남도 누림이 있어야 관계가 더욱 깊어집니다.

주님의 아름다운 성품을 순간순간 생각하고 누리는 풍성한 사귐으로 들어가십시오.

📖 묵상및적용

1. 당신의 기도생활은 풍성한 주님의 사랑을 누리고 있습니까? 아니라면 어떻게 해야 누릴 수 있다고 생각합니까?

2. 주님의 임재를 인정한 후에 주님의 얼굴을 보여주시기를 기도 하십시오.

🙌 오늘의 기도

제6일 주님을 위한 기도(기도의 원칙2)

당신은 왜, 누구를 위하여 기도합니까? 자기의 유익을 위하여 기도합니까, 아니면 하나님의 영광과 계획, 권위와 유익을 위하여 기도합니까?

자신을 위한 기도 자체가 잘못된 것은 아니지만, 한 단계 더 나아가 그분을 위한 기도의 수준에 이르러야 합니다. 자신을 위해서 기도할 때도 우리는 우리의 동기를 살펴보아야 합니다. 내가 영광을 받고 높아지려는 의도인지, 아니면 나를 통하여 하나님께서 영광을 받으시는 기도인지를 생각해야 합니다.

우리는 교회의 부흥을 위해 기도해야 합니다. 이것은 하나님의 뜻입니다. 그러나 교회의 부흥도 나 자신의 야심과 욕심이 동기가 될 수 있습니다. 우리의 내면을 깊이 살피지 않는다면, 자신도 모르게 자신에게 속을 수 있습니다. 심지어 주님께 속한 것이라 할지라도 인간적인 동기로 구할 수 있습니다. 먼저 내면을 순수하게 한 후에 하나님께 영광을 돌리는 기도를 해야 합니다.

> 그러하온즉 우리 하나님이여 지금 주의 종의 기도와 간구를 들으시고 주를 위하여 주의 얼굴빛을 주의 황폐한 성소에 비추시옵소서　　　　　　　　　　　　　　　　　　　　단 9:17

다니엘 시대에 예루살렘은 황폐화 되었습니다. 얼마나 가슴 아픈 일입니까? 이러한 상황이라면 일반적으로 이렇게 기도할 것입니다. "오! 하나님, 이러실 수가 있습니까? 어찌하여 이렇게 황폐케 하셨나이까? 우리를 불쌍히 여기소서!" 그 후에 예루살렘의 회복을 위해 기도할 것입니다.

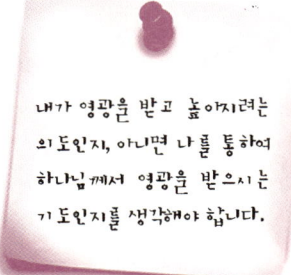

그러나 다니엘은 이 상황에서도 이스라엘 민족을 위해서가 아니

라 주님을 위해 예루살렘에 은혜를 베푸시도록 기도했습니다. 기도는 우리 자신이 아닌, 철저히 주님의 영광과 목적을 위한 것이어야 합니다. 기도는 하나님의 마음과 소원을 표현하는 것입니다.

> 너희 안에서 행하시는 이는 하나님이시니 자기의 기쁘신 뜻을 위하여 너희에게 소원을 두고 행하게 하시나니　　빌 2:13

우리 속에 계신 하나님께서는 우리를 위한 그분의 기쁘신 뜻, 성령의 소원을 가지고 계십니다. 그래서 우리는 우리를 향한 하나님의 뜻이 무엇인지를 알려달라고 기도해야 합니다. 나의 뜻을 먼저 아뢰기보다 나를 향한 하나님의 뜻을 먼저 간구해야 합니다.

그렇지 않다면 자칫 나의 유익을 위한 자기중심적 기도가 되기 쉽습니다. 그러한 기도가 잘못된 기도라고 할 수는 없지만 성숙한 기도는 아닙니다. 우리의 기도가 철저히 성경적 수준으로 올라가지 않으면 자기중심적인 기복주의 기도가 되고 맙니다.

하나님의 목적을 위해 기도하려면 먼저 자신을 부인하는 기도를 해야 합니다. 자신을 부인하지 않고는 하나님의 유익을 위해 기도할 수 없습니다. 욕심, 뜻, 계획 등 주님을 따르는 데 장애가 되는 모든 인간적인 생각을 부인하는 기도를 하십시오. 그렇지 않으면 영적 소경이 되고 말 것입니다.

마태복음 20장 20-24절을 보면 세베대의 아들의 어머니가 예수님께 와서 '두 아들을 주의 나라에서 하나는 주의 우편에, 하나는 주의 좌편에 앉게' 해달라고 구했습니다. 이것이 바로 전형적인 인간적 욕심의 기도입니다. 그때에 주님께서는 이렇게 말씀하셨습니다. "너희는 너희가 구하는 것을 알지 못하는도다 내가 마시려는 잔을 너희가 마실 수 있느냐."

세상의 출세를 원하는 그들에게 주님께서는 자신이 마시려는 잔 즉, 십자가를 질 수 있는지를 물으셨습니다. 십자가를 지는 것은 자신을 부인한다는 뜻입니다. 그렇지 않고는 십자가를 질 수 없습니다. 주님과 이러한 논쟁을 하는 동안 다른 제자들은 그 두 형제에 대하여 분히 여겼습니다. 그들에게도 세속적인 출세에 대한 야심이 있었던 것입니다.

이어서 마태복음 20장 29절에서는 갑자기 맹인 두 사람이 눈을 뜨는 장면이 나옵니다. 왜 마태복음은 제자들과의 논쟁 이후에 맹인들의 눈뜨는 장면을 다룰까요? 여기서 두 맹인은 바로 세베대의 두 아들의 모습을 보여줍니다.

주님을 따르기는 하되 자신의 욕심과 야망으로 따르는 자는 자신이 영적으로 소경 된 자임을 알아야 합니다. 야심은 우리의 영안을 가리며 또한 영성도 가립니다. 그래서 결국 영광의 주님을 바라보지 못하게 하며, 세속적 영광과 자신의 영광을 바라보게 합니다. 이것이 탐심이며, 곧 우상숭배입니다.

주님께서 은혜로 맹인 두 사람의 눈을 만지시자 그들의 시력이 회복되어 주님을 따랐습니다. 이처럼 주님께서 우리의 마음을 만져주셔서 영안이 밝아지기를 소원합니다. 그리하여 자신의 영광이 아닌, 진정 주님과 다른 사람을 섬기는 제자의 길을 가기를 원합니다.

📔 묵상 및 적용

1. 당신의 기도와 간구의 동기는 무엇입니까?

2. 어떻게 해야 하나님의 뜻과 계획이 나타나는 기도를 할 수 있습니까?

3. 자신을 부인하는 기도를 써보십시오.

✋ 오늘의 기도

제7일 하나님의 목적을 이루는 통로(기도의 원칙3)

하나님께서는 계획과 뜻과 경륜을 가지고 계십니다. 그러나 그 뜻이 이루어지려면 반드시 사람이 기도를 해서 구해야 합니다. 하나님께서는 그분의 목적을 자신에게 아뢰어 그 기도를 이루어주기 원하는 사람을 찾으십니다.

  그분은 우리가 기도하지 않아도 뜻을 이루실 수 있습니다. 그런데도 우리가 기도하게 하시는 이유는 하나님께서 세상을 통치하는 주권자임을 알려주시기 위해서입니다.

> 곧 그 통치 원년에 나 다니엘이 책을 통해 여호와께서 말씀으로 선지자 예레미야에게 알려주신 그 연수를 깨달았나니 곧 예루살렘의 황폐함이 칠십 년 만에 그치리라 하신 것이니라　단 9:2

  다니엘은 이스라엘 백성이 바벨론에 포로로 사로잡혀 온 지 70년 만에 예루살렘으로 돌아갈 것이라는 사실을 예레미야서를 통해 알게 되었습니다.

> 여호와께서 이와 같이 말씀하시니라 바벨론에서 칠십 년이 차면 내가 너희를 돌보고 나의 선한 말을 너희에게 성취하여 너희를 이곳으로 돌아오게 하리라　렘 29:10

  다니엘은 하나님의 뜻이 이루어지도록 하루에 세 번씩 무릎을 꿇고 기도했습니다. 그러나 사탄은 기도의 역사를 막으려고 기도하는 그 자체를 방해했습니다.

> 다니엘이 이 조서에 왕의 도장이 찍힌 것을 알고도 자기 집에 돌아가서는 윗방에 올라가 예루살렘으로 향한 창문을 열고 전

<blockquote style="color:#c9527f">
에 하던 대로 하루 세 번씩 무릎을 꿇고 기도하며 그의 하나님께 감사하였더라   단 6:10
</blockquote>

    다니엘을 대적하는 무리는 왕이 아닌 다른 신에게 기도하면 누구든지 사자 굴에 던진다는 칙서에 왕의 어인을 찍어 변개하지 못하도록 했습니다. 그러나 다니엘은 포로로 사로잡혀 온 이스라엘 백성이 회복되도록 하나님께 감사하며 기도했습니다.

    사탄은 우리가 기도하는 것을 제일 무서워합니다. 하나님께서는 우리의 기도를 통해 그분이 말씀하신 모든 약속을 이루시기 때문입니다(민 23:19 참조).

    다니엘은 이스라엘 백성을 바벨론에서 회복시키고자 하는 하나님의 계획과 뜻을 이루어달라고 기도했습니다. 다니엘이 기도하지 않는다면, 이스라엘 백성은 포로생활에서 벗어날 수 없었습니다. 다니엘은 이 사실을 알기에 목숨까지 아끼지 않고 하나님의 약속이 이루어지도록 기도했습니다.

    당신은 당신을 향해 풍성한 삶을 보장하신 하나님의 약속이 이루어지도록 기도하고 있습니까? 그렇지 않다면 주님께서 공급하시는 부유함과 측량할 수 없는 은혜를 경험할 수 없습니다.

    하나님의 뜻이 이루어지기 위해서는 언제까지 기도해야 합니까? 기도의 분량이 채워질 때까지 기도해야 합니다. 엘리야의 기도를 통해서 이를 알 수 있습니다. 하나님께서는 아합 왕 시대에 3년이나 비가 오지 않을 것을 가르쳐주셨고, 3년이 되었을 때 이스라엘에 비를 내릴 것을 약속하셨습니다.

많은 날이 지나고 제 삼년에 여호와의 말씀이 엘리야에게 임하여 이르시되 너는 가서 아합에게 보이라 내가 비를 지면에 내리리라
왕상 18:1

엘리야는 약속의 말씀을 붙잡고 기도했습니다.

그의 사환에게 이르되 올라가 바다 쪽을 바라보라 그가 올라가 바라보고 말하되 아무것도 없나이다 이르되 일곱 번까지 다시 가라 일곱 번째 이르러서는 그가 말하되 바다에서 사람의 손 만한 작은 구름이 일어나나이다 이르되 올라가 아합에게 말하기를 비에 막히지 아니하도록 마차를 갖추고 내려가소서 하라 하니라
왕상 18:43-44

그는 하나님의 뜻 가운데서 기도했습니다. 그가 한 번만 혹은 두세 번만 기도하며 일곱 번째까지 기도하기를 포기했다면, 비는 내리지 않았을 것입니다.

언제까지 기도해야 합니까? 비가 올 때까지 해야 합니다. 성경은 분명히 일곱 번째까지라고 밝힙니다. 이 일곱 번은 응답이 이루어질 때를 뜻합니다. 하나님의 뜻이라 할지라도 우리가 기도하지 않으면 하나님께서도 역사하실 수 없습니다. 기도는 성도가 하나님과 동역하는 가장 중요한 방법입니다.

> 하나님께서는 우리의 기도를 통해 그분이 말씀하신 모든 약속을 이루십니다.

기도는 하나님의 목적을 이루는 통로입니다.

● 묵상 및 적용

1. 기도의 원리 몇 가지를 생각해보십시오.

2. 풍성한 약속의 말씀을 붙잡고, 하나님의 사랑이 당신의 삶 속에 넘치도록 기도하십시오.

● 오늘의 기도

제2과
주님의 임재 속에 거하는 제사장과 기도

제1일 주님과 교통하는 세 단계

　주님과의 교통에는 세 단계가 있습니다. 사람마다 조금씩 영적인 수준이 다르기에 교통하는 수준도 다릅니다.

　첫 번째 단계는 시내 산 기슭에서 하나님을 만나는 이스라엘 백성입니다. 두 번째는 하나님의 발아래에서 하나님을 만나는 칠십 인 장로입니다. 세 번째 단계는 시내 산 꼭대기에서 하나님의 영광의 임재 속에서 교통하는 모세입니다.

　이스라엘 백성이 애굽에서 나와 시내 산에 도착했습니다. 그곳에서 그들은 하나님의 임재를 느꼈습니다. 그런데 두려워하며 하나님을 만납니다.

　오늘날에도 많은 사람이 하나님을 섬기면서도 두려운 마음을 품고 있습니다. 즉, 마음속 양심에 해결되지 않은 문제가 걸림돌로 작용합니다. 우리의 양심은 순수하고 깨끗하기를 원합니다. 그러나 종종 죄와 타협하기도 하고 불의를 행하기도 하며, 내적으로 더러움에 빠질 때도 있습니다. 그러므로 신앙생활을 올바로 하기 위해서는 양심의 문제를 잘 처리해야 합니다(제3과 '성령 안에서 기도하라' 참조). 양심이 순수하지 않고 하나님 앞에서 깨끗하지 않으면 기도를 올바르게 할 수 없습니다. 양심에는 두 가지 면이 있습니다. 선한 양심(딤전 1:5)도 있지만, 우리의 죄악으로 말미암아 악한 양심, 병든 양심(히 10:22)도 있습니다.

우리는 살아가면서 마음에 상처를 주기도 하고 받기도 합니다. 가정과 직장에서, 혹은 스스로 상처를 주기도 합니다. 그런데 양심은 눈에 보이지 않기 때문에 주고받은 상처를 잘 의식하지 못할 때가 많습니다. 그러나 하나님 앞에 서면 양심의 거리낌을 느낍니다. 사람은 속일 수 있습니다. 아무런 문제가 없는 것 같아도 하나님 앞에 양심을 내려놓으면, 내가 지었던 죄들과 아직 용서받지 못한 죄들이 생각납니다.

깊은 무의식 가운데 '신앙생활을 이렇게 해도 괜찮을까?' 하는 생각을 하면서 계속 양심에 자책을 느끼지만, 무시하고 지나갈 때가 많습니다. 그러므로 마음속 깊은 내면에 '하나님께서 벌을 내리시지 않을까' 라는 막연한 두려움을 품고 살기도 합니다.

> 셋째 날 아침에 우레와 번개와 빽빽한 구름이 산 위에 있고 나팔 소리가 매우 크게 들리니 진중에 있는 모든 백성이 다 떨더라
> 출 19:16

본문을 보면 이스라엘 백성이 하나님의 임재하심으로 나아가는

데 떨고 있습니다. 아침에는 맑고 상쾌하기 마련인데 이스라엘 백성이 맞이한 이날은 우레와 번개가 치고 또 구름이 빽빽합니다. 분위기가 어둡고 두려움이 엄습합니다. 하늘에서 벼락이 치는데 마치 나를 향해 달려들어 덮칠 것 같습니다. 이 장면은 이스라엘 백성의 마음상태를 보여줍니다. 이것이 두려움 가운데서 하나님을 만나는 단계입니다.

많은 사람이 신앙생활을 하면서도 마음속에 이러한 두려움을 품고 있습니다. 말로 표현할 수는 없지만 무언가 막연히 두려운 마음을 가지고 있습니다. '내가 제대로 살아가고 있는 것일까? 이러다 하나님께서 나를 벌하시는 것은 아닐까?'

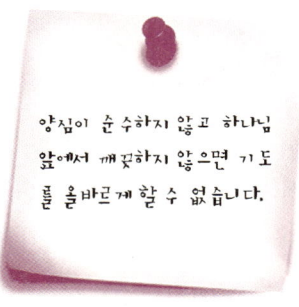

양심이 순수하지 않고 하나님 앞에서 깨끗하지 않으면 기도를 올바르게 할 수 없습니다.

> 시내 산에 연기가 자욱하니 여호와께서 불 가운데서 거기 강림하심이라 그 연기가 옹기 가마 연기 같이 떠오르고 온 산이 크게 진동하며   출 19:18

산 역시 진동이 일어나면서 떨고 있습니다. 하나님께서 불 가운데로 강림하셨습니다. 성경에는 하늘로부터 불이 내려온 이야기가 많이 나옵니다. 엘리야 시대에도 불이 하늘에서 내려왔습니다. 이는 심판을 의미합니다.

> 나팔 소리가 점점 커질 때에 모세가 말한즉 하나님이 음성으로
> 대답하시더라　　　　　　　　　　　　　　　　　출 19:19

하나님을 깊게 알지 못하고, 교회에 와서 예배만 드리고 가는 사람들이 많습니다. 마음속에 여전히 두려움을 갖고 사는 그리스도인들도 많습니다. 이들을 '율법 속에 사는 그리스도인' 이라고 말할 수 있습니다.

이스라엘 백성은 시내 산에서 율법을 받았습니다. 도덕적으로 완벽하게 행동하고 새벽기도도 빠지지 않고 출석할 때는 괜찮은데, 한 번 예배에 빠졌다 하면 마음속에서 죄책감이 심하게 올라옵니다. 이것이 율법적인 신앙입니다. 여기에는 결코 자유함이 없습니다.

다음은 하나님과의 교통의 두 번째 단계입니다.

> 모세와 아론과 나답과 아비후와 이스라엘 장로 칠십 인이 올라
> 가서 이스라엘의 하나님을 보니 그의 발아래에는 청옥을 편 듯
> 하고 하늘 같이 청명하더라　　　　　　　　　　 출 24:9-10

모세와 이스라엘 장로 칠십 인이 산에 올라가서 하나님을 만납니다. 본문은 하나님의 발아래에 청옥을 편 것 같다고 묘사합니다. 에스겔은 하나님의 보좌의 형상을 묘사하면서 그 모양이 '청옥 즉, 남보석 같다' 라고 합니다(겔 1:26 참조). 청옥은 푸른 구슬로, 맑고 투명한 상태에서 하나님을 만나는 것을 뜻합니다.

하늘은 어떻습니까? 마치 가을 하늘처럼 청명합니다. 시내 산 기

숲에서 백성이 본 하늘은 구름이 빽빽하고 불도 있고, 산 위에는 진동과 우레 번개까지 있는데, 칠십 인 장로가 있는 시내 산 중턱의 하늘은 매우 깨끗합니다. 구름 한 점 없는 깨끗한 영적 상태, 하나님과의 사이에 막힌 것이 없는 투명한 영적 상태에서 주님과 교통합니다.

> 하나님이 이스라엘 자손들의 존귀한 자들에게 손을 대지 아니하셨고 그들은 하나님을 뵙고 먹고 마셨더라　　출 24:11

그들은 하나님의 얼굴을 보고 먹고 마셨습니다. '먹고 마셨다' 라는 표현은 교제를 말합니다. 요한계시록 3장 20절에서도 '예수님이 우리 안에 들어와서 먹고 마신다' 라고 말하는데, 이는 교제를 뜻합니다. 실제로 칠십 인 장로는 하나님 앞에서 먹고 마셨습니다. 칠십 인 장로는 무엇을 먹고 마셨을까요? 이것을 영적으로 해석하면, 하나님의 말씀을 먹고 마셨다는 의미입니다. 이것이 바로 하나님과 교통하는 두 번째 단계입니다. 아무 두려움 없이 맑고 투명한 영적 상태에서 하나님을 만나는 단계인 것입니다.

주님과 교통하는 세 번째 단계는 시내 산 꼭대기에서 하나님의 영광의 임재 속에서 그분을 만나는 모세입니다.

> 모세가 산에 오르매 구름이 산을 가리며 여호와의 영광이 시내 산 위에 머무르고 구름이 엿새 동안 산을 가리더니 일곱째 날에 여호와께서 구름 가운데서 모세를 부르시니라　　출 24:15-16

모세가 시내 산 꼭대기에 올랐는데 구름이 산을 가립니다. 여기서 구름은 하나님의 영광과 임재를 상징합니다. 모세는 하나님의 영광에 둘러싸여 하나님과 가장 친밀한 교통을 나누고 있었습니다. 또한 산에서 내려왔을 때도 하나님과의 대화가 끊어지지 않았습니다.

기도의 가장 높은 수준은 하나님의 영광에 둘러싸여 교제하는 단계입니다. 변화 산에서 제자들이 주님의 변화된 영광의 모습을 보았던 것처럼, 자아는 완전히 사라지고 영광의 주님만 보이는 단계입니다. 마치 친구와 얼굴을 대면하여 말하듯 하는 단계입니다.

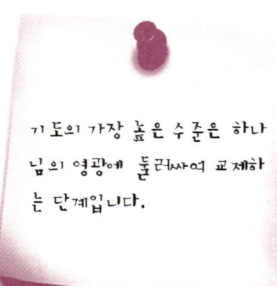

사람이 자기의 친구와 이야기함 같이 여호와께서는 모세와 대면하여 말씀하시며 출 33:11

시내 산은 하나님과 만나는 장소입니다. 이스라엘 백성처럼 산기슭에 있는 사람은 위로 올라가야 합니다. 두려움과 심판, 율법 속에서 하나님을 만나는 것이 아니라, 산 중턱의 칠십 인 장로처럼 맑고 청명한 영적 상태에서 그분을 누려야 합니다. 그리고 모세처럼 산꼭대기에서 하나님의 영광에 둘러싸이는 단계로까지 더욱 올라가야 합니다.

📖 묵상 및 적용

1. 하나님과의 교통을 누림에 있어서 당신의 영적 기상도는 어떻습니까?

2. 모세처럼 산꼭대기에서 친밀하게 하나님의 영광을 보게 해달라고 기도하십시오.

🙏 오늘의 기도

_____
_____
_____
_____
_____
_____

제2일 만인제사장

하나님께서는 우리와 사랑의 교통을 나누시기 원하지만, 그분은 거룩하신 분이고 우리는 죄인이기 때문에 감히 그분의 보좌 앞에 나아갈 수 없는 존재입니다.

아담과 하와가 선악과를 먹기 전에는 하나님과 사람 사이에 막힌 것이 없었기에 아담은 하나님 앞에 언제든지 나아갈 수 있는 제사장으로 살았습니다. 그러나 그가 범죄한 이후에는 하나님께 나아가려면 희생의 제사가 필요했습니다. 화목제물로서 예수님을 예표하는 양과 염소, 소의 희생제물이 필요하게 되었습니다.

하나님께서는 이스라엘 백성이 하나님께 나아오게 하기 위해 아론자손과 레위사람들로 하여금 성막에서 봉사하게 하셨는데, 특히 대제사장 아론의 후손들을 택해 하나님을 전문적으로 섬기는 제사장 직분을 감당하게 하셨습니다.

제사장은 백성의 죄를 마치 자기가 짊어진 것처럼 불쌍히 여기며, 제물 위에 안수기도 하고 제물을 죽입니다. 그렇게 함으로써 죄를 범한 이스라엘 백성이 하나님께 용서받고, 하나님의 영광의 보좌 가운데로 나아가도록 도와줍니다. 구약시대에 이스라엘 백성은 이 제사장 제도를 통해 하나님 앞에 설 수 있었으며, 제사장을 통하지 않고 하나님 앞에 나아가면 죽을 수밖에 없었습니다. 이것은 하나님께서 정하신 법입니다. 따라서 백성은 반드시 중간계급의 제사장을 통해 하나님께 나아갈 수 있었습니다. 그러나 신약시대에 와서 하나님께서는 제사장 계급제도 대신 새로운 방법으로 백성이 하나님 앞에 서게 하셨습니다.

> 너희도 산 돌 같이 신령한 집으로 세워지고 예수 그리스도로 말미암아 하나님이 기쁘게 받으실 신령한 제사를 드릴 거룩한 제사장이 될지니라 벧전 2:5

그러나 너희는 택하신 족속이요 왕 같은 제사장들이요 벧전 2:9

예수님께서 십자가에서 창으로 허리를 찔려 피를 흘리고 운명하셨을 때, 성소의 휘장이 둘로 찢어졌습니다. 제사장만 들어갈 수 있었던 성소의 휘장이 찢어짐으로써 그리스도의 보혈의 능력으로 누구든지 하나님의 보좌 앞에 나아갈 수 있게 되었습니다. 구약시대의 제사장이 아니어도 예수 그리스도를 믿는 하나님의 자녀는 누구든지 왕 같은 제사장으로 하나님 앞에 당당히 나아갈 수 있게 된 것입니다.

그러나 초대교회의 시기가 끝나고 중세시대에 가톨릭교회가 들어서면서 이 만인제사장의 진리는 감추어졌습니다. 가톨릭교회는 사제제도를 세워서 사제를 통하지 않고는 하나님 앞에 나아가지 못하도록 만들었습니다.

고해성사를 통해 사제에게 죄를 용서받아 하나님 앞에 나아가도록 하여, 다시 구약시대로 돌아갔습니다. 그래서 가톨릭에서 미사는 제사를 뜻합니다. 구약시대에 이스라엘 백성이 하나님 앞에 나아갈 때 제사를 드린 것과 같은 원리입니다. 그러나 16세기 종교개혁 이후 이 만인제사장의 진리는 다시 회복되었습니다.

우리 기독교의 가장 중요한 교리 중의 하나가 바로 이 만인제사장 교리입니다. 이제 하나님의 모든 자녀는 중재자 역할을 했던 제사장을 통하지 않고 직접 하나님의 영광의 보좌로 나아갈 수 있습니다. 성도 중에 목사를 통

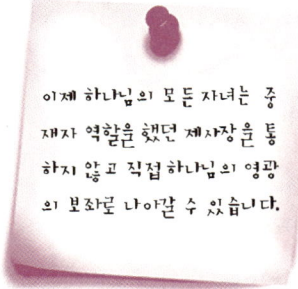

이제 하나님의 모든 자녀는 중재자 역할을 했던 제사장을 통하지 않고 직접 하나님의 영광의 보좌로 나아갈 수 있습니다.

해서 하나님께 나아가려고 하는 사람들이 있습니다. 목사는 목자입니다. 하나님과 그분의 자녀와의 중간계급이 아닌, 그분의 백성이 하나님의 영광과 은혜를 누리며 살아가도록 도와주며 섬기는 사역자입니다.

> 그러나 너희는 택하신 족속이요 왕 같은 제사장들이요 거룩한 나라요 그의 소유가 된 백성이니 이는 너희를 어두운 데서 불러내어 그의 기이한 빛에 들어가게 하신 이의 아름다운 덕을 선포하게 하려 하심이라 벧전 2:9

나 자신이 누구인지를 명확하게 인식하기 바랍니다. 주님께서는 나를 왕과 같은 제사장으로 세우셨습니다. 할렐루야! 얼마나 놀랍습니까?

제가 전에 사역하던 어느 교회에서 있었던 일입니다. 어느 날, 교회 근처에 살던 아주머니가 아기를 업고 저를 찾아왔습니다. 그분은 "목사님, 우리 가정 좀 도와주세요" 하고 다급하게 말했습니다. 남편이 우리나라에서 자생적으로 생긴 종교에 빠져, "집안이 복받고 잘 살기 위해서는 조상으로부터 내려오는 죄를 용서받아야 하는데, 그러려면 그 종파에서 집전하는 제사를 지내야 한다"라는 말을 들었다고 했습니다. 자신과 아내가 지은 죄, 할아버지 할머니가 지은 죄, 조상 때부터 지은 죄가 쌓여서 현세에서 어려움을 당하는 것이므로, 죄를 용서받으려면 반드시 제사를 드려야 한다고 주장했답니다. 그런데 항목에 따라 제사가격이 책정되어 있어서, 남편은

집 전세금을 빼서 제사를 지내려고 한다는 것이었습니다. 이 아주머니는 교회를 한 번도 다닌 적이 없지만, 아무리 생각해도 그것은 아니라고 생각하여 교회를 찾아와 도움을 요청한 것입니다. 저는 오직 예수님의 십자가의 공로를 통해서 죄를 용서받을 수 있고, 믿음으로 구원을 얻을 수 있다는 진리를 가르쳐드렸습니다.

어떤 사람들은 점쟁이나 무당에게 찾아가서 자신이 형통하려면 어떻게 해야 되느냐고 질문합니다. 그러면 그들은 굿을 하라고 합니다. 집안에 흐르는 저주를 끊어야 하는데, 굿을 해서 귀신을 달래야 가능하다는 것입니다. 또 어떤 이들은 부적을 써줍니다.

하나님의 자녀인 여러분, 속지 마십시오. 하나님께서는 우리를 왕 같은 제사장으로 삼으셨습니다. 제사장은 하나님 앞에 나아갈 수 있는 유일한 자격을 갖춘 사람입니다. 누가 하나님의 보좌 앞에 당당히 나아갈 수 있습니까? 이 질문은 이렇게 바꿀 수 있습니다. 누가 기도할 수 있습니까? 바로 왕 같은 제사장입니다. 나를 왕 같은 제사장으로 삼으신 주님 앞에 영광과 감사의 기도를 올려드립시다.

묵상및적용

1. 누가 하나님의 영광의 보좌 앞으로 나아갈 수 있습니까?

2. 당신은 왕 같은 제사장의 특권을 누리고 있습니까? 찬양과 감사의 기도를 드리십시오.

🖐 오늘의 기도

제3일 제사장의 봉사(1) - 성막 뜰의 기도

구약시대의 백성은 하나님의 보좌 앞으로 나아갈 때, 제사장을 통해 성막 뜰의 번제단에서 제물을 드리고 죄를 용서받았습니다. 제사장은 번제단과 물두멍을 거쳐서 성소로 나아갑니다. 이때 제사장은 번제단에서 속죄제, 속건죄, 화목제, 번제, 소제를 드립니다(레 1-5장 참조).

속죄제는 하나님 앞에서 자신이 죄인 됨을 깨닫고 양심의 죄 즉, 나쁜 생각, 미움, 야망, 정욕 등의 죄를 용서받고자 제물을 드리는 제사입니다. 속건제는 하나님과 다른 사람에게 범죄하여 피해를 입힌 것을 용서받는 제사입니다. 화목제는 죄와 범죄의 결과로 하나님의 보좌로 나아갈 수 없었던 백성이(롬 3:23 참조), 제사장을 통해 하나님과 관계가 회복되는 제사입니다. 화목제로 말미암아 우리는 다시 하나님과 화평을 누리고, 그분과의 달콤한 교제를 회복합니다

(롬 5:1 참조). 또한 제사장은 하나님 앞에서 헌신의 의미로 번제를 드리는데, 번제는 우리 자신을 드리는 제사입니다. 이 네 가지 제사는 반드시 예수님을 예표하는 제물을 드려야 합니다. 피 흘림의 제물이 없이는 죄 사함이 없기 때문입니다(히 9:22 참조). 그러나 소제는 하나님의 만족을 위해 드리는 제사로, 곡류를 제단 위에서 불로 태우는 제사입니다.

제사장은 이 다섯 가지 제사를 번제단에서 드립니다. 번제단은 제물을 불태워 하나님 앞에 올려드리는 단입니다. 이 번제단은 놋으로 되어 있습니다. 성경에서 놋은 심판을 의미합니다. 따라서 번제단은 죄를 심판하고 해결하는 장소로, '십자가'를 상징합니다. 번제단은 제물을 심판하는 장소로서 제물의 피가 흘려져 피범벅이 됩니다. 이것은 예수님께서 온 인류를 위해 십자가 위에서 창으로 찔려 흘리신 보혈을 상징합니다. 우리는 이렇게 기도해야 합니다. "주 예수님, 당신의 보혈로 내 양심을 덮어주소서. 내가 지은 모든 죄가 나를 정죄하고 고소하지만 당신의 흘리신 보혈로 나를 정결하게 하소서."

이후에 제사장은 물두멍으로 가서 씻습니다. 물두멍은 우리 양심에 보혈을 적용하고 나서 성령으로 씻기는 것을 상징합니다. 우리는 구원받을 때 성령의 씻기심과 새롭게 하심을 받았습니다. 구원받은 모든 그리스도인은 세(침)례를 받았기에 이미 목욕한 자입니다. 그러나 이미 목욕을 했더라도 더러워진 발을 다시 씻듯이, 우리는 매일매일 성령의 새롭게 하심으로 씻어야 합니다. 이것이 바로 물두멍의 역할입니다. 그러나 살다 보면 죄를 짓는 것은 아닌데, 우리의 양심이 더러워질 때가 있습니다. 가령 다른 사람과 이야기하다가 어떤 사람을 헐뜯고 욕하는 것을 우연히 들었다고 합시다. 우리가 직접 죄를 짓지는 않았더라도 우리의 마음은 더러워집니다. 이 세상은 죄로 오염된 더러운 세상이기에 우리가 원하지 않아도 영혼은 영향을 받습니다. 드라마나 영화, TV를 보면서도 영혼이 더럽혀질 수 있습니다. 인본주의의 내용이나 혈기를 부리는 장면을 보기간 해도 영혼은 더러워집니다. 이럴 때 더럽혀진 것을 성령의 새롭게 하심으로 깨끗하게 할 필요가 있습니다.

> 그 중 한 군인이 창으로 옆구리를 찌르니 곧 피와 물이 나오더라
> 요 19:34

예수님의 옆구리에서 피와 물이 나왔습니다. 사실 피와 물은 하나이지만 성경은 피와 물을 구분합니다. 제사장은 성막 뜰에서 번제단을 통과하며 제물을 죽음에 넘기는 피 뿌림을 통해 하나님 앞에 열납되게 합니다. 그 후에 물두멍도 이와 같은 순서로 통과합니다.

"주 예수님, 오늘 하루도 죄로 더러워진 양심을 예수님의 보혈과 성령의 새롭게 하심으로 깨끗하게 씻어주소서"라고 기도하십시오.

 묵상 및 적용

1. 제사장이 드리는 다섯 가지 제사의 의미를 생각해보고 기도에

적용하십시오.

2. 기도할 때마다 주님의 보혈과 생수로 씻음을 받게 해달라고 기도하십시오.

🖐 오늘의 기도

제4일 제사장의 봉사(2) – 성소의 기도

제사장은 번제단에서 희생으로 뿌린 피와 제물을 태운 불을 가지고 성소로 나아갑니다. 성소는 거룩한 곳으로 하나님의 보좌를 향해 한 단계 더 나아가는 곳입니다. 우리는 성막 뜰에서 죄를 사함 받은 후에 성소로까지 나아가야 합니다. 성소에는 세 가지 물건이 있는데, 진설병과 그 맞은편에 금등대(금촛대), 휘장 쪽에 분향단이 있습니다.

성소에 들어가서 제사장이 해야 할 첫 번째 일은 진설병을 먹는 것입니다. 이 진설병은 두 줄로 여섯 개씩 진설해놓은, 제사장이 먹을 수 있는 떡입니다. 하나님 앞에 베풀어놓은 떡이라고 해서 '진설병' 혹은 '하나님의 임재의 떡'이라고 부릅니다.

분향단에서 향을 피워 기도하기 전에, 제사장은 반드시 하나님의 임재의 떡을 먹어야 했습니다. 이 떡은 생명의 떡이신 예수님과 생명의 말씀을 의미합니다(요 6:48 참조).

기도는 내 생각과 뜻대로 하는 것이 아닙니다. 기도하기 전에 제일 먼저 하나님의 말씀으로 영혼의 내면을 채워야 합니다. 허기진 영혼이 먼저 말씀을 배불리 먹어야 합니다.

두 번째로 제사장은 금등대에 불을 붙여서 성소를 밝게 합니다. 성소가 휘장으로 싸여 어둡기 때문에 금등대에 불을 켜는 것이 처음 순서가 되어야 한다고 생각할 수 있습니다. 그러나 우리 인간의 생각과는 다르게 제사장은 먼저 말씀의 떡을 먹어야 합니다. 그다음에 금등대에 불을 붙일 수 있습니다. 이는 우리가 먼저 말씀을 먹을 때, 우리 속에 생명의 빛이 나타난다는 의미입니다. 요한복음 1장 1절과 4절은 이 순서를 분명하게 보여줍니다. 말씀 안에 생명이 있고, 이 생명은 사람들의 빛으로 나타난다는 것입니다.

> 태초에 말씀이 계시니라 이 말씀이 하나님과 함께 계셨으니 이 말씀은 곧 하나님이시니라…그 안에 생명이 있었으니 이 생명은 사람들의 빛이라   요 1:1, 4

제사장은 성소 안에서 금등대에 불을 붙이고 나서야 분향단에

향을 피울 수 있습니다. 이 분향단의 향은 기도를 의미합니다. 요한계시록을 보면 천사가 금향로로 성도들의 기도인 향을 가지고 하나님의 보좌 앞으로 올라간다고 합니다(계 8:3-5 참조).

따라서 제사장이 분향단에 향을 피우려면 반드시 말씀을 먹고, 말씀 안의 생명의 빛이 비추어져야 합니다. 기도는 우리의 인간적인 관념이나 생각, 철학, 소원을 따라 하는 것이 아니라 철저히 말씀과 하나 되어 말씀의 빛에 따라 해야 합니다.

또한 제사장은 번제단에서 가지고 온 희생제물의 피를 분향단에 반드시 일곱 번 뿌려야 했습니다. 이것은 변하지 않는 원칙입니다. 우리의 기도가 하나님의 보좌로 올라갈 수 있는 유일한 근거는 바로 예수님의 보혈을 적용하기 때문입니다. "주님, 제 양심을 당신의 보혈로 덮으소서! 제가 하나님의 보좌 앞으로 나아갈 수 있는 것은 오직 예수님께서 흘리신 보혈 덕분입니다!"라고 고백하십시오.

금등대와 향에 불을 피울 때는 반드시 번제단에서 희생제물을 태운 불로만 피워야 했습니다. 나답과 아비후는 다른 불을 향로에 담아 와서 하나님 앞에 드리다가 그 향로에서 불이 나와 죽고 말았습니다. 번제단에서 가지고 오는 불은 모든 제물을 심판하고, 끝내고, 태운 불입니다.

우리는 죄와 탐욕의 생각, 육신에 속한 모든 인간적인 것을 성령의 불로 온전히 태워야 합니다. 그 후에야 이 불로 향을 피울 수 있습니다. 성소에서 기도하기를 원하는 사람은 주님의 보혈로 철저히 양심이 적셔지고, 성령의 인도로 말씀의 빛(금촛대)을 따라야 기도(향을 피움)할 수 있습니다.

성령이 우리의 모든 인간적인 것을 태워주시도록 기도하십시오. "사랑하는 주님, 저는 십자가에서 이미 끝난 사람입니다. 저는 이제 철저히 그리스도에게 속한 사람입니다. 더 이상 저의 인생을 사는 것이 아니라, 제 안에 계신 주님께서 원하시는 삶을 살기 원합니다. 그리스도의 생각과 감정과 의지와 소원으로 기도할 수 있도록 제 영혼에 은혜를 베풀어주옵소서!" 이것이 성소의 기도입니다(기도실행은 제5과 '말씀으로 기도함' 참조).

우리의 기도는 철저히 하나님의 말씀과 보혈의 능력에 사로잡혀야 합니다. 오늘날 많은 그리스도인은 성막 뜰에서 열심히 기도합니다. 일반적으로 우리는 주님 앞에 나아가 예수님의 보혈을 적용하고 회개하지만 그다음은 자신의 생각과 소원을 따라 기도하기 시작합니다. 그러나 하나님 앞에 더 가까이 나아가기 위해서는 반드시 성소를 통과해야 합니다. 당신의 기도는 성소를 통과하는 기도입니까, 아니면 성막 뜰에 머물러 있는 기도입니까?

 묵상 및 적용

1. 성소에서의 기도의 순서와 원리는 무엇입니까? 적용하여 기도해보십시오.

2. 당신의 기도는 말씀중심입니까, 아니면 자기중심입니까? 어떻게 해야 말씀과 하나 되어 기도할 수 있습니까?

☙ 오늘의 기도

_____
_____
_____
_____
_____
_____

제5일 제사장의 봉사(3) - 지성소의 기도

지성소(holy of holy)는 하나님의 영광의 보좌가 있는 지극히 거룩한 곳을 의미합니다. 구약시대에는 대제사장이 일 년에 단 한 번 속죄일에 하나님께 나아가는 것을 제외하고는 지성소에 들어갈 수 없었습니다. 그곳은 대제사장이 번제단의 희생의 피를 가지고 들어갈 수 있었습니다. 지성소는 사면이 휘장으로 싸여져 있는데다 금등대도 없지만 어둡지 않습니다. 속죄소인 법궤의 뚜껑에 하나님의 영광의 광채가 비치는 그룹이 있기 때문입니다.

이 법궤는 하나님의 영광과 임재를 나타냅니다. 법궤 안에는 세 가지 물건이 있습니다. 아론의 싹 난 지팡이와 금항아리 안에 있는 감춰진 만나, 율법을 상징하는 두 돌판입니다. 그리고 법궤를 덮는 뚜껑을 속죄소라고 하며, 그 뚜껑에는 천사들의 그룹이 있습니다. 그들은 여섯 날개를 가지고 있는데, 두 날개로는 얼굴을 가리고, 다른 두 날개로는 발을 가리고, 남은 두 날개로는 날개 끝을 연결하는 모습을 하고 있습니다. 하나님의 영광의 광채가 얼마나 장엄하고 위대한지 천사도 그 얼굴과 발을 가릴 수밖에 없습니다.

하나님께서는 매우 거룩하시고, 공의로우시며, 의로우시기에 아무도 하나님의 보좌 앞으로 나아갈 수 없습니다. 하나님의 보좌 앞에 나아가면, 우리의 죄 된 모습이 여지없이 드러나고 그 결과는 바로 죽음 곧 사망입니다. 법궤 안에 있는 두 돌판인 율법은 완벽하게 의로우시고 거룩하신 하나님의 성품을 잘 표현해줍니다.

대제사장이 하나님 앞에 나아갈 때도 그는 단지 한 명의 연약한 인간일 뿐입니다. 우리 인간이 하나님 앞에 나아갈 때마다 두 돌판인 율법은 우리의 양심과 죄를 향해 정죄합니다. "너는 이런 죄를 지었지. 그러니 하나님 앞에 나아올 수 없어. 너는 죗값을 받아야 해. 그 죗값은 바로 사형이야"라고 사형선고를 내립니다(롬 6:23; 히 9:27 참조). 사탄은 우리를 하나님 앞에서 율법으로 참소합니다(계 12:10 참조).

그때 대제사장은 법궤의 뚜껑인 속죄소에 번제단에서 가지고 온 희생제물의 피를 일곱 번 뿌립니다. 하나님의 영광의 임재를 나타내는 법궤는 피범벅이 됩니다. 그 피가 이렇게 호소합니다. "사랑하는 아버지, 내가 이 영혼을 위해 십자가에서 대신 형벌을 받고 심판을 받아 죽음을 경험했습니다. 이 죄인이 지은 모든 죄를 나의 보혈로 덮습니다. 이 죄인의 죄와 허물을 보지 마옵소서!"

예수님께서는 우리의 죄와 허물을 덮으실 뿐 아니라, 우리를 의롭다고 칭하셨습니다(롬 3:25 참조). "하나님, 이 아들은 나의 피로 말미암아 죄 사함을 받은 후 의롭다 함을 받았습니다. 이제는 죄인이 아니라 의인입니다. 내가 흘린 피의 의미를 이해하고 믿음으로 의인이 되었습니다"라고 예수님의 피가 호소합니다(롬 3:26-28; 히 12:24 참조).

법궤 안의 두 돌판은 율법으로 정죄선언을 하지만, 영광의 하나님께서는 속죄소에서 죄인인 우리를 예수님의 보혈로 덮으시고 의롭다고 선포하십니다. 이곳이 바로 시은좌, 하나님께서 은혜를 베푸시는 자리입니다.

아울러 법궤 안에 있는 아론의 싹 난 지팡이는 그리스도의 부활의 생명력을 나타냅니다. 하나님께서 우리에게 죽음을 깨뜨리고 부활하신 그리스도의 생명을 공급하시는 것입니다. 또한 하나님께서는 금항아리 안에 감춰진 만나를 우리에게 공급하십니다. 성소의 진설병은 제사장이 먹을 생명의 떡 즉, 공개되어 있는 말씀입니다. 그러나 지성소 안의 법궤 속에는 은밀히 감추어둔, 하나님의 영광의 보좌에서만 누릴 수 있는 생명의 말씀이 있습니다.

> 이제 모든 그리스도인은 하나님의 영광의 보좌인 지성소로 당당히 나아갈 수 있습니다.

구약시대에는 예수님을 예표하는 대제사장만이 지성소에 나아갈 수 있었지만, 신약시대에 이르러서는 왕 같은 제사장인 모든 그리스도인이 직접 지성소로 나아갈 수 있습니다. 왜냐하면 예수님의 죽음으로 성소와 지성소를 가로막는 휘장이 찢어졌기 때문입니다. 이제 모든 그리스도인은 하나님의 영광의 보좌인 지성소로 당당히 나아갈 수 있습니다(엡 3:12 참조).

가장 높은 수준의 기도는 하나님의 영광의 광채와 부활의 생명력 가운데서 주님과 은밀히 대화하는 것입니다. 남이 알지 못하는 하나님의 임재와 음성 속에서 친구와 같이 얼굴과 얼굴을 맞대며 하는 기도입니다.

1. 당신은 어느 단계의 기도를 누리고 있습니까?

2. 하나님의 거룩한 영광을 누리는 기도를 올려보십시오.

제6일 성경에서 가장 중요한 제사장 직분

성경에는 중요한 직분 세 가지가 등장합니다. 바로 제사장, 왕, 그리고 선지자의 직분입니다. 예수님께서는 이 세 가지 직분을 이 땅에서 수행하셨습니다. 세 가지 직분 중 제일 중요한 것은 제사장 직분입니다. 이 직분이 없으면, 왕의 직분도 선지자의 직분도 있을 수가 없습니다. 그렇다면 왜 제사장 직분이 제일 중요할까요?

제사장이란 하나님을 전문적으로 섬기는 사람을 말합니다. 우리 인생에서 제일 중요한 일은 하나님을 잘 섬기는 일입니다. 이것이 우리 인생의 본분입니다. 하나님을 잘 섬길 때, 우리는 이 땅을 통치할 수 있는 통치권, 혹은 지도력(리더십)을 가질 수 있습니다. 사람들은 왕권, 다스림의 축복에 많은 관심을 둡니다. 하나님께서 사람을 창조하시고 축복하시면서 주신 문화명령이 있는데, 그것 역시 다스림에 관한 것입니다.

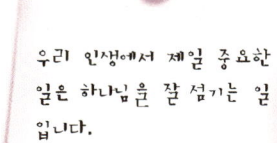

우리 인생에서 제일 중요한 일은 하나님을 잘 섬기는 일입니다.

> 하나님이 그들에게 복을 주시며 하나님이 그들에게 이르시되 생육하고 번성하여 땅에 충만하라, 땅을 정복하라, 바다의 물고기와 하늘의 새와 땅에 움직이는 모든 생물을 다스리라 하시니라
> 창 1:28

한 국가의 흥망성쇠는 지도자의 지도력의 수준에 달려 있다고 해도 과언이 아닙니다. 나라의 통치자가 어떠한지에 따라, 국민은 행복한 삶을 누릴 수도 있고 지옥의 삶을 경험할 수도 있습니다. 한 가정의 분위기 역시 마찬가지입니다. 부모의 지도 아래서 가정의 분위기가 좌우됩니다. 어떤 조직이든지 지도자가 있습니다. 그 조직을 이끄는 지도자의 지도력에 따라 영향력이 나타납니다. 그래서 많은 사람은 지도력을 개발하기 위해 힘쓰고, 지도력에 대한 많은 학문과 연구를 통해 이를 배우려고 합니다.

우리는 이 지도력을 통치권, 또는 성경용어로 왕권이라고 합니다. 그런데 중요한 사실은 이 왕권이 바로 제사장 직분으로부터 나온다는 것입니다. 여기서 하나님의 문화명령(창 1:28 참조) 이전인 창세기 1장 26절의 말씀을 주목해야 합니다.

> 하나님이 이르시되 우리의 형상을 따라 우리의 모양대로 우리가 사람을 만들고 그들로 바다의 물고기와 하늘의 새와 가축과 온 땅과 땅에 기는 모든 것을 다스리게 하자 하시고   창 1:26

사람은 하나님의 형상과 모양대로 창조되었습니다. 형상은 인격이며 모양은 생김새입니다. 내면의 인격, 지성과 감성과 의지, 그리고 양심이 하나님을 닮아갈수록 통치권은 자연스럽게 나타납니다. 따라서 근본적인 문제는 우리가 어느 정도까지 하나님의 인격에 닮아갈 수 있는가 하는 것입니다.

제사장은 바로 이러한 기능을 행하는 직분입니다. 그는 하나님 앞에서(Coram Deo) 섬기며, 하나님 앞에(Coram Deo) 나아가는 사람입니다. 우리는 제물을 가지고 성막 뜰에서 죄 용서함을 받고 성소를 거쳐 말씀으로 채움을 입은 후, 말씀의 빛 속에서 분향하여 하나님의 뜻을 보좌에 올려드리며, 그분의 보좌인 지성소에서 그분의 영광을 보는 사람이 되어야 합니다.

누군가를 닮아가려면 그 대상을 바라보아야 합니다. 부부가 닮는 이유는 서로 바라보며 살기 때문입니다. 기도의 궁극적 목적은 하나님의 인격을 우리 속에 가득 담아 표현해내는 것입니다. 이것이 제사장의 직분입니다. 모든 그리스도인이 제사장 직분을 통해 하나님의 영광의 보좌 앞에 나아가 그분의 인격으로 변화될 때, 국가, 사회, 가정 등 모든 조직은 하나님의 통치를 받으며 천국을 이루어갈 수 있습니다.

죄를 범하기 이전의 아담과 하와는 제사장 직분을 따로 부여받지 않았지만 하나님의 영광의 임재를 언제든지 누릴 수 있었습니다. 그러나 아담의 불순종으로 죄가 우리 내면에 들어온 후로는, 희생제물 없이는 하나님 앞에 나아갈 수 없게 되었습니다.

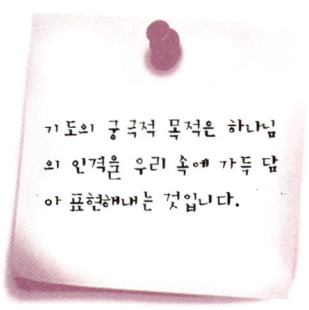

아벨은 양으로 제사를 지내며 제사장으로 살았고, 에녹도 300년간 하나님과 동행하며 그분의 임재를 누리고 제사장으로 살았습니다. 노아, 아브라함 등 모든 믿음의 선진들은 제사장으로서 하나님을 섬기며 살았습니다.

하나님의 백성이 족장시대를 거쳐 이스라엘 민족국가로 발전하게 되었을 때, 하나님께서는 이스라엘을 제사장 나라로 삼아 온 세계가 하나님 앞으로 돌아오게 하는 계획을 품고 계셨습니다. 그러나 이스라엘 백성이 금송아지 우상숭배로 타락하면서 하나님께 충성스러웠던 레위지파를 통해 제사장 지파가 세워졌습니다(출 32:26-27; 민 25:7 참조). 제사장 계급이 생겨난 것입니다.

그러나 주님께서는 오늘날 예수 그리스도를 통해 모든 그리스도인을 왕 같은 제사장(벧전 2:9 참조)으로, 제사장들(계 5:10 참조)로 삼으셨습니다. 또한 주님의 재림 후, 천년왕국 가운데서 제사장으로서 왕 노릇 할 것을 말씀합니다.

> 이 첫째 부활에 참여하는 자들은 복이 있고 거룩하도다 둘째 사망이 그들을 다스리는 권세가 없고 도리어 그들이 하나님과 그리스도의 제사장이 되어 천 년 동안 그리스도와 더불어 왕 노릇 하리라
> 계 20:6

제사장과 왕권은 서로 연결되어 있습니다. 구약시대에는 제사장과 왕의 직분이 서로 분리되어 있었지만, 신약에 와서는 왕 같은 제사장이라고 불립니다. 새 하늘과 새 땅이 열리는 그날, 모든 그리스도인은 주님의 영광의 얼굴을 바라볼 수 있는 제사장들이 될 것입니다.

> 그의 얼굴을 볼 터이요 그의 이름도 그들의 이마에 있으리라
> 계 22:4

성경의 제사장 직분은 영원히 지속되는 것을 알 수 있습니다. 오늘날 이 땅에서 기도한다는 것은 제사장의 직무를 섬기며 살아가는 것이며, 보좌에 계신 영광의 하나님을 바라보는 것입니다.

 묵상 및 적용

1. 제사장 직분과 왕권은 어떻게 연관이 있습니까?

2. 하나님께서 당신을 왕 같은 제사장으로 삼으신 사실을 날마다 누리십니까? 그것을 어떻게 매일 누릴 수 있습니까? 기도로 적용해보십시오.

🖐 오늘의 기도

제7일 주님의 형상으로 닮아가는 비결
(제사장의 중요목적)

> 우리가 다 수건을 벗은 얼굴로 거울을 보는 것 같이 주의 영광을 보매 그와 같은 형상으로 변화하여 영광에서 영광에 이르니 곧 주의 영으로 말미암음이니라 고후 3:18

성경에는 주옥같은 구절들이 많지만, 그중에서도 이 구절은 기도의 최고봉을 우리에게 가르쳐줍니다. 또한 우리가 어떻게 주님처럼 변화될 수 있는지에 대한 비결을 알려주는 구절입니다. 우리가 하나님의 영광의 보좌 가운데로 나아갈 때, 얼굴에 수건을 덮은 채로 나아가서는 안 됩니다. 얼굴에 수건을 쓰면 그분의 영광이 우리에게 비치지 않습니다.

고린도후서 3장 본문의 배경은 모세가 하나님 앞에서 두 돌판(율법)을 받고 난 후 얼굴에 광채가 났을 때, 이스라엘 백성이 모세의 얼굴을 주목한 일입니다. 모세는 자신의 얼굴에서 빛나는 율법의 영광에 백성이 주목하지 못하도록 수건을 덮었습니다. 율법의 영광은 그리스도의 얼굴의 영광에 비하면 사라지는 영광이며 일시적인 영광입니다.

율법도 의롭고, 거룩하고, 영광스럽습니다. 그러나 이 영광은 장차 사라질 영광입니다. 영원한 영광은 바로 예수 그리스도의 얼굴에 있는 영광의 광채(고후 4:6 참조)이며, 우리는 이 영광을 바라보아야만 합니다.

그러나 이스라엘 백성은 더욱 중요한 영원한 영광을 보지 못하고 율법의 영광에만 주목했습니다. 그래서 모세는 수건을 덮어 율법의 영광을 보지 못하도록 한 것입니다. 그런데 우리도 율법의 영광에만 주목하면, 마치 모세가 얼굴에 수건을 덮은 것처럼 그 수건으로 가리어져, 하나님의 보좌의 영광을 보며 교제하는 데 방해가 됩니다. 주님의 영광을 얼굴과 얼굴을 맞대고 보아야 하는데, 얼굴에 수건이 덮여 하나님과 우리 사이를 가린 것처럼 되는 것입니다. 사도 바울은 이 사실을 지적합니다(고후 3:15 참조).

> 영원한 영광은 바로 예수 그리스도의 얼굴에 있는 영광의 광채이며, 우리는 이 영광을 바라보아야만 합니다.

모세는 회막으로 돌아가 하나님의 보좌 앞에 나아갈 때는 수건을 벗었습니다. 사도 바울은 이 점을 지적하면서 우리도 하나님의 보좌 가운데로 나아갈 때에 수건을 벗은 얼굴로 주의 영광을 보아야 한다고 말합니다.

이스라엘 백성에게 수건은 율법이었습니다. 우리가 그분 앞에 나아가는 데 방해하는 많은 수건이 있습니다. 예를 들면, 세상적 가치관, 자아의 관념, 고집, 교만, 열등감, 불순종, 편견, 종교적 고정관념, 세상을 사랑함, 물질에 사로잡힘, 육신의 정욕, 쾌락을 주님보다 더 사랑함 등 주님의 영광을 볼 수 없게 만드는 많은 수건이 존재합니다.

당신은 기도할 때마다 당신의 얼굴을 덮은 수건을 벗는 기도를 합니까? 순수하게 주님의 영광의 광채가 당신의 얼굴을 비추도록

제2과 | 주님의 임재 속에 거하는 제사장과 기도

긍휼과 은혜를 구합니까? 수건을 덮은 것은 마음의 문제(고후 3:15 참조)이며, 수건을 덮은 마음으로는 주님의 영광을 제대로 볼 수 없습니다.

오늘날 유대교도들은 철저히 율법을 지킴으로써 구원받을 수 있다고 믿기 때문에, 예수 그리스도의 은혜의 영광을 보지 못합니다. 그들은 율법이라는 수건으로 자신의 얼굴을 가리고 있으며, 천주교 역시 마찬가지입니다. 천주교는 마리아 숭배사상과 교황의 절대권위, 다원주의적 구원관을 통해 진리를 세속과 혼합시킴으로써 얼굴에 수건을 덮었습니다.

주님의 영광의 보좌로 나아갈 때, 우리는 날마다 자신의 관념을 내려놓고 주의 영으로 돌이켜야 합니다. 바울은 언제든지 주님께로 돌아가면 그 수건이 벗어지리라고 말합니다. 주님께로 돌아가는 것은 주의 영으로 돌이키는 것입니다. 다시 말하면, 우리 마음속에 계신 주님만이 우리를 통치하셔야 합니다.

우리의 영에서 자아가 주인이 되어 주님을 섬길 때, 마음은 항상 수건이 덮인 어둠 속에 처하게 됩니다. 우리는 기도할 때마다 자아에 몰두하는 것을 잊어버려야 하며, 주님께서 온전히 우리의 마음을 지배하고 통치하도록 자리를 내어드려야 합니다.

자신의 의견, 생각, 감정, 의지, 목적 등 자아에서 나온 모든 것에서 돌이켜 성령 안으로 가야 합니다. 그럴 때 우리 속에 자유함이 넘치고, 주님의 영광의 빛이 우리 속에 나타납니다(제4과 '주님의 인격을 누리는 기도' 참조).

● 묵상 및 적용

1. 당신의 얼굴을 덮고 있는 수건은 무엇입니까?

2. 당신은 날마다 마음에 덮인 수건을 주님 앞에 내려놓기 위해 어떤 기도를 하고 있습니까?

3. 주님의 얼굴을 보기 위한 비결은 무엇입니까?

● 오늘의 기도

제3과
성령 안에서 기도하라

제1일 성령 안에서 기도하는 것의 의미

기도는 영에 속한 부분이므로(요 4:24 참조) 기도하기란 쉽지 않습니다. 영은 눈에 보이지 않는 세계에 속해 있기 때문입니다. 그렇다면 우리는 어떻게 기도해야 할까요? 성경에서는 항상 성령 안에서 기도해야 하며, 또한 성령으로 기도해야 한다고 밝힙니다(유 1:20 참조).

성령 안에서 기도한다는 의미는 무엇입니까? 예수 그리스도를 구주로 고백한 사람 속에는 성령이 거하십니다(고전 12:3 참조). 예수님께서는 부활하신 후에 제자들의 영 속에 숨을 내쉬며 성령을 불어넣어 주셨습니다(요 20:22 참조). 그러므로 기도는 성령의 호흡, 혹은 성령의 운행입니다(제1과 제1일 참조).

아담의 범죄 이후에 우리의 영은 죄로 인해 죽었습니다. 그러나 성령이 오심으로써 우리의 영은 성령과 연합한 삶을 살아갑니다. 따라서 모든 그리스도인은 자신의 육(옛 사람)을 따라 살지 않고, 성령을 따라 살아가야 합니다(갈 5:16 참조). 이와 마찬가지로 성도는 기도할 때에도 성령의 지배를 받아야 합니다. 이것이 성령 안에서 기도하는 것입니다. 그러면 우리는 어떻게 성령의 지배를 받을 수 있습니까?

오순절에 마가의 다락방에서 성령이 각 사람 위에 임하심으로, 그들이 성령의 충만함을 받고 성령이 말하게 하심을 따라 기도하기 시작했습니다. 성령이 말하게 하심을 따라 기도하는 것은 바로 성령의 지배를 받아 기도하는 것입니다. 사람은 마음에 가득한 것을 입으로 표현합니다. 사람의 마음, 생각과 감정, 의지가 성령으로 가득 차 있을 때 성령 안에서, 성령으로 기도할 수가 있습니다.

저도 기도를 처음 시작했을 때는 내 마음의 상태와 바람, 소원을 하나님께 아뢰었습니다. 내 인생의 미래와 가족과 나라와 선교를 위하여 열심히 기도했습니다. 그러나 시간이 지나서 성령이 내 마음을 만져주시고, 나의 이기심과 죄를 기억나게 하셨습니다. 그래서 하나님 앞에서 제대로 살지 못했던 것을 회개하며, 하나님의 기쁜 뜻 가운데서 살게 해달라고 기도했습니다. 나를 중심에 두는 기도가 아닌, 하나님의 마음과 뜻이 가정과 교회와 나라 위에 임하도록 기도했습니다. 이것이 성령으로 기도하는 것입니다.

처음에는 내가 입을 열어 기도하지만 서서히 성령이 기도를 주관해가십니다. 당신의 기도는 언제나 성령이 주관하시는 기도입니까, 아니면 시작과 끝까지 당신의 자아가 주관하는 기도입니까? 어떤 때는 오래 기도해도 평안과 기쁨을 느낄 수 없고, 방향을 잃은 것처럼 헤맬 때가 있습니다. 저도 기도가 잘 안 될 때가 있었습니다. 심지어 하루에 몇 시간씩 산에 올라가서 내 마음의 소원을 아뢰며 간구했으나 오히려 내 영은 더욱 답답해졌습니다. 오랜 시간이 지난 후에 내 기도에 문제가 있음을 깨달았습니다. 자아중심으로 기도하였던 것입니다.

기도할 때마다 성령이 주관하시는 기도를 하는 것은 단시간에 이루어지지 않습니다. 우리는 먼저 성령이 우리의 기도를 주관해주시도록 기도해야 합니다. 기도수준이 높은 사람일수록 기도할 때마다 성령이 기도를 주관하시게 하는 것을 볼 수 있습니다. 당신의 기도생활을 점검해보십시오. 성령의 임재 속에, 성령의 다스림과 통치 아래에, 성령에 의하여 기도하고 있습니까?

성령의 지배 아래서 기도할 때마다 당신의 생각은 맑아지고 깨끗해지며, 거룩해지고, 당신의 감정은 평안을 누릴 것입니다. 왜냐하면 성령은 진리의 영이기 때문입니다(요 14:17 참조). 성령에 의하여 기도할 때, 주님의 거룩한 뜻과 소원과 계획을 깨달아 기도할 수 있습니다(롬 8:27 참조). 생각과 감정과 의지가 성령과 하나 되어 기도하는 것입니다. 이것이 바로 성령이 충만하여, 성령을 따라 기도하는 것입니다(행 2:4 참조).

● 묵상 및 적용

1. 성령 안에서 기도한다는 것의 의미는 무엇입니까?

2. 성령이 당신의 기도를 지배하시도록 기도하십시오.

● 오늘의 기도

제2일 어떻게 성령 안에서 기도할 것인가?

성령으로 기도하기 위해서는 거룩한 믿음이 있어야 합니다(유 1:20 참조). 일반적으로 믿음이라고 하면, 적극적이고 긍정적인 믿음을 떠올립니다. 물론 그러한 부분도 있지만, 성령 안에서 기도하기 위해서는 거룩한 믿음이 필요합니다.

본래 '성령'은 '거룩의 영'이라는 뜻입니다. 따라서 성령의 본질적 사역은 우리를 거룩하게 하시는 것이며, 우리 역시 거룩함에 근거한 믿음을 가져야 합니다. 거룩함은 영적인 것이며 양심에 속한 것입니다.

하나님께서는 사람에게 양심을 주셨고, 사람이 양심을 통하여 내면의 죄에 대해 자각하고 느낌을 받아 스스로 통제하게 하셨습니다. 양심은 무엇이 선이고 악인지 분별할 수 있는 최소의 기능이며, 우리의 생각과 감정과 의지를 감독합니다. 우리의 정신적 기관인 생각과 감정과 의지 즉, 인격이 하나님 앞에서 건강하고 올바른 방향으로 살아가도록 가르치고 알게 해줍니다. 양심이 감사원의 역할을 하는 것입니다. 그러므로 그리스도인은 선하고 건강한 양심을 유지해야 합니다. 왜냐하면 선한 양심(벧전 3:16 참조)은 기도와 직접적으로 연관이 있기 때문입니다.

베드로는 기도를 '하나님을 향한 선한 양심의 간구'라고 표현합니다(벧전 3:21 참조). 그러므로 그리스도인은 항상 양심에 거리낌이 없도록 힘써야 하며, 하나님 앞에 나아갈 때 양심의 책망을 면할 수 있어야 합니다(행 24:16 참조).

오늘날 많은 사람이 마음에 병이 들어 심각하게 고통받으면서도, 왜 그러한지 인지하지 못합니다. 이러한 정신적인 질병들은 양심을 잘 관리하지 못함으로써 오는 경우가 많습니다.

어떤 사람은 양심이 너무 민감하여 작은 잘못에도 죄책감 때문에 괴로워하는 반면에 어떤 사람은 큰 잘못도 대수롭지 않게 생각하기도 합니다. 전자의 경우는 완벽주의 성향을 지닌 사람에게 주로 나타나고, 후자는 자신을 합리화시키는 사람에게 주로 나타납니다.

가끔씩 남에게 큰 피해를 입히는 잘못, 예를 들어, 공금횡령, 사기, 도적질, 살인까지 저지르고도 양심의 가책을 못 느끼는 사람을 봅니다. 이런 사람은 양심경화에 걸린 사람입니다. 간경화는 간이 굳어지고 딱딱해져서 제 기능을 발휘하지 못하는 병입니다. 간은 흡수된 영양소를 신체의 요구에 맞추어 필요한 물질이나 영양소로 가공 처리하고, 몸에 해로운 물질들을 해독하기도 합니다. 그러나 간세포 손상(간염)이 장기간 지속되면, 간기능 장애가 생겨 간경화로 이어집니다. 양심도 간의 기능처럼 좋은 영양소(사랑, 소망, 믿음, 섬김, 용기)를 흡수하고 분해하여 정신과 영혼을 건강하게 합니다. 반대로 나쁜 독소(미움, 시기, 원망, 악의, 탐욕)는 해독과정을 거쳐야만 합니다.

그러나 신체의 간경화처럼 양심도 세포가 장기간 손상을 받으면, 기능장애가 나타나 양심이 무감각해지는 경화증에 걸릴 수 있습니다. 교회나 가정, 직장에서의 삶이 서로 일치하지 못할 때 이러한 병에 걸립니다. 가령 교회에서는 중직자로 봉사하며 사람들에게 칭송받지만, 직장과 가정에서는 그와 다른 이중적인 생활을 하는 사람이 이에 해당됩니다.

양심이 너무 민감하여 자책함으로 고통을 받든지, 무감각한 경화증에 걸린 경우이든지, 우리는 주님의 십자가의 은혜를 적용하여 우리의 양심의 악과 고통으로부터 건짐을 받아야 합니다. 하나님의 보좌 가운데로 나아가기 위해, 주님께서 흘리신 보혈이 우리의 양심을 깨끗하게 해주기를 기도해야 합니다.

주님의 보혈은 능력이 있어 우리의 양심을 깨끗하게 하며 거룩하게 합니다. 매일 매 순간 죄의 영향력과 더러움이 밀려올 때마다 주의 보혈을 적용해야 합니다. 하나님 앞에 죄를 자백할 때, 성령이 당신의 양심을 통해 죄를 깨닫게 해주시고, 회개하여 자백할 수 있도록 성령의 도우심을 구하십시오. 하나님께서 당신의 양심을 만지시며, 주의 보혈로 당신의 양심이 흰 눈처럼 맑아지고, 투명하고 순수해지도록 주님의 은혜를 구하십시오.

죄를 자백하고 죄를 용서받는 일은 성령의 도우심이 필요합니다. 당신의 양심이 순수해질 때까지 철저히 당신의 죄를 고백하십시오. 그리고 보혈을 의지하십시오. 그럴 때 양심은 깨끗해지고, 죄 사함의 징표로 평안을 누리며, 모든 불의에서 깨끗함을 받을 것입니다(요일 1:9 참조).

> 주님의 보혈은 능력이 있어 우리의 양심을 깨끗하게 하며 거룩하게 합니다.

묵상 및 적용

1. 양심의 기능은 무엇이며, 기도와 양심에는 어떤 연관성이 있습니까?

2. 주님께서 당신의 양심을 만지시도록 내어드리고, 주님의 보혈을 적용하는 기도문을 써보십시오.

● 오늘의 기도

제3일 (1) 회개기도

　회개기도는 기도의 뿌리라고 할 수 있습니다. 성령 안에서 기도하려면 매일 매 순간 회개가 동반되어야 합니다. 무엇을 회개해야 합니까? 자신의 자아가 인생의 왕좌에 앉아 죄와 범죄를 행한 모든 것을 회개하며, 자신의 보좌를 주님께 내어드리는 것이 '회개기도'입니다.

　여기서 죄는 무엇이며, 범죄는 무엇일까요? 성경은 죄와 범죄를 구분하여 죄는 단수(sin)로, 범죄는 복수(sins)로 표현합니다. 회개를 제대로 하려면 이 두 가지 개념을 정확히 알아야 합니다.

　죄는 우리 안에 내재화되고 인격화되어 있습니다. 죄는 때로 원죄를 지칭하기도 합니다. 자녀가 부모의 유전자적 DNA를 본성적으로 타고나는 것처럼, 아담이 지은 죄의 본성 DNA가 우리 내면 안에 존재합니다.

이 죄의 본성이 인격을 지배해서 밖으로 나타날 때, 우리는 범죄를 저지릅니다. 범죄는 죄의 열매입니다. 십계명 중 제일 계명부터 제사 계명까지는 죄를 다루며, 제오 계명부터 제십 계명까지는 범죄를 다룹니다.

범죄는 살인, 간음, 도적질, 사기 등 실제적으로 남에게 피해를 입히는 것입니다. 죄는 범죄의 근원인 미움, 음욕, 탐심, 이기심과 같은 것으로 자아에 속한 개념입니다. 우리 그리스도인들은 범죄를 저지르지 않아도 죄를 품을 수는 있습니다.

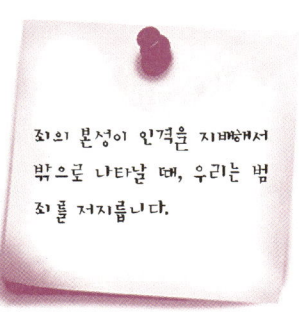

그러나 성령 안에서 기도하려면 범죄뿐 아니라 죄로부터도 돌이켜야 합니다. 이것이 회개입니다. 회개는 '돌이키다', '다른 생각을 품다' 라는 뜻입니다. 죄의 근원인 자아 즉, 옛 사람을 따라 사는 것에서 돌이키는 일입니다.

또한 죄는 헬라어로 '하마르티아' 인데, '표적에서 벗어나다' 라는 뜻입니다. 죄는 하나님의 의도, 계획, 뜻, 목적에서 벗어나는 모든 생각, 감정, 의지, 소원, 계획, 뜻입니다. 죄는 생각으로도 지을 수 있으며, 아무리 인간적으로 선하고 훌륭한 것이라도 하나님의 의도를 벗어나면 그것은 죄입니다.

심지어 우리 내면에서 올라오는 의심, 염려, 불신도 하나님을 절대적으로 신뢰하지 못해서 생기는 것이므로 성경에서는 죄라고 말합니다. 이것은 타락한 인간의 죄 된 본성, 옛 사람(자아)에서 나오기 때문입니다.

예수님께서는 이 죄와 범죄를 처리하기 위해 십자가에서 못 박혀 죽으시고 부활하셨습니다. 그리스도가 못 박히셨을 때, 우리의 옛 사람도 함께 십자가에서 죽었습니다(롬 6:6 참조). 그리고 그리스도가 부활하셨을 때, 우리 속에 새 자아, 새 사람인 새 생명이 태어나게 되었습니다(롬 6:4; 행 13:33 참조).

우리는 옛 사람이 그리스도와 함께 죽었음을 선포해야 하며, 날마다 새 생명으로 돌이켜야 합니다. 이것이 회개입니다. 그래서 세(침)례 요한은 회개의 선포를 외치면서 세(침)례를 통해 새 생명 가운데서 살 것을 촉구했습니다.

회개는 소극적으로는 우리의 범죄를 자백하고 아뢸 뿐 아니라, 적극적으로는 죄의 본성인 옛 사람도 십자가에서 함께 처리되었음을 인정하고 돌이키는 것입니다. 우리는 날마다 자기 십자가를 지고 주님을 따라야 합니다.

기도에도 철저히 제자도가 적용됩니다. 욕심, 야심, 명예심, 자아에 속한 모든 것을 내려놓고 순수하게 우리 안에 있는 새 사람이 나타나도록 해야 합니다. 옛 자아, 옛 사람은 우리 속의 새 자아, 새 사람을 대적합니다. 성령 안에서 기도한다는 것은 새 사람의 인격으로 기도하는 것입니다.

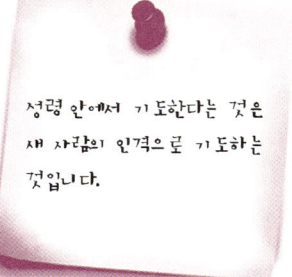

성령 안에서 기도한다는 것은 새 사람의 인격으로 기도하는 것입니다.

회개는 참으로 기쁜 일입니다. 옛 사람이 새 사람으로 대치되는 것입니다. 회개는 눈물을 많이 흘리며 죄를 고통스러워하거나 애통해하는 소극적인 측면보다, 그리스도의 부활의 생명이 우리 몸 안에 나타나는 적극적인 면이 더 중요합니다. 회개는 반성이나 자아성찰, 후회를 가리키지 않습니다. 옛 자아를 끝내고 새 자아를 나타내는 행동입니다.

그러므로 우리는 날마다 순간마다 회개기도를 통해 성령이 우리를 지배하시고 통치하시도록 해야 합니다. 오늘 하루도 성령의 은혜로 회개함으로써 성령의 임재를 누리기 바랍니다.

● 묵상 및 적용

1. 죄와 범죄, 회개의 의미를 되새겨보십시오.

2. 회개기도를 통해 당신 내면에 새 생명의 역사가 나타나도록 기도하십시오.

● 오늘의 기도

제4일 (2) 성령의 생각으로 충만하라

성령은 인격입니다. 인격은 지, 정, 의로 이루어졌습니다. 인격의 요소 중 가장 중요한 부분은 생각입니다. 우리는 어떤 사람을 평가할 때, 그 사람의 생각이 형성되어 있는 가치관, 철학, 인생관을 봅니다. 사람은 가치관과 철학에 따라 행동하기 때문입니다. 생각에는 두 종류가 있습니다. 육신의 생각과 영의 생각입니다(롬 8:6 참조). 육신의 생각은 옛 사람의 생각이며, 그 결과는 사망입니다. 그리고 영의 생각은 새 사람, 새 인격의 생각으로 이는 성령의 생각이며, 그 결과는 생명과 평안입니다(롬 8:6 참조).

육신의 생각으로 기도해본 적이 있습니까? 기도하면 할수록 더욱 답답해지고, 마음이 더욱 어두워지며 불편해집니다. 반면에 성령의 사람은 성령의 생각 안에서 기도하는 사람입니다. 성령의 생각으로 충만해져 있으면, 이것이 바로 기도가 되며 응답받는 기도가 됩니다(엡 3:20 참조).

기도 후에 놀라운 평안과 기쁨을 경험한 적이 있습니까? 그것은 당신이 성령의 생각 즉, 하나님의 뜻 가운데서 기도했기 때문입니다. 성령은 재앙이 아닌 소망의 생각을 주시며, 이것은 우리의 생각과 차원이 다른 하나님의 생각입니다.

회개의 의미 중에는 '다른 생각을

품다' 라는 뜻도 있습니다. 회개는 자신의 생각에서 하나님의 생각으로 돌이키는 것입니다. 우리는 순간순간 자신의 생각을 부인하고 주님의 생각으로 영을 채워야 합니다.

생각에는 두 가지의 차원이 있습니다. 심리학자들은 깨어 있는 생각을 의식이라고 하고, 내면의 뿌리 깊은 곳을 무의식이라고 부릅니다. 가끔씩 삶 속에 의식하지도 않은 생각과 감정과 행동이 나타나는 것은 내면의 무의식의 작용 때문이라고 합니다. 건강한 내면의 인격이 표현되려면 무의식 속에 건강한 생각이 뿌리 깊게 자리를 잡아야 합니다.

김유신 장군이 한때 방황하던 시절, 그가 술 취해 있을 때 말(馬)이 습관에 따라 김유신을 기생집으로 데려간 일화는 유명합니다. 짐승인 말도 무의식의 습관을 따라 훈련된 대로 움직이는 것처럼, 사람도 의식의 근원인 생각을 훈련하는 일이 무척 중요합니다.

감정은 생각의 결과입니다. 긍정적인 생각을 하면 긍정적인 감정을 느끼고, 부정적인 생각을 하면 부정적인 감정을 느낍니다. 감정은 사람의 움직임을 이끌어내는 힘(에너지)입니다. 긍정적인 감정을 가진 사람은 행복하고 힘이 넘치는 삶을 살아갈 수 있습니다.

영적 삶에서도 생각은 영성의 키(key)와 같습니다. 영적인 사람과 육적인 사람의 차이는 바로 생각입니다. 영의 생각을 온종일 유지할 수 있는 사람은 성령 충만한 삶을 누릴 수 있습니다. 육신의 자아와 세속과 사탄은 우리의 생각을 하나님의 생각에서부터 멀어지도록 유혹합니다(요 13:2 참조). 심지어 윤리적·도덕적·종교적 모범의 모습을 보여도 육에 속한 세속의 사람이 될 수 있습니다. 왜냐하면 하나님의 진리와 다른 자기중심적 생각, 철학, 세계관으로 살아갈 수 있기 때문입니다.

우리는 순간순간 우리의 영 안에 계신 주님을 의식하고, 주님께 우리의 생각을 집중하는 훈련을 해야 합니다. 우리의 모든 복잡한 생각들을 잠시 주님의 발 앞에 내려놓고, 성령이 우리의 생각을 다스려주시도록 기도해야 합니다. 교회, 직장, 가정 등 어느 곳에서 무슨 일을 하든지, 틈틈이 주님의 영광의 보좌 가운데로 나아가 주님을 사모하며 바라보아야 합니다.

 묵상 및 적용

1. 육의 생각과 영의 생각의 차이는 무엇입니까?

2. 하나님보다 높아진 모든 생각을 주님의 발아래에 내려놓는 기도문을 써보십시오(고후 10:5 참조).

오늘의 기도

제5일 (3) 성령을 인격으로 대하고 기도하라

성경에서는 기도할 때면 언제든지 성령 안에서 해야 한다고 가르칩니다(엡 6:18 참조). 성령 안에서 기도한다는 것은 성령의 지배 혹은 그 다스림과 인도를 따라서 해야 한다는 의미입니다. 어떤 사람들은 성령 안에서 기도하는 것을 예언기도나 방언기도를 하는 것으로만 이해합니다. 때로 성령은 특별히 예언기도나 방언기도를 통해 우리 속에서 기도하시기도 하지만, 그것은 성령의 은사로 보는 것이 바람직합니다(고전 14:22 참조).

성령 안에서 기도한다는 의미는 우리의 인격을 성령이 사로잡으셔서 성령의 마음과 소원과 계획을 하나님께 아뢰는 것입니다. 여기서 제일 중요한 것은 성령을 인격으로 대하는 자세입니다. 성령은 인격의 영이므로 강제적으로 우리가 성령에 사로잡히기를 원하시지 않습니다. 자발적이고 기쁜 마음으로 성령의 인격과 한뜻, 한마음, 하나 되기를 원하십니다.

성경은 하나님의 성령을 근심하게 하지 말라고 경고합니다. 왜냐하면 성령이 구원의 날까지 우리를 도장으로 찍으셨기 때문입니다. 고대에서 도장으로 찍는다는 의미는 완전한 소유권 이전을 뜻합니다. 이는 인생의 모든 소유권을 성령이 가지고 계시므로, 우리 내면의 인격도 철저히 성령의 지배와 다스림 가운데에 있어야 함을 의미합니다.

> 성령은 인격의 영이므로 강제적으로 우리가 성령에 사로잡히기를 원하시지 않습니다. 자발적이고 기쁜 마음으로 성령의 인격과 한뜻, 한마음, 하나 되기를 원하십니다.

모든 악독과 노함과 분냄과 떠드는 것과 비방하는 것, 악한 생각을 품는 것은 옛 사람의 인격에서 나옵니다(엡 4:31 참조). 이러한 것들이 내면을 정복할 때, 우리는 성령 안에서 기도할 수 없고 옛 사람의 인격 속에서 기도하게 됩니다.

이런 상황에서는 기도를 해도 옛 사람이 우리를 다스리기에, 하나님께서 우리 마음을 만지시는 기도를 할 수 없습니다. 그러므로 이러한 모든 육적인 상태를 벗어버려야 합니다(엡 4:31 참조). 그리고 그리스도의 인격으로 옷 입기를 기도해야 합니다(골 3:12 참조).

성령 안에서의 기도는 성령의 성품이 나타나는 기도이며, 그 특징은 친절과 불쌍히 여김과 용서함입니다(엡 4:32 참조). 이것이 곧 그리스도의 마음입니다. 기도할 때마다 기도대상자가 불쌍해지고 용서가 되고, 그 영혼에 대한 사랑(친절)이 나타난다면, 그러한 기도는 분명히 성령 안에서 드리는 기도입니다. 옛 사람의 성품 속에서 기도할 때는 여전히 내면이 곤고하며, 답답함과 어둠을 경험합니다(롬 8:4 참조). 기도의 영에 의해 마음이 늘 깨어 있지 않다면, 우리도 알지 못하는 순간에 옛 사람이 내면을 정복할 수 있습니다.

성령 안에서 기도하는 것은 일시적으로 일정한 자리에 앉아서 기도하는 것만을 의미하지는 않습니다. 모든 생활 자체가 성령의 지배를 받는 기도의 형태가 되어야 합니다. 누군가를 비방한 후에 기도하려 할 때, 당신 속에 계신 주님의 임재를 상실하고 맙니다. 그때 당신은 자신에게서 성령에게로 돌이켜야 합니다. "성령님, 이 시간 제 자신에게서 주의 영으로 돌이킵니다. 제 입술의 비방하는 말은 저의 옛 사람의 인격에서 나왔음을 고백합니다. 성령이 제 마음을 통치해주옵소서. 불쌍히 여김과 용서의 마음인 그리스도의 마음이 제 속에 나타나게 하소서. 저는 여전히 당신의 자비가 필요한 자입니다."

우리 속에 계신 성령이 마음을 다스리시도록 하려면, 성령을 철저히 인격으로 대해야 합니다. 이는 우리 속에 계신 성령을 단순한 영적 파워를 나타내는 힘이나 능력, 에너지로만이 아니라, 생각과 감정과 의지를 지니신 분이라는 사실을 늘 인식하는 것입니다.

성령은 우리의 인격을 지배하기 원하시되, 강제적이 아닌 우리 스스로 주님을 사랑하고, 우리가 자발적으로 옛 사람의 인격을 내려놓기 원하십니다.

사랑하는 사람은 상대방의 생각과 감정과 행동을 알고 느낄 수 있습니다. 또한 어떻게 행동해야 상대방이 기뻐하는지를 압니다. 이것이 사랑의 힘이고 능력입니다. 사랑에 빠지면 상대방을 이해하고 받아들이며, 그와 하나가 되고 싶어 합니다(빌 2:5 참조).

> 성령은 우리의 인격을 지배하기 원하시되, 강제적이 아닌 우리 스스로 주님을 사랑하고, 우리가 자발적으로 옛 사람의 인격을 내려놓기 원하십니다.

성령 안에서 기도하는 가장 좋은 방법은 우리를 위해 십자가에서 죽으시고 부활하신 주님을 사랑하는 것입니다. 끊임없이 주님의 사랑의 바다에 빠질 때 성령 안에서 기도하는 일은 무척 쉬워집니다.

성령 안에서 기도하고 싶으십니까? 주님의 사랑의 바다에 빠지십시오. 주님의 매력에 빠져들도록 사모하십시오. 그럴 때 당신의 기도는 육에 속한 기도가 아닌 성령에 속한 기도가 될 것입니다.

🟥 묵상 및 적용

1. 성령을 인격으로 대한다는 의미는 무엇입니까?

2. 성령이 옛 사람의 인격을 깨뜨리시기를 원하며, 당신의 인격에 성령의 성품이 나타나기를 원하는 기도문을 써보십시오.

🟥 오늘의 기도

제6일 (4) 성령의 빛 가운데서 기도하라

> 그가 빛 가운데 계신 것 같이 우리도 빛 가운데 행하면 우리가 서로 사귐이 있고 그 아들 예수의 피가 우리를 모든 죄에서 깨끗하게 하실 것이요   요일 1:7

하나님께서는 빛이시며(요 1:4 참조), 어둠이 조금도 없으신 분입니다. 그분은 우리에게 생명의 빛으로 나타나시는데, 여기서 빛의 의미는 평안, 감사, 기쁨, 사랑, 담대함 등으로 표현할 수 있습니다.

그러나 사람은 누구든지 어둠이 있습니다. 상처를 받거나 죄를 지으면 양심이 고통을 받고, 내면의 어두운 동굴세계로 들어가 버리고 맙니다. 때로 그곳은 도피처가 되지만, 오랜 시간이 지나면 햇빛을 보지 못해서 질병을 얻습니다.

반대로 동굴 밖은 밝은 햇빛이 비치고 맑은 하늘이 펼쳐진 곳입니다. 두려움과 불안, 염려와 근심의 동굴에 사는 사람들이 해보다 밝은 하나님 앞에 나아오면 모든 어둠은 사라집니다. 따라서 우리는 매일 매 순간 빛의 하나님을 누리며 살아야 합니다. 빛으로 나오십시오. 우리의 영혼을 살리고, 내면세계를 밝게 하시는 하나님의 임재와 영광 가운데에 살아가십시오. 주님과 사귐이 있는 사람은 빛이신 하나님의 생명의 빛 가운데에 거하는 사람입니다(요일 1:7 참조).

우리가 하나님의 영광의 빛 가운데로 나올 때, 예수님의 보혈이 우리의 더러운 양심을 깨끗하게 합니다. 당신의 내면에 답답함과 두려움과 염려와 불안이 있습니까? 그것은 당신이 자아의 깊은 동굴 속에 숨어 있기 때문입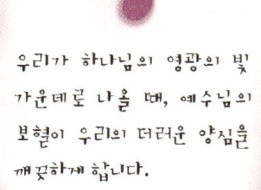
니다. 사망의 어둠에 눌려 있는 것입니다. 동굴에서 나와야 합니다.

"오! 주님, 저는 여전히 빛이신 당신이 필요합니다. 주여, 성령의 빛으로 제 내면을 비추소서. 당신의 보혈로 제 양심의 거리낌이 있고 더럽혀진 부분을 깨끗하게 하소서"라고 고백한다면, 당신의 양심은 주님의 영광의 빛을 받을 것입니다.

주님께서는 우리가 세상의 빛이라고 말씀하십니다. 세상은 어둡기 때문에 빛을 발하라고 명하십니다. 어떻게 해야 빛을 발할 수 있습니까? 달이 태양빛을 받아 지구에 달빛을 비추어주는 것처럼, 우리의 신앙생활도 마찬가지입니다. 우리 스스로는 빛을 발할 수 없습니다.

어둠 속에서는 아무리 노력해도 어둠뿐입니다. 동굴에서 나와야만 햇빛을 누릴 수 있듯이, 영광의 빛이신 주님의 빛으로 나오십시오. 그러면 당신의 내면은 천국의 평안과 감사와 사랑 가운데서 살아갈 것입니다.

보혈의 능력을 경험하고 싶습니까? 자신의 내면의 세계에 머물러 있지 말고 주님의 영광의 빛 앞으로 나오십시오. 기도는 자아를 보지 않고 주님의 얼굴을 보는 것입니다. 오늘도 빛이신 주님을 누리십시오.

1. 빛 가운데서 기도한다는 것은 어떤 의미입니까?

2. 주님의 보혈을 의지하며 주님의 보좌 가운데로 나아가는 기도문을 써보십시오.

● 오늘의 기도

_____
_____
_____
_____
_____

제7일 (5) 성령과 하나 되어 기도하라

기도는 자신의 생각과 감정을 내려놓고 성령의 뜻 가운데서 해야 합니다. 성령은 인격이며 우리 안에서 운행하고 계십니다. 그분은 우리의 영 안에서 움직이시기를 원하며, 우리의 영을 다스리시고 통치하시기를 원합니다. 그분은 인격이기에 자신의 기쁘신 뜻과 소원을 가지고 계십니다.

기도는 자신의 생각을 내려놓고 성령의 생각으로 가득 채우는 것입니다. 그럴 때 우리의 입술은 성령의 생각을 표현할 수 있습니다. 우리는 무엇을 위해 기도해야 하는지 잘 알지 못하지만, 우리 속에 계신 성령은 말할 수 없는 탄식으로 우리를 위하여 친히 간구하십니다(롬 8:26 참조).

> 우리는 무엇을 위해 기도해야 하는지 잘 알지 못하지만, 우리 속에 계신 성령은 말할 수 없는 탄식으로 우리를 위하여 친히 간구하십니다.

그렇다면 성령은 우리 안에서 무엇을 위하여 간구하실까요? 하나님의 뜻이 이루어지도록 간구하십니다(롬 8:27 참조). 우리가 이 땅에서 표현되고 나타나기를 원하는 하나님의 뜻은, 우리의 인격이 예수님의 인격으로 변화되는 것입니다(롬 8:29 참조). 이것은 성령의 중요한 본질적 사역이며, 성령은 우리가 그리스도의 형상으로 변화되도록 우리 속에서 탄식하시며 기도하십니다. 성령은 우리가 주님 앞에서 얼마나 허물 많고 부족한 자인지를 깨닫게 하시며, 우리가 예수님의 인격을 닮아갈 수 있도록 풍성한 은혜와 능력을 공급하십니다. 우리는 이러한 성령의 도우심을 받아 기도해야 합니다.

어느 세미나에서 들었던 이야기입니다. 어떤 형제가 교회 일을 열심히 하려는데, 까다롭기로 소문난 지체가 어려움을 주었다고 합니다. 그 형제는 밤새도록 "하나님, 어떻게 이러실 수 있습니까? 제가 하나님의 일을 하는데 왜 이렇게 어려움을 당해야 합니까?" 하면서, 까다로운 그 지체를 변화시켜달라고 기도했습니다. 새벽녘이 다 되었을 때, 하나님께서 한마디 음성을 들려주셨습니다. "너는 얼마나 나에게 순종하느냐? 상처받은 자존심 때문에 나에게 밤새도록 하소연하며 기도하는데, 그에 대한 너의 태도가 변해야 되지 않겠느냐?" 그 형제는 울며 회개했습니다. "하나님, 제가 문제군요. 저는 상대방의 허물과 문제만 보았는데, 상대방이 아니라 제게 더 많은 문제가 있었군요. 그 지체를 정말 사랑할 수 있는 힘과 능력을 주세요."

요셉은 형들에 의해 애굽에 노예로 팔려가게 되었습니다. 애걸복걸하며 형들에게 애원했으나 형들은 냉정하게 이스마엘 사람들에게 팔아버렸습니다. 요즘 나이로 보면, 예민한 사춘기였던 요셉은 부모의 사랑을 한창 받다가 하루아침에 노예로 전락한 것입니다. 그때 요셉의 심정은 어떠했겠습니까? 배신감과 억울함, 원망이 자연스럽게 생겼을 것입니다. 노예로 짐승 같은 취급을 받을 때면, 마음이 찢어지고 녹아서 살 소망까지 사라졌을 것입니다.

아마도 한동안은 무척 힘들었을 것입니다. 기도하려면 기가 차고 눈물만 나오고 한숨이 차올랐을 것입니다. 그러면서 요셉은 하나님께 탄식하며 고통을 아뢰지 않았을까요? 때로는 하나님께 형제들이 한 일을 고소하며 복수해달라고 기도했을지도 모릅니다.

요셉의 인간적인 기도를 들으신 성령은 요셉의 마음속에 이렇게 말씀하시면서 깨달음을 주셨을 것입니다. "요셉아, 너의 인생을 이끌고 계시는 분은 바로 하나님이시다. 너는 사람을 보아서는 안 된다. 네가 형제들에게 팔려 비록 노예의 신분이지만, 그 배후에 하나님께서 역사하고 계신단다. 하나님께서는 악을 선으로 바꾸시는 분이란다. 너는 하나님의 계획과 섭리 속에 이곳으로 보내진 것이다. 너는 이곳에서 내가 너에게 보여준 꿈을 이루기 위해 훈련받아야 한다. 인간적인 생각과 감정과 행동을 내려놓고 하나님의 인격으로 변화되어야 한다. 너는 형제들을 미워하지 말고 나의 성품처럼 원수들까지도 사랑할 수 있어야 한다."

요셉은 기도 중에 이러한 하나님의 마음을 알게 되고, 그 뜻이

> 성령은 우리가 주님 앞에서 얼마나 허물 많고 부족한 자인지를 깨닫게 하시며, 우리가 예수님의 인격을 닮아갈 수 있도록 풍성한 은혜와 능력을 공급하십니다.

이루어지도록 기도했을 것입니다. 우리 안에 계신 성령은 반드시 우리의 기도 가운데에 그분의 뜻과 소원과 마음을 보여주십니다.

당신은 성령의 뜻과 소원이 이루어지도록 기도하십니까?

묵상 및 적용

1. 성령이 당신의 기도 가운데에 이루시기를 원하는 소원이나 계획, 목적은 무엇입니까?

2. 주님의 계획이 나를 통해 이루어지도록 기도문을 써보십시오.

오늘의 기도

제2부

성경적 개인기도 훈련

기도는 그분의 이름을 부르고 주님의 얼굴과 영광을 구하며 진리의 빛 안에서 임재를 경험하고 훈련하는 것이다.

제4과
주님의 인격을 누리는 기도

제1일 주님의 인격을 누리라

웨스트민스터 신앙고백의 소요리 문답 제1문의 질문은 '사람의 제일 되는 목적이 무엇입니까?'라는 것인데, 답은 '하나님을 영화롭게 하는 것과 그를 영원토록 즐거워하는 것'입니다.

이 원칙은 기도의 원칙에도 적용됩니다. 하나님을 영화롭게 하는 것은 하나님께 영광을 돌리는 것입니다. 우리의 기도도 하나님께 영광을 돌리는 기도가 되어야 합니다. 또한 하나님을 영원토록 즐거워하는 것이 사람의 제일 되는 목적입니다. 당신은 하나님을 즐거워하는 기도를 하고 있습니까?

하나님을 즐거워한다는 것은 하나님만이 내 기쁨과 만족, 소원이 되는 것을 의미합니다. 우리의 기도 중 제일 되는 것은 하나님을 즐거워하는 기도입니다. 하나님을 즐거워한다는 것은 주님의 인격 즉, 그분의 성품과 속성을 즐거워하고 누리는 것입니다. 무엇보다 주님의 사랑과 평안을 누리는 것입니다.

1. 주님의 사랑을 누리라

기도는 그분의 사랑을 누리는 것입니다. 주님께서는 그분의 사랑에 거하라고 말씀하십니다(요 15:9 참조). 이 사랑은 변하지 않는 아가페 사랑입니다. 무조건적 사랑, 사랑받을 자격이 없음에도 일방적으로 주시는 사랑, 그 십자가의 사랑을 누리는 것입니다. 누리고 누려도 풍성하게 흐르는 사랑을 순간순간 기억하고 감사하는 것이 기도입니다.

한국교회의 성도들은 필요중심의 간구기도에는 익숙합니다. 왜냐하면 조상에게서부터 물려받은 종교적 전통, 예를 들어, 우리의 어머니들에게는 정화수를 떠놓고 가정과 자녀를 위해 부엌에서 기도드리는 종교적 심성이 흐릅니다. 탑돌이, 해맞이, 굿 내림, 고사 등 모든 종교행사에도 마음의 소원을 간절히 아뢰는 필요중심의 간구가 뿌리 깊게 자리 잡고 있습니다.

그러나 기독교의 제일 되는 기도의 목적은 하나님께 영광을 돌리며, 하나님을 즐거워하는 것입니다. 하나님을 인격적으로 대하며 그분 자신을 기뻐하는 것입니다. 그분이 주시는 우리의 필요들을 사랑하는 것이 아니라, 그분의 존재 자체를 사랑하는 것입니다. 이것이 기독교 신앙의 핵심입니다.

기도는 이러한 목적을 실행할 수 있는 구체적 방법입니다. 기도할 때는 하나님께서 우리를 얼마나 사랑하셔서 독생자 예수 그리스도를 보내주셨는지에 대한 십자가의 사랑을 깨닫고 주님의 그 사랑을 누리는 것이 중요합니다. 날마다 십자가의 사랑에 대한 길이와 넓이와 깊이가 어떠한지를 깨달아갈 수 있도록 기도하십시오.

아가서에 나오는 술람미 여인의 고백은 솔로몬을 예표하는 주님을 향한 사랑의 고백입니다. 그녀는 십자가에서 죽으신 주님의 사랑을 단계적으로 표현합니다.

> 나의 사랑하는 자는 내 품 가운데 몰약 향낭이요   아 1:13

> 몰약과 유향과 장사의 여러 가지 향품으로 향기롭게도 하고 거친 들에서 오는 자가 누구인고   아 3:6

> 날이 기울고 그림자가 갈 때에 내가 몰약 산과 유향의 작은 산으로 가리라   아 4:6

술람미 여인은 주님의 십자가의 죽으심을 몰약이라는 은유법을 통해 고백합니다. 몰약은 고대로부터 장사지낼 때 시신의 부패를 방지하는 약품이었습니다. 처음 예수님을 믿은 사람은 주님의 십자가의 죽음을 깊이 인식하지 못합니다. 마치 가슴에 달린 몰약 향주머니처럼 마음속에 그분의 죽으심을 작게 인식합니다. 그러나 시간이 지나면 몰약으로 몸 전체를 향기롭게 하신 주님을 인식하고 누립니다. 더 깊은 단계로 들어가면 '몰약 산'에 이릅니다. 산속 전체에 몰약의 향기가 퍼져 나가는 것처럼 주님의 십자가의 사랑을 깊이 누리며 깨닫게 됩니다. 신앙은 주님의 사랑을 알아가는 것입니다. 그 사랑에 감동하며 살아가는 것입니다. 만일 다른 것을 추구한다면, 우리는 신앙의 본질에서 벗어난 것입니다. 요한계시록의 일곱 교회 중 에베소 교회는 많은 장점을 가지고도 주님을 향한 첫사랑을 잃어버려서 교회의 존재 가치를 잃어버릴 위기를 맞이했습니다(계 2:5 참조).

2. 주님의 평안을 누리라

주님의 풍성한 사랑을 누리면 마음속에 평안이 흘러넘칩니다. 이 평안은 죽음을 통과한 십자가의 사랑이므로 사망의 권세를 깨뜨린 부활의 평안입니다(요 20:21 참조). 또한 죄를 용서받은 구원의 평안입니다(요 20:19 참조). 세상이 주는 평안이 아니라, 주님만이 주실 수 있는 하늘의 평안입니다(요 14:27 참조). 주님께서는 우리가 이 땅에서 근심도 두려움도 없는 평안을 누리기를 원하십니다.

결론적으로 기도는 한 분 인격이신 주님의 사랑과 평안을 누리는 것이며, 그것이 기도의 제일 되는 목적입니다. 주님을 즐거워하며 행복한 삶을 살기 원하십니까? 변함없이 사랑하시는 그분의 사랑과 평안을 누리는 기도를 하기 바랍니다.

1. 사람의 제일 되는 목적은 무엇입니까?

2. 주님의 사랑을 누리며 고백하는 기도문을 써보십시오.

🖐 오늘의 기도

제2일 주님의 인격을 누리는 기도 – 주님의 이름의 의미

모든 사물과 생명체에는 이름이 있습니다. 이름은 그 사물과 생명체의 존재의 특성을 나타내줍니다. 모든 사람은 이름이 있으며, 그것은 그 사람의 존재의 특성인 인격을 표현합니다.

주님을 인격으로 누리려면 주님의 이름의 의미를 잘 알아야 합니다. 창세기 1장 1절에 처음으로 하나님의 이름이 나옵니다. "태초에 하나님(엘로힘)이 천지를 창조하시니라." 여기에서 '엘로힘'은 창조주 하나님의 이름입니다. 무에서 유를 창조하신 하나님의 권능과 능력을 표현할 때 엘로힘이라는 이름을 씁니다. 교회를 다니지 않는 사람들도 이 이름의 의미를 압니다. 엘로힘은 '조물주'로도 표현되는데, 해와 달과 지구와 모든 우주를 만드신 하나님으로, 우주의 시작과 근원, 우리 존재의 모든 근원이신 하나님을 나타냅니다.

'엘샤다이' 라는 이름도 있습니다(창 17:1 참조). '엘' 은 '하나님' 이라는 뜻이며, '샤다이' 는 여성의 유방을 뜻하는 ' 젖가슴' 입니다. 어머니가 아기에게 젖을 먹이듯, 풍성하게 공급하시는 하나님을 강조할 때 쓰는 이름입니다. 또한 '아도나이' 라는 이름은 '주인(lord), 통치자, 다스리는 자' 의 의미를 강조할 때 사용하는 이름입니다.

구약에 나오는 하나님의 가장 대표적인 이름은 바로 '여호와' (야훼)입니다. 이는 사람과의 관계 속에서 구원하시는 하나님을 나타낼 때 쓰는 단어입니다. 여호와는 문자적으로 '스스로 존재하는 자' (출 3:15 참조)라는 뜻입니다. 여호와는 영어로 'I am who I am' 인데, 직역하면 '나는 ~인 ~이다' 를 의미합니다. 여호와의 이름은 매우 광대한 의미를 지녔습니다. 그분은 존재 그 자체이기에 우리의 모든 존재와 필요와 풍성을 포함합니다. 그분은 빛이요, 공기요, 사랑이요, 평안이요, 기쁨이요, 능력이요, 진리, 길, 안식 등 모든 좋은 것의 근원이십니다. 여호와의 이름은 모든 보화와 부족함이 없는 풍성함을 포함합니다.

이 여호와의 이름 뒤에 하나님의 다양한 특성을 나타내는 수식어를 붙여서 사용하기도 합니다. 예를 들어, '여호와 이레' (준비하시는 하나님), '여호와 라파' (치료하시는 하나님), '여호와 삼마' (하나님께서 여기 계신다) 등입니다.

이러한 여호와 하나님의 이름은 신약에 와서 '예수' 라는 이름으로 불립니다. 예수는 '여호와 구원자' 라는 뜻이며, 구약에서는 '여호수아' 로 불렸습니다. 예수라는 이름은 '이는 저가 자기 백성을 저희 죄에서 구원할 자' 라는 뜻입니다. 이 땅에 구원자로 오신 사람의 인성을 강조하는 이름이 '예수' 입니다.

　메시아라는 신성을 강조할 때는 '그리스도'로 불립니다. 그리스도는 '기름부음 받은 자' 라는 뜻으로 예수님께서 이 땅에서 삼중직분(제사장, 왕, 선지자)을 감당하셨음을 보여줍니다. 사망의 권세를 깨뜨리시고 부활하신 주님의 신성을 강조할 때 '그리스도' 라고 부릅니다.

　이름은 존재의 특성과 능력, 인격 등 모든 것을 포함합니다. '오바마' 대통령 하면 미국의 지도자, 혹은 세계의 지도자 오바마라는 사람이 지닌 모든 이미지와 실제적인 능력을 떠올릴 수 있습니다. 예수님의 이름 속에는 하나님의 모든 실제적인 능력, 성품, 속성 등이 들어 있고, 우리는 그 이름을 통해 하나님의 모든 풍성을 누릴 수 있습니다. 주님의 인격인 이름의 의미를 생각하고, 그 이름을 부르며 주님의 인격을 누리기 바랍니다.

> 예수님의 이름 속에는 하나님의 모든 실제적인 능력, 성품, 속성 등이 들어 있고, 우리는 그 이름을 통해 하나님의 모든 풍성을 누릴 수 있습니다.

묵상 및 적용

1. 성경에 나오는 하나님의 다양한 이름의 의미는 무엇입니까?

2. 주님의 이름의 의미와 능력, 특성 등을 묵상하며 기도문으로 고백해보십시오.

오늘의 기도

제3일 주님의 이름을 누린 믿음의 선진들

주님의 이름을 부르며 그 이름의 의미를 누리는 기도를 처음 실행한 사람은 에노스입니다(창 4:26 참조). 아담과 하와가 선악과를 먹은 이후에 죄가 사람 안으로 들어왔습니다(롬 7:17 참조). 이 죄가 범죄로 발전한 것은 가인이 아벨을 살인했을 때입니다.

아벨이라는 이름은 '공허하다'라는 뜻이며, 죄가 인류 안으로 들어온 이후에 사람의 마음은 공허를 느끼게 되었습니다. 하나님과 분리된 생명은 공허함을 느낄 수밖에 없습니다. 인류의 1세대는 죄를 들어오게 했으며, 2세대는 죄의 영향력을 받아 가인이 분노를 다스리지 못함으로써 살인을 했고, 그 동생 아벨은 공허함을 느꼈습니다.

아벨을 대신한 셋의 자손 에노스가 비로소 처음으로 여호와의 이름을 불렀습니다. 에노스라는 이름은 '부서지기 쉬운, 죽을 수밖에 없는, 연약한' 이라는 뜻입니다. 인류의 3세대 에노스에 이르러 인간은 자신이 연약하고, 부서지기 쉬우며, 또한 죽을 수밖에 없는 존재라는 사실을 깨닫기 시작했습니다. 부족함과 연약함을 깨달을 때, 인간은 자신을 만든 근원이신 하나님을 찾습니다. 에노스는 처음으로 '여호와의 이름을 부르는 기도' 를 시작했던 것입니다.

하나님의 이름을 안다는 것은 중요한 일입니다. 사람들은 누구든지 처음 만나면 먼저 통성명을 한 후에 서로 이름을 부릅니다. '이름을 부른다' 는 것은 친밀함과 사귐을 나타내는 행동입니다. 에노스는 인류 최초로 여호와의 이름을 부르며, 여호와와 깊은 관계 안에 들어가기 시작했습니다.

'여호와의 이름을 부른다' 는 것은 그분의 이름 안으로 들어가는 것이며, 그분과 하나 되고, 동행하는 삶을 살아가는 것입니다. 그분의 이름의 권위와 능력을 체험하며, 도우심을 받으며, 그분을 의지하는 삶을 사는 것입니다. 또한 그분의 얼굴을 뵙는 친밀한 관계 안에 들어가는 것입니다.

에노스 이후 창세기 5장에 나오는 모든 믿음의 선진들도 여호와의 이름을 불렀을 것입니다. 창세기 4장 26절에 근거하여, 그분의 얼굴을 구하는 기도는 계속되었을 것입니다.

제4과 | 주님의 인격을 누리는 기도

창세기 12장을 보면 믿음의 조상인 아브라함(창 12:8, 13:4 참조)이 여호와를 부르는 기도를 합니다. 에노스 이후로 여호와의 이름을 부르는 기도가 자녀들에게 계속 이어져 아브라함에게까지 내려갔을 가능성을 생각해볼 수 있습니다. 아브라함의 자녀인 이삭(창 26:25 참조)도 여호와의 이름을 불렀습니다. 또한 다윗(시 14:4, 116:4 참조), 엘리야(왕상 18:24 참조)도 여호와의 이름을 불렀음을 알 수 있습니다.

신약에 와서는 여호와의 이름을 예수의 이름으로 바꾸어 불렀습니다. 유대교에 속한 유대인들은 예수를 믿는 유대인을 핍박했는데, 그중 가장 대표적인 사람이 가말리엘 문하에서 배운 다소사람 사울입니다. 사울은 스데반을 죽일 때 앞장섰던 사람입니다. 그는 예수를 믿는지, 믿지 않는지 어떻게 분별했을까요? 성경은 당시에 예루살렘에 있던 모든 그리스도인이 예수의 이름을 불렀다고 밝힙니다. 사울은 예루살렘에서 이처럼 예수의 이름을 부르며 기도하는 모든 사람을 배교자로 생각하고 멸하려 했습니다(행 9:21 참조).

그는 대제사장에게 예수를 믿는 모든 사람을 결박할 권한을 부여받았습니다. '주의 이름을 부르는 모든 사람'을 결박할 권세를 가졌던 것입니다(행 9:14 참조). 초대교회의 모든 성도는 그들이 기도할 때 '주의 이름' 즉, 예수의 이름을 부르며 기도했습니다.

또한 고린도 지역의 성도들도 예수의 이름을 불렀으며(고전 1:2 참조), 스데반도 순교를 당할 때, "주 예수여! 내 영혼을 받으소서!"라며 주님의 이름을 불렀습니다. 모든 성도는 모일 때마다 주님의 이름을 부르며, 주님의 재림을 기다렸습니다.

> 이것들을 증언하신 이가 이르시되 내가 진실로 속히 오리라 하시거늘 아멘 주 예수여 오시옵소서   계 22:20

그러므로 주님의 이름을 부르며, 주님의 이름을 누리는 기도는 주님의 인격을 누리는 기도이며, 믿음의 선진들이 모범을 보여준 기도입니다.

 묵상및적용

1. 주님의 이름을 부르며 기도하는 의미는 무엇입니까?

2. 주님의 이름의 의미를 생각하며, 조용히 혹은 크게 선포해보십시오.

🖐 오늘의 기도

제4과 | 주님의 인격을 누리는 기도

제4일 주님의 이름을 부를 때 오는 유익 ⑴

1. 구원을 받는다

주님의 이름을 부르는 것은 구원과 연관이 있습니다. 구원을 받는 두 가지 조건은 첫째, 부활의 주님을 마음으로 믿고(롬 10:9 참조) 둘째, 입으로 예수를 주로 시인하는(롬 10:10 참조) 것입니다. 주 예수님이 우리의 죄를 용서하시려고 십자가에서 죽으신 후, 사망에서 부활하신 구주이며 주님임을 마음으로 믿어야 합니다. 그러나 마음으로만 믿어서는 안 됩니다. 반드시 입으로 시인해야 합니다.

믿음은 입으로 표현되는 것입니다. 예수 그리스도를 나의 구주로, 주님으로 고백하는 것입니다. 우리는 복음을 전하면서 반드시 예수 그리스도를 마음으로 믿고 입으로 시인하도록 해야 합니다.

입으로 시인하지 않는다면 온전한 믿음이라고 볼 수 없습니다. 스스로 시인하는 것처럼 보이지만, 이것은 영의 문제입니다. "성령으로 아니하고는 누구든지 예수를 주시라 할 수"(고전 12:3) 없습니다. 우리가 입으로 예수님을 주로 시인하는 것은 성령의 역사입니다. 구원받기 위해서는 반드시 "예수 그리스도는 나의 구주시며, 주인이십니다!"라는 고백을 하며 주님의 이름을 불러야 합니다.

2. 주님의 부요하심을 누린다(롬 10:12)

구원받은 이후에 주님이 주시는 풍성과 은혜를 누리려면 주님의 이름을 불러야 합니다.

> 유대인이나 헬라인이나 차별이 없음이라 한 분이신 주께서 모든 사람의 주가 되사 그를 부르는 모든 사람에게 부요하시도다
> 롬 10:12

여기서 부요함은 '풍성한 복'(공동번역), '풍성한 은혜'(표준성경)로 번역됩니다. 많은 그리스도인이 영적으로 가난하고 배고픈 이유는 주님의 이름을 부르지 않기 때문입니다. 부요함은 흘러넘치는 삶이며, 주님의 사랑과 은혜와 기쁨과 평강과 하늘에 속한 모든 풍성한 것을 누리는 삶입니다.

금붕어가 물속에서 굶어 죽었다는 이야기를 들은 적이 있습니까? 물속에는 많은 미생물이 삽니다. 물고기가 입을 열기만 하면 물속의 모든 풍성한 미생물을 먹을 수 있습니다. 그러나 물고기가 입을 열지 않는다면 굶주려 죽을 수밖에 없습니다.

그리스도인의 영적인 삶도 이와 같습니다. 입을 열고 주님의 이름에 담긴 의미를 생각하며 간절히 부를 때, 주님의 이름 속에 있는 모든 권능과 생명에 속한 모든 부요한 것을 공급받을 수 있습니다. 그러나 주님의 이름을 부르지 않는다면 풍성한 생명을 공급받을 수 없습니다.

3. 구원의 기쁨을 누린다(시 116:2; 사 12:3)

우리는 주님의 이름을 불러 구원받을 뿐 아니라, 구원의 기쁨을

계속 유지할 수 있어야 합니다. 이사야 선지자는 우리가 기쁨으로 구원의 우물들에서 물을 길어 마실 것이라고 선언합니다. 마치 깨끗한 우물에서 나온 생수가 육체의 목마름을 해결해주듯이, 기쁨이라는 구원의 우물은 영혼의 갈증을 풀어줍니다.

어떻게 해야 구원의 우물을 마실 수 있습니까? 하나님께 감사를 고백하고, 주님의 이름을 부르며 주님의 이름을 높이면 됩니다(사 12:4 참조). 많은 그리스도인이 예수 그리스도를 구주로 영접하고 죄 용서함을 받은 직후에는 구원의 기쁨을 누리지만, 시간이 지나면서 자신도 모르는 사이에 서서히 구원의 기쁨을 잃어버립니다.

계속적으로 구원의 기쁨을 누리려면 감사함으로 주님의 이름을 부르십시오. 주님의 이름을 부르는 것은 목마를 때 우물가에서 생수 한 잔을 마시는 것과 같습니다. 그때 우리에게는 구원의 기쁨이 흘러넘칩니다.

1. 주님의 이름을 누릴 때 주시는 유익은 무엇입니까?

2. 주님의 이름을 온종일 불러보며 약속하신 유익을 누려보십시오.

🖐 오늘의 기도

제5일 주님의 이름을 부를 때 오는 유익(2)

4. 깊은 구덩이에서 빠져나온다(애 3:55)

인생의 여정을 지나는 동안 환난의 웅덩이에 빠질 때가 있습니다. 인생에는 평탄한 길만 있는 것이 아닙니다. 오르막이 있으면 내리막도 있고, 때로는 깊은 구덩이 같은 장애물도 만나기도 합니다. 아무리 빠져나오고 싶어도 빠져나올 수 없는 어려움에 처하기도 합니다. 경제적·정신적·물질적·영적으로 깊은 구덩이에 빠졌을 때 어떻게 해야 합니까?

'깊은 구덩이'는 어둠과 외로움의 구덩이며, 때로는 탄식과 낙심과 억울함과 두려움과 여러 가지 부정적인 감정이 나타나는 곳입니다. 나를 깊은 구덩이에 넣은 사람이나 하나님이 원망스러울 때도 있습니다. 그럴 때 어떻게 해야 합니까? 주님의 이름을 불러야 합니다. 주님의 이름을 부를 때, 부정적인 감정은 사라지며 우리의 영혼에 생명의 빛이 임하기 시작합니다. 예레미야 선지자는 깊은 구덩이에서 주의 이름을 불렀습니다.

> 여호와여 내가 심히 깊은 구덩이에서 주의 이름을 불렀나이다
> 애 3:55

그는 탄식과 부르짖음 가운데에 주의 이름을 부르며 기도했습니다. 그 결과 주님께서는 원통함을 풀어주시고 생명을 위험에서 건져주셨습니다(애 3:56-58 참조).

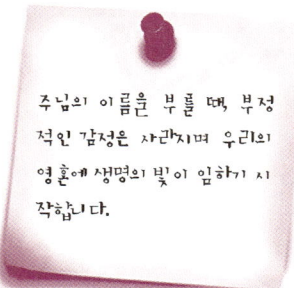

5. 하나님께 영광을 돌린다 (빌 2:9-11)

예수의 이름은 모든 이름 위에 뛰어난 이름입니다. 하늘에는 천사가 있고 땅에는 사람이 있으며, 땅 아래에는 죽은 자들의 영이 모여 있는 음부가 있습니다. 하나님께서는 "하늘에 있는 자들과 땅에 있는 자들과 땅 아래 있는 자들로 모든 무릎을 예수의 이름에 꿇게"(빌 2:10) 하셨습니다. 예수님께서는 온 우주의 통치자시며, 우주의 모든 이름보다 뛰어난 이름을 가지신 분입니다.

하나님 아버지께 영광을 돌리는 간단한 방법이 있습니다. 그것은 입으로 예수 그리스도를 주라고 시인하는 것입니다. "예수 그리스도는 나의 주가 되십니다", "주여", "예수님", "그리스도시여", "예수 그리스도시여", "주 예수여"라고 고백하는 것만으로도 하나

님께 영광을 돌릴 수 있습니다.

부흥회나 기도회 때 "주여"라고 크게 세 번 부르게 하고 통성기도를 인도하는 목회자가 있습니다. 이렇게 주님의 이름을 부르는 것은 기도의 문을 여는 것과 같습니다. 영적인 세계에서 예수님께서 주님 되심을 선포하며, 그분의 이름을 부름으로써 우리가 누구에게 기도하는지를 알리는 것입니다. 이런 기도에 거부감을 갖는 성도들도 있습니다. 그러나 예수 그리스도를 '주'라고 시인하는 것만으로도 하나님께 영광을 돌리는 일입니다.

6. 성령을 받는다(행 2:17, 21)

요엘 선지자는 하나님께서 제사장, 왕, 선지자에게만 부어주시던 '하나님의 영'을 만민에게 부어주실 것을 예언합니다(욜 2:28 참조). 그 결과 자녀들은 장래 일을 말하고, 젊은이는 환상을 보며, 늙은이는 꿈을 꿀 것이라고 예언합니다.

자녀들과 늙은이와 젊은이는 성령에 사로잡혀 하나님의 꿈과 이상을 보며, 하나님의 진리(말씀)를 말할 것입니다. 하나님께서는 남종과 여종에게 차별 없이 하나님의 영을 부어주실 것입니다. 그런데 본문은 어떻게 부어주시는지 직접적으로 밝히지 않습니다.

요엘 2장 32절은 "누구든지 여호와의 이름을 부르는 자는 구원을 얻으리니"라고 선포합니다. 하나님의 영을 부어주시는 것은 하나님께서 하실 일입니다. 그러나 사람은 구원의 '주'가 되시는 '여호와의 이름'을 불러야 한다는 것입니다. 여호와의 이름을 부를 때, 하나님의 영이 우리 마음속에 부어집니다.

이 말씀은 사도행전 2장에 나오는 마가의 다락방에서 120명의 제자에게 성령이 강림하심으로 성취되었습니다. 각 사람 위에 성령이 임하셨고 성령의 충만을 받았습니다. 이 광경을 목도한 유대인들은 이들이 새 술에 취하였다고 했습니다. 베드로는 이것을 요엘 2장 28절의 예언이 성취되었다고 선포했습니다.

오순절에 마가의 다락방에서 그들은 주님께서 약속하신 성령의 능력이 임하기를 기도했습니다(눅 24:49 참조). 그들은 여호와의 이름 즉, 예수의 이름을 부르며 기도했을 것입니다(행 2:21 참조).

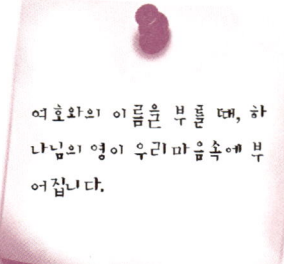
여호와의 이름을 부를 때, 하나님의 영이 우리 마음속에 부어집니다.

우리가 마음과 입으로 예수님을 주님으로 시인하고 고백하면, 성령이 우리 마음속에 들어오십니다. 그런데 여기서 알아두어야 할 내용이 있습니다. 예수님을 주라고 고백하는 것이 우리의 힘으로 하는 것 같지만, 실상은 성령이 아니고는 그렇게 할 수 없다는 것입니다(고전 12:3 참조).

성령 충만의 비결은 간단합니다. 하나님의 영을 사모하며 주님의 이름을 부르면, 하나님께서 성령을 우리에게 부어주십니다. 주님의 이름을 선포하고 부르십시오. 성령 충만함을 받을 것입니다.

7. 영적인 생수와 음식을 먹는다

하나님께서 주시는 풍성한 은혜는 다양하게 표현됩니다. 예를 들면, 영혼의 목마름을 해결해주는 물로, 때로는 즐거움을 주는 포도주로, 영혼의 생명력을 주는 젖으로 표현됩니다.

이사야 선지자는 하나님 앞에 나와 포도주와 젖과 생수를 마시라고 합니다(사 55:1 참조). 그것을 어떻게 마실 수 있습니까? 주님의 이름을 부를 때 생수를 마실 수 있고, 포도주를 마실 수 있고, 젖을 먹을 수 있습니다(사 55:6 참조).

> 오라 너희 모든 목마른 자들아 물로 나아오라 돈 없는 자도 오라 너희는 와서 사 먹되 돈 없이 값없이 와서 포도주와 젖을 사라
> 사 55:1

이사야 55장 1절은 이처럼 우리의 영혼을 채우는 물과 포도주와 젖을 값없이 와서 먹으라고 합니다. 나아가 6절은 우리가 어떻게 값없이 먹을 수 있는지를 가르쳐줍니다.

> 너희는 여호와를 만날 만한 때에 찾으라 가까이 계실 때에 그를 부르라
> 사 55:6

가까이 계신 주님의 이름을 부르십시오. 풍성한 영적인 음식을 누릴 수 있습니다.

8. 분발하여 주님을 붙잡는다

이사야 선지자는 스스로 분발하여 주님을 붙잡으라고 권면합니다(사 64:7 참조). 당신의 신앙이 더욱 분발되기를 원하십니까? 주님

을 더욱 붙잡기를 원하십니까? 주님의 이름을 부르십시오(사 64:7 참조). 주님의 이름을 부를 때, 그분은 그분의 얼굴을 보여주십니다. 또한 임재를 누릴 수 있으며, 주를 향한 열정과 사모하는 마음이 불타오를 것입니다.

> 주의 이름을 부르는 자가 없으며 스스로 분발하여 주를 붙잡는 자가 없사오니 이는 주께서 우리에게 얼굴을 숨기시며 우리의 죄악으로 말미암아 우리가 소멸되게 하셨음이니이다   사 64:7

 묵상 및 적용

1. 주님의 이름을 부를 때 주시는 유익은 무엇입니까?

2. 주님의 인격(이름)을 생각하며 그분의 얼굴을 구하는 기도문을 써보십시오.

오늘의 기도

제6일 언제 주님의 이름을 부를 것인가

여호와여 내가 매일 주를 부르며 주를 향하여 나의 두 손을 들었나이다   시 88:9

시편 기자는 매일 주를 불렀다고 고백합니다. 우리는 하루도 빠지지 않고 매일 주님께서 우리의 삶과 우주의 통치자 되심을 고백하고 선포해야 합니다. 언제까지 주님의 이름을 불러야 합니까? 평생 동안 주님의 이름을 불러야 합니다(시 116:2 참조). 또한 쉬지 말고 호흡하듯 매 순간 기도해야 합니다(살전 5:17 참조).

아침에 일어나서, 출퇴근길에, 차 안에서, 업무를 마치고 잠시 휴식하는 시간에, 순간순간 틈틈이 주님의 이름을 불러야 합니다. "주 예수님, 주님을 향해 제 마음을 활짝 열어드립니다", "예수님께서는 제 인생의 주인이십니다", 혹은 "주 예수님!" 하고 짧게, 주님의 얼굴을 바라보며 기도하십시오. 때로는 가족이나 친구와 대화 중에 마음속으로 간단히 기도하십시오. "주 예수님, 이 대화의 주인이 되어주소서. 우리가 주님께서 기뻐하시는 말을 하게 하소서." 때로는 TV를 보거나 식사를 하면서도, 어디서 무엇을 하든지 주님의 인격을 생각하면서 주님의 이름을 부르십시오.

많은 그리스도인이 예배당에 와서 기도를 합니다. 그러나 예배당을 나서는 순간부터는 기도의 영을 잃어버리는 사람들이 많습니다. 기도는 예배당에서만 하는 것이 아니라 일상생활 중에도 계속되어야 합니다.

사도 바울은 밤낮으로 기도했습니다(딤후 1:3 참조). 그는 자비량 선교사로 낮에는 천막 치는 일을 하고, 밤에는 말씀을 가르치는 사역을 했습니다. 바쁜 중에도 밤낮으로 기도했습니다. 마치 호흡하듯이 기도했습니다. 일을 하면서도 호흡을 해야 생명을 유지할 수 있듯이 기도와 일을 분리해서는 안 됩니다. 기도하며 일하고, 일하면서 기도해야 합니다. 심지어는 잠을 자면서도 기도해야 합니다.

아가서의 술람미 여인은 잠을 자면서도 마음은 깨어 있다고 말합니다(아 5:2 참조). 육체는 잠을 자지만, 영은 깨어 하나님을 향해 숨을 쉬고 있어야 합니다. 육체는 잠을 자도 우리의 영까지 잠을 자서는 안 됩니다. 육체 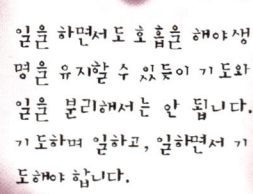 가 잠을 자도 호흡은 계속되는 것과 같습니다.

이러한 기도생활은 하루아침에 이루어지지 않습니다. 육체가 깨어 있을 때, 의식적으로 주님의 인격을 생각하면서 주님의 이름을 부르십시오. 그 이름 안으로 깊이 들어가 온전히 사로잡히십시오. 주님의 이름만 불러도 가슴이 뛸 정도로 사모하는 마음을 품고 주님의 이름을 부르십시오. 당신의 마음속에 평안과 주님의 임재가 나타날 것입니다.

주 예수의 이름을 부르며 주님을 사랑한다고 고백한 한 노인의 글을 읽은 적이 있습니다. 그는 이십 대에 복음을 듣고 주님을 자신의 구주와 주님으로 영접했습니다. 주님께서 베풀어주신 은혜와 십자가의 사랑이 매우 감사해서, 그는 주님을 사랑하기로 작정했습니다. 그리고 매일 저녁 잠들기 전에 주님의 이름을 부르며 사랑을 고백했습니다. "주 예수님, 주님을 사랑합니다. 나는 여전히 주님을 사랑합니다."

그는 주님의 사랑에 늘 머물러 있었고, 그의 삶은 항상 풍성했습니다. 머리가 희끗희끗한 팔십 대 노인이 되어서도, 그는 매일 주님의 이름을 부르며 주님께 자신의 사랑을 고백했습니다. "주 예수님, 저는 여전히 주님을 사랑합니다." 그러나 그는 가끔은 이런 고백을 할 수가 없었다고 밝힙니다. 왜냐하면 주님 앞에 사랑을 고백하기에는 자신의 삶이 너무 부끄러웠기 때문입니다. 그런 때에는 이렇게 고백했다고 합니다. "주 예수님! 나는 주님을 사랑한다고 고백하고 싶지만, 나 자신을 돌아보니 그러한 고백을 하기가 부끄럽습니다. 그러나 주님을 더 사랑하기를 원합니다. 주 예수님, 나는 당신을 더 사랑하기를 원합니다!"

얼마나 감동적인 이야기입니까? 그는 주님을 믿고 60년 동안이나 주님의 풍성한 사랑을 누리며 주님과 달콤한 사랑을 나누었습니다. 당신도 주 예수의 이름, 그분의 인격을 누리며 매일 매 순간 사랑을 고백해보십시오. 풍성한 주님의 사랑과 임재를 곧 누리게 될 것입니다.

1. 주님의 이름을 언제, 어디서, 어떻게 누릴 수 있습니까?

2. 주님의 십자가의 사랑을 생각하면서 주님께 사랑을 고백하는 기도문을 써보십시오.

🖐 오늘의 기도

제7일 주님의 인격을 어떻게 누릴 것인가

1. 마음과 입술을 깨끗하게 하라

> 또한 너는 청년의 정욕을 피하고 주를 깨끗한 마음으로 부르는 자들과 함께 의와 믿음과 사랑과 화평을 따르라   딤후 2:22

주님의 인격을 항상 누리기 위해서는 첫째, 우리의 마음을 순수하고 깨끗하게 유지할 수 있어야 합니다. 사도 바울은 디모데에게 주를 깨끗한 마음으로 부르라고 명령합니다. 여기서 깨끗한 마음은 '순수한 마음'입니다. 청년의 때에는 정욕에 빠지기가 쉽습니다.

인생의 목표가 물질과 이성(異性)에 있기에 그것에 마음을 빼앗기기 쉬운 때입니다. 그러나 주님을 인격으로 누리기 위해서는 주님만을 구하는 순수한 마음으로 주님의 이름을 불러야 합니다.

둘째, 지체들과 함께 주님의 이름을 불러야 합니다. 의와 믿음과 사랑과 화평을 추구하는 깨끗한 마음으로 지체들과 함께 주님의 이름을 부를 때 풍성한 은혜를 누릴 수 있습니다.

셋째, 우리의 입술이 분별되어 있어야 합니다. 입술에 비방이나, 악한 말, 부끄러운 말들이 있으면 주님의 이름을 부르기가 쉽지 않습니다. 우리의 양심이 약화되고 주님의 얼굴을 보기가 민망해집니다. 따라서 우리는 마음뿐 아니라 입술도 깨끗하게 해야 합니다.

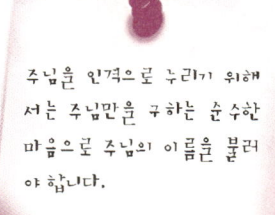

주님을 인격으로 누리기 위해서는 주님만을 구하는 순수한 마음으로 주님의 이름을 불러야 합니다.

2. 단순한 입술의 고백이 아니라 성령과 함께 고백하라

우리의 내면에는 하나님의 영이 있습니다. 예수님을 주라고 고백하는 것은 우리의 입술을 통해 표현되지만, 실상은 성령이 예수님을 주라고 고백할 수 있도록 역사하신 것입니다(고전 12:3 참조). 그러므로 우리 속에 계신 성령의 흐름과 운행을 따라 함께 고백하도록 하십시오. 마음속 깊이 성령이 내 안에 계심을 의식하고 성령과 함께 주님의 이름을 불러야 합니다.

3. 주님의 이름의 의미를 생각하면서

주님의 이름을 반복적으로 주문 외우듯이 불러서는 안 됩니다. 다른 종교에서 하는 것처럼 주문을 외우듯이 주님의 이름을 부르는 사람들도 있는데, 이것은 주님의 이름을 빌려 이방종교처럼 실행하는 것일 뿐입니다.

주님의 이름의 의미를 깊이 생각하지도 않은 채, 주님의 이름을 반복적으로 불러서는 안 됩니다. 예수님께서 우리 인생의 주인이시며, 가정과 국가와 이 모든 세계의 통치자 되심을 생각하며 주님의 이름을 부르십시오. 그 이름이 얼마나 뛰어난 이름인지를 묵상하십시오.

그 이름은 "하늘에 있는 자들과 땅에 있는 자들과 땅 아래 있는 자들로 모든 무릎을"(빌 2:10) 꿇게 하신 권위의 이름입니다. 그 이름은 귀신도 벌벌 떠는 이름입니다. 그 이름의 위대하심과 권능과 크심의 의미를 생각하

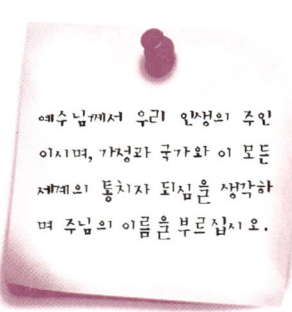

며 주님의 이름을 부르십시오. 그러면 당신의 영은 놀라운 권능과 임재와 부요함을 누릴 것입니다(롬 10:13 참조).

4. 주님을 사랑하는 마음으로

아가서의 술람미 여인은 주님의 이름을 쏟은 향기름 같다고 고백합니다(아 1:3 참조). 유대의 처녀들은 결혼지참 명목으로 옥합에 향기름을 저축합니다. 결혼식을 할 때 오랫동안 모은 향기름을 담

은 옥합을 깨뜨려서 신부가 신랑 머리에 기름을 붓고 이렇게 고백합니다. "오직 나의 신랑은 그대뿐입니다." 향기름의 향이 사방으로 퍼져 나갑니다. 신랑을 향한 신부의 고백이 얼마나 달콤합니까?

주님의 이름을 부를 때, 우리의 영은 성령의 기름부음과 향을 누릴 수 있습니다. 그렇다면 어떻게 주님의 이름을 불러야 합니까? 주님을 향한 사모함으로 그 이름을 불러야 합니다(아 1:2 참조). 포도주의 달콤함보다 더한 주님의 사랑을 사모하며 주님의 이름을 불러 보십시오. 그러면 술람미 여인과 같은 고백을 하게 될 것입니다.

주님의 이름을 부를 때는 주변환경을 고려해야 합니다. 아무도 없을 때는 큰 소리로 주님의 이름을 선포하십시오. 마치 사자가 포효하듯 그분의 이름을 선포하십시오. "주 예수님! 당신을 사랑합니다. 주 예수여, 속히 오시옵소서! 주 예수여, 당신의 보혈로 나의 양심을 덮어주소서." 이렇게 크게 선포할 때, 당신의 영은 놀랍도록 강해지고 하늘의 평안과 능력을 경험할 것입니다. 담대하게 선포하십시오. 통성기도를 하기 전에도 "주여! 주여! 주여!"라고 크게 선포하면 기도의 문이 쉽게 열리는 것을 경험할 수 있습니다. 그러나 주변에 사람들이 있을 때는 마음속으로, 혹은 작은 소리로 조용히 주님께 고백하십시오. "주, 예수님! 주님을 사랑합니다. 예수님, 당신은 나의 주님이십니다. 당신의 사랑으로 나를 사로잡으소서!"

처음에는 주님의 이름을 부르며 당신의 마음의 간구를 따라 간단한 문장으로 기도하십시오. 당신이 주님의 이름을 부를 때, 주님께서는 당신에게 그분의 얼굴을 돌이켜 당신을 바라보실 것입니다. 이렇게 주님의 인격을 묵상하며 고백할 때, 차츰 마음속에 주님의 임재와 사랑을 누릴 수 있습니다.

묵상 및 적용

1. 주님의 이름을 어떻게 불러야 합니까?

2. 주님께 사랑을 고백하는 기도문을 쓰고, 온종일 고백해보십시오.

오늘의 기도

제5과
말씀으로 기도함
(성령과 함께하는 기도)

제1일 말씀으로 기도함의 의미

　언어는 매우 중요합니다. 우리는 마음속에 있는 생각을 입으로 표현하는 말을 통해 서로 의사소통을 합니다. 미국인과 대화를 하려면 '영어'라는 언어를 사용해야 합니다. 한국어를 모르는 미국인에게 한국어로 말하면 그는 알아듣지 못합니다. 같은 언어를 사용해야 정확한 의사소통을 할 수 있습니다. 기도도 이와 같습니다. 하나님과 대화를 하려면 하나님의 언어를 사용해야 합니다. 기도할 때 하나님의 언어를 사용하면 하나님과 의사소통이 잘 됩니다.

　하나님의 언어 즉, 성령의 언어에는 두 가지가 있습니다. 하나는 방언이고 다른 하나는 진리인 성경말씀입니다. 방언은 성령이 하시는 언어이지만, 통역이 되지 않을 때는 그 의미를 알 수 없습니다. 따라서 방언으로 기도하는 사람은 반드시 통역을 위해 기도해야 합니다. 그러나 하나님께서는 누구든지 하나님의 마음과 뜻을 깨달을 수 있도록 성경말씀을 주셨습니다.

요한은 영원 태초에 말씀이 있으셨다고 선포합니다(요 1:1 참조). 이 말씀은 하나님 자신이며, 이 말씀이 육신이 되어 우리 가운데에 거하십니다(요 1:14 참조). 하나님께서는 자신을 말씀(로고스)으로 계시하셨습니다. 이 말씀 안에는 생명력, 사람들을 살리는 능력이 있습니다. 또한 이 말씀이 사람들에게 나타낼 때에는 빛으로 나타납니다.

말은 살리는 능력도 있고 죽이는 능력도 있습니다. 말 한마디에 삶의 희망과 꿈을 가질 수 있고, 죽음에 이르는 낙심에 빠질 수도 있습니다. 그러나 하나님의 말씀은 영혼을 살리는 능력이 있으며, 생명의 빛을 우리에게 비추어줍니다.

따라서 우리는 기도할 때, 하나님의 언어인 성경말씀을 적절하게 사용해야 합니다. 그렇게 할 때 우리의 기도는 생명력이 충만해지며, 밝은 빛 속에서 드려지게 될 것입니다.

한번은 새벽기도 시간에 옆 사람의 기도를 듣게 되었습니다. 그 사람은 가정과 교회, 나라에 하나님의 계획과 뜻이 이루어지도록 간절히 기도했습니다. 옆에서 듣고만 있어도 내 영이 성령으로 충만해졌습니다. 마치 하나님의 마음과 하나 된 듯이 기도하는데, 얼마나 생명의 공급이 풍성하던지, 하나님의 말씀이 그 기도자의 입을 통해 녹아져 나오는 것 같았습니다. 은혜로운 설교를 들을 때 우리 영혼에 은혜와 성령의 충만함이 나타나듯이, 그 기도를 듣기만 해도 하늘 보좌에 있는 것처럼 주님의 임재가 느껴졌습니다. 그 사람의 기도는 하나님의 말씀이 중심이 된 기도였습니다. 하나님의 말씀은 곧 능력입니다.

당신의 기도는 얼마나 생명력이 있습니까? 당신은 주님의 임재를 누리며 기도합니까, 아니면 독백하듯이 혼자서만 아뢰고 있습니까? 기도는 독백이 아닙니다. 주님의 임재 속에서 주님과 함께 해야 합니다.

그렇다면 주님의 임재를 어떻게 느낄 수 있습니까? 반드시 기도의 영인 성령의 언어로 기도해야 합니다. 성령은 진리의 영입니다. 우리가 하나님의 말씀의 생명력 안에 들어가 기도할 때, 성령은 우리의 기도를 인도해주시며, 진리의 빛을 우리에게 비추어주십니다. 성령 안에서 말씀으로 기도할 때, 우리의 영 속에 진리가 스며들고 하나님의 뜻대로 기도할 수 있습니다. 또한 하나님의 뜻대로 기도할 때, 기도응답의 역사는 반드시 일어나며, 우리의 영 속에는 평안과 기쁨이 충만해집니다(빌 4:6-7 참조).

종교개혁자들은 성경을 보면서 기도했고, 기도하면서 성경을 보았습니다. 말씀과 기도를 분리시키지 않았습니다. 오늘날 많은 그리스도인은 말씀과 기도를 따로 분리합니다. 말씀이 없는 기도는 능력이 없고, 기도 없는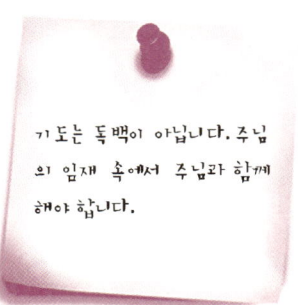

기도는 독백이 아닙니다. 주님의 임재 속에서 주님과 함께 해야 합니다.

말씀 역시 공허합니다. 성경만 보고 기도는 하지 않으면, 말씀이 우리 생각에만 머물 뿐 우리 영 속에 깊이 스며들지 않습니다. 반면에 기도할 때 말씀(진리)이 중심이 되지 않으면, 인간중심의 기도나 잡념 속으로 쉽게 빠지며 심지어 신비주의로까지 빠져듭니다.

저는 기도학교에서 눈을 뜨고 성경말씀을 보면서 기도하는 훈련을 시킵니다. 강의에 들어가기 전에 성경말씀을 펴서 한 장을 소리 내어 읽으면서 기도하게 합니다. 눈은 말씀을 보고, 귀는 제가 하는 기도를 듣게 하고, 입은 소리를 내어 저를 따라서 기도하게 합니다. 이렇게 말씀으로 기도하고 나면 영이 밝아지고, 평안과 기쁨이 생기며, 주님의 임재를 누립니다. 말씀으로 기도하십시오. 주님의 생명의 빛을 누리게 될 것입니다.

 묵상 및 적용

1. 말씀으로 기도하는 것의 의미는 무엇입니까?

2. 시편 1편을 읽으면서 기도문으로 써보십시오.

오늘의 기도

> **제2일** 말씀으로 기도함의 유익

1. 하나님의 말씀이 영이므로 호흡을 위해

모든 성경은 하나님의 '감동'으로 된 것입니다(딤후 3:16 참조). 여기서 '감동'은 '숨', '호흡'의 의미입니다. 따라서 신구약 66권은 '하나님의 숨', '하나님의 호흡'으로 된 것으로, 모든 성경에는 하나님의 숨결이 흐릅니다.

사람의 육체는 숨을 쉬지 않으면 살 수 없습니다. 영혼도 마찬가지입니다. 하나님께서는 사람을 흙으로 만드시고 코에 생기를 불어넣으셔서 생령 즉, 살아 있는 영이 되게 하셨습니다. 사람의 영혼이 계속 숨을 쉬려면 하나님의 호흡인 말씀을 공급받아야 합니다. 하나님의 숨결이 담긴 말씀을 우리의 영 속에 충만히 공급받을 때, 교훈과 책망과 바르게 함과 의로 교육을 받아 하나님의 사람으로 살아갈 수 있습니다(딤후 3:16-17 참조).

성경은 윤리나 교훈을 위한 책이 아닙니다. 도덕과 교훈의 요소도 있지만 본질은 우리의 영 속에 선을 행할 수 있는 능력인 생명의 말씀을 공급받는 것입니다. 말씀 안에는 영생의 능력이 있기 때문에, 생명의 말씀이 마음 안에 들어와 역사할 때 사람이 온전하게 되는 것입니다. 그러므로 기도할 때는 반드시 생명의 말씀이 중심이 되어야 우리 영혼이 생명을 공급받습니다. 예수님께서는 "내가 너희에게 이른 말(말씀)은 영

> 신구약 66권은 '하나님의 숨', '하나님의 호흡'으로 된 것으로, 모든 성경에는 하나님의 숨결이 흐릅니다.

이요 생명"(요 6:63)이라고 말씀하셨습니다.

말씀은 눈에 보이지 않지만 영처럼 실재하며 우리 영 안에 들어와서 생명력을 공급합니다. 예수님께서는 "살리는 것은 영이니"라고 말씀하십니다. 우리의 영을 살리는 것은 하나님의 말씀뿐입니다. 또한 성경은 "성령의 검 곧 하나님의 말씀을 가지라"(엡 6:17)라고 선포하면서 이어서 기도에 대해 언급합니다. "모든 기도와 간구를 하되 항상 성령 안에서 기도하고"(엡 6:18). 항상 성령 안에서 기도한다는 것은 17절 앞부분에 나오듯이 '성령의 검 곧 하나님의 말씀'으로 기도하는 것입니다.

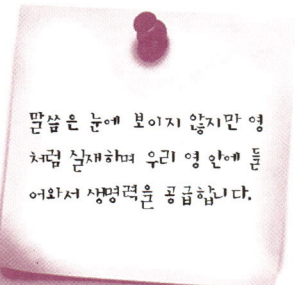

2. 성령 충만하기 위해

그리스도인에게 성령 충만한 삶은 매우 중요합니다. 성령 충만한 삶이란 성령이 우리의 인격을 지배하시고 다스리시는 삶입니다. 성령 충만한 삶의 결과는 무엇입니까? 에베소서는 시와 찬송과 신령한 노래들로 서로 화답하며, 찬송하고 감사하는 삶이라고 밝힙니다(엡 5:19 참조). 이 구절과 자매구절로 알려진 골로새서 3장 16-17절도 시와 찬송과 신령한 노래와 감사와 찬양하는 삶을 이야기합니다.

그런데 에베소서 5장 18-19절은 성령 충만의 결과이며, 골로새서 3장 16-17절은 그리스도의 말씀이 풍성히 거할 때의 결과입니다. 즉, 성령 충만하다는 것은 결국 그리스도의 말씀이 우리 안에 풍성히 거한다는 의미입니다.

따라서 우리의 기도 속에 말씀이 풍성하게 나타나야 성령 충만하게 기도할 수 있습니다. 기도 속에 말씀이 빈약하면 영도 부요해질 수 없습니다. 우리가 성령의 인도를 따라 기도하는 것은 말씀의 인도를 따라 기도하는 것입니다. 왜냐하면 성령은 진리의 영이기 때문입니다(요 14:17 참조). 성령은 하나님의 말씀과 함께 역사하십니다.

3. 하나님의 뜻대로 구하기 위해

> 그를 향하여 우리가 가진 바 담대함이 이것이니 그의 뜻대로 무엇을 구하면 들으심이라   요일 5:14

기도의 중요한 목적은 하나님의 뜻이 하늘에서 이루어진 것같이 땅에서도 이루어지도록 하는 것입니다. 하나님의 뜻은 진리이기 때문입니다. 따라서 하나님의 뜻을 잘 알고 기도해야 하는데, 하나님의 뜻은 말씀 안에 잘 나타나 있습니다. 하나님의 말씀을 중심으로 기도할 때, 하나님의 뜻과 소원을 잘 알 수 있습니다. 또한 그분의 뜻대로 기도할 때 우리의 마음은 담대해지고, 하나님께서는 이에 응답하시기를 기뻐합니다.

4. 하나님의 모든 충만을 누림

예수님 안에는 신성의 모든 충만과 지혜와 지식의 모든 보화가 감추어져 있습니다. 요한복음에서는 예수님 안에 은혜와 진리가 충만하다고 말합니다. 은혜는 하나님의 사랑이고, 진리는 하나님의 말씀입니다. 주님께서는 하나님의 풍성한 사랑과 하늘에 속한 지혜와 지식의 모든 보화의 충만함을 우리에게 공급하시기를 원합니다.

어떻게 예수님의 모든 충만을 공급받을 수 있습니까? 주님의 말씀을 우리의 영 안으로 받아들여야 합니다. 그럴 때 주님께서는 하늘에 속한 기쁨과 즐거움을 공급하십니다(렘 15:16 참조).

1. 말씀으로 기도할 때 누릴 수 있는 유익은 무엇입니까?

2. 에베소서 1장을 말씀으로 기도해보십시오.

제3일 말씀으로 기도한 믿음의 선진들

믿음의 조상들은 모두 말씀에 근거해서 기도한 사람들입니다. 그중 대표적인 몇 명을 살펴봅시다.

1. 야곱

> 야곱이 또 이르되 내 조부 아브라함의 하나님, 내 아버지 이삭의 하나님 여호와여 주께서 전에 내게 명하시기를 네 고향 네 족속에게로 돌아가라 내가 네게 은혜를 베풀리라 하셨나이다 나는 주께서 주의 종에게 베푸신 모든 은총과 모든 진실하심을 조금도 감당할 수 없사오나 내가 내 지팡이만 가지고 이 요단을 건넜더니 지금은 두 떼나 이루었나이다 내가 주께 간구하오니 내 형의 손에서, 에서의 손에서 나를 건져내시옵소서 내가 그를 두려워함은 그가 와서 나와 내 처자들을 칠까 겁이 나기 때문이니이다 주께서 말씀하시기를 내가 반드시 네게 은혜를 베풀어 네 씨로 바다의 셀 수 없는 모래와 같이 많게 하리라 하셨나이다
> 창 32:9-12

야곱은 하나님을 "내 조부 아브라함의 하나님, 내 아버지 이삭의 하나님 여호와여"라고 부릅니다. 이는 야곱이 하란으로 가는 중에 하나님께서 꿈속에 나타나셔서 자신을 "아브라함의 하나님이요, 이삭의 하나님"(창 28:13)이라고 계시하신 것을 근거로 한 표현입니다.

또한 "주께서 전에 내게 명하시기를 네 고향 네 족속에게로 돌아가라"라고 언급한 것은 삼촌 라반을 떠날 때 주신 말씀입니다(창 31:3 참조). 그리고 그는 주님께서 주신 축복을 언급하며 형 에서의 위협에서 구해주시기를 간구합니다 (창 32:10-11 참조). 계속해서 '주께서 말씀하시기를'이라고 말하면서, 자녀들을 "바다의 셀 수 없는 모래와 같이 많게 하리라"(창 32:12)라는 약속의 말씀(창 28:14 참조)을 주장합니다. 이와

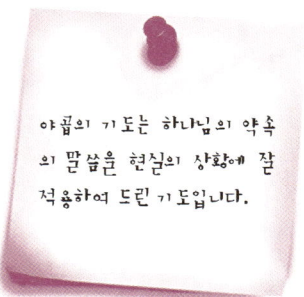

야곱의 기도는 하나님의 약속의 말씀을 현실의 상황에 잘 적용하여 드린 기도입니다.

같은 야곱의 기도는 하나님의 약속의 말씀을 현실의 상황에 잘 적용하여 드린 기도입니다.

2. 모세

모세가 산에서 하나님의 두 돌판 십계명을 받는 동안 이스라엘 백성은 금송아지를 만들고, 이것이 애굽에서 우리를 구원한 신이라 하며 그 앞에서 먹고 마시며 뛰어놀았습니다. 이에 여호와 하나님께서는 진노하시어, 모세에게 이스라엘 백성을 진멸하고 모세로 하여금 큰 나라가 되게 하시겠다고 말씀하셨습니다. 그때 모세는 하나님께 중보기도를 드렸습니다.

그는 주님께 맹렬한 분노를 그치실 것을 간구하며, 주님께서 아브라함과 이삭과 이스라엘(야곱)에게 맹세하여 그들의 자손을 하늘의 별처럼 많게 하시고, 주님께서 허락한 온 땅을 주어 영원한 기업이 되게 하시겠다는 약속의 말씀(출 32:13 참조)을 붙잡고 중보기도

하였습니다.

> 주의 종 아브라함과 이삭과 이스라엘을 기억하소서 주께서 그들을 위하여 주를 가리켜 맹세하여 이르시기를 내가 너희의 자손을 하늘의 별처럼 많게 하고 내가 허락한 이 온 땅을 너희의 자손에게 주어 영원한 기업이 되게 하리라 하셨나이다 여호와께서 뜻을 돌이키사 말씀하신 화를 그 백성에게 내리지 아니하시니라   출 32:13-14

하나님께서는 약속하신 말씀을 반드시 지키시는 분입니다(민 23:9 참조). 모세는 이러한 하나님의 성품을 잘 알기에 하나님의 말씀을 중심으로 중보기도를 한 것입니다. 하나님께서는 모세의 기도를 들으시고 뜻을 돌이키셔서 말씀하신 화를 그 백성에게 내리지 않으셨습니다.

우리가 이웃을 위해 기도할 때, 중요한 원칙은 하나님의 약속의 말씀을 붙잡고 기도하는 것입니다. 하나님께서는 그분이 하신 약속의 말씀을 지키시는 신실한 분입니다.

하나님께서는 이스라엘 백성에게 정말 화가 나셨지만, 모세는 그 백성을 생각하시는 하나님의 진정한 마음을 알기에 하나님의 마음을 만지는 중보기도를 드렸습니다. 하나님의 진정한 본심은 무엇이었을까요? 백성을 사랑하기에 질투가 나셔서 모세에게 그렇게 말씀하신 것입니다.

모세처럼 하나님의 본심을 알고 백성을 위해 기도하는 사람이 필요합니다. 모세는 어떻게 하나님의 진심을 알았습니까? 그는 아브라함과 이삭과 이스라엘(야곱)에게 하나님께서 약속하신 말씀을 기억하고 있었습니다. 말씀을 따라 기도하십시오. 올바른 기도를 할 수 있습니다.

저는 가끔씩 이 본문을 보며 이런 생각을 합니다. "하나님, 맞습니다. 이 백성은 너무 배은망덕합니다. 하나님께서 애굽을 심판하신 열 가지의 재앙도, 홍해바다를 건너 하나님의 보호하심으로 이곳까지 온 것도 잊어버린 배은망덕한 민족입니다. 저를 선택해주셔서 정말 감사합니다. 앞으로 저와 제 후손은 하나님만을 잘 믿는 민족이 되겠습니다." 모세가 만일 이렇게 기도했다면 하나님의 반응은 어떠했을까요?

다른 사람을 위한 기도는 하나님의 깊은 마음을 아는 사람만이 할 수 있습니다. 하나님께서 진노하시는 이면의 깊은 부분까지도 헤아릴 수 있고, 주님의 말씀을 아는 사람이 진정으로 다른 사람을 위해 기도할 수 있습니다. 이웃을 위한 기도도 자칫하면 자기중심적이고 하나님을 이용하려는 '떼쓰는 기도'로 전락할 수 있습니다. 그래서 이처럼 말씀중심으로 기도하는 것은 정말 중요합니다.

3. 다윗, 솔로몬, 다니엘, 에스라, 예수님

다윗이 하나님의 성전을 짓기 원했을 때, 하나님께서는 나단 선지자를 통해 다윗의 집안을 축복하시고, 다윗의 씨를 통해 나라를 견고하게 하실 것이며, 다윗의 후손이 하나님의 집을 건축하게 될 것을 예언하셨습니다.

다윗은 하나님께 감사하며, "여호와 하나님이여 이제 주의 종과 종의 집에 대하여 말씀하신 것을 영원히 세우셨사오며 말씀하신 대로 행하사"(삼하 7:25)라고 기도합니다. 그는 하나님께서 약속하신 말씀의 소중함을 잘 알았습니다. 그리고 그 말씀대로 행하시기를 기도했습니다. 솔로몬 역시 아버지 다윗에게 약속하신 말씀을 중심으로 기도했습니다. "주께서 주의 종 내 아버지 다윗에게 말씀하시기를"(왕상 8:25). 기도의 중심은 말씀이어야 합니다.

다니엘도 바벨론 포로로 사로잡힌 이스라엘 민족을 위해 얼마나 기도했겠습니까? 이스라엘 백성을 해방시켜달라고 하나님께 간절히 구했을 것입니다. 그러나 그는 바벨론 포로로 70년을 채워야 해방되리라는 것을 예레미야서를 읽고 깨달았습니다. 그래서 그 말씀을 근거로 예루살렘의 황폐함이 70년 만에 그치도록 기도합니다.

> 곧 그 통치 원년에 나 다니엘이 책을 통해 여호와께서 말씀으로 선지자에게 알려 주신 그 연수를 깨달았나니 곧 예루살렘의 황폐함이 칠십 년만에 그치리라 하신 것이니라   단 9:2

말씀을 읽고 깨달을 수 있는 마음을 주시도록 기도해야 합니다. 역사를 섭리하시는 하나님의 시간표를 잘 읽고 그 뜻이 이루어지도록 기도해야 합니다.

에스라, 느헤미야를 비롯하여 하나님의 사람들은 말씀을 중심으로 기도했습니다. 예수님까지도 십자가 위에서 기도하실 때 예언된 말씀에 근거하여 기도하셨습니다. "나의 하나님, 나의 하나님, 어찌하여 나를 버리셨나이까?"라는 기도는 시편 22편 1절의 예언을 인용하신 것입니다. 십자가 위에서 하나님과 분리되는 고통을 기도로 고백하실 때도 예언의 말씀을 따라 기도하신 것을 알 수 있습니다. 우리의 모든 기도는 말씀의 통제를 받아야 합니다.

● 묵상 및 적용

1. 믿음의 선진들은 하나님의 말씀을 어떻게 기도에 적용했습니까?

2. 주님께서 약속하신 말씀을 따라 기도에 적용해보십시오.

● 오늘의 기도

제4일 말씀으로 기도하는 방법(1)

1. 먼저 마음에 위안을 받아야 함(마음이 열려야 함)

말씀이 우리 속에서 역사하기 위해서는 우리의 마음이 합당한 보호를 받아야 합니다. 골로새 교회에는 영지주의 사상과 철학, 유전, 세상의 초등학문, 절기문제, 천사숭배(골 2:8, 16, 18 참조) 등이 들어와 교회의 성도들을 그리스도에게서 벗어나게 했습니다. 세상의 문화와 철학, 신비주의 사상의 영향으로 성도들의 마음이 상처 입고 나누어져서 연합을 이루지 못했습니다. 그때 바울은 골로새 교인들을 위로하면서 이렇게 권면합니다.

> 이는 그들로 마음에 위안을 받고 사랑 안에서 연합하여 확실한 이해의 모든 풍성함과 하나님의 비밀인 그리스도를 깨닫게 하려 함이니 그 안에는 지혜와 지식의 모든 보화가 감추어져 있느니라
> 골 2:2-3

그리스도 안에는 지혜와 지식의 모든 보화가 감추어져 있는데, 그것은 하나님의 비밀이라는 것입니다. 하나님의 비밀을 어떻게 깨달을 수 있을까요? 그것은 성도들의 마음이 하나로 연합될 때 가능합니다. 개인 기도생활에 말씀을 사용하여 기도하는 것도 필요하지만, 하나님의 풍성한 비밀을 더욱더 누리고 깨달으려면, 지체들이 서로 사랑 안에서 연합하여 말씀으로 기도해야 합니다.

그러려면 먼저 마음에 위안을 받아야 합니다. 하나님의 말씀은 능력이 있고 변함이 없습니다. 그러나 그 말씀을 받아들이는 마음가짐에 따라 말씀의 역사는 다르게 나타납니다. 사탄은 많은 상처와 아픔과 갈등을 통해 우리의 마음을 갈기갈기 찢어놓으려고 노력합니다. 사탄이 우리의 마음을 정복하고 잠식할 때 말씀의 능력은 나타날 수 없습니다.

성경은 사람의 마음을 길가, 돌밭, 가시떨기, 옥토(좋은 밭)의 네 가지 밭으로 비유합니다. 씨 뿌리는 사람이 이 네 가지 밭에 씨를 뿌립니다. 씨는 하나님의 말씀입니다. 씨는 생명력이 있으며, 번식이라는 놀라운 능력이 있습니다. 그러나 씨는 결정적으로 밭의 영향을 받습니다.

길가는 세상의 온갖 철학, 의견, 문화 등이 우리 마음에 들어와 딱딱하게 만든 밭입니다. 모든 인본주의적 사상이 이러한 영향을 줍니다. 심지어 기독교 안에도 자유주의 신학이 들어와 이성과 과학으로 이해되지 않는, 성경에 나오는 기적의 말씀을 모두 부인합니다. '예수님의 동정녀 탄생, 부활, 물 위를 걸으심' 등 성경의 모든 기적을 부인하는 것입니다. 또한 다원주의적 구원관(산의 정상은 하나지만 그곳으로 가는 길은 다양하다. 꼭 예수님을 믿지 않아도 다른 방법으로 구원받을 수 있다고 주장함)을 마음속에 받아들임으로써 하나님의 말씀이 우리 안에 들어오지 못하도록 합니다.

돌밭은 잠시 동안은 말씀을 기쁨으로 받지만, 마음속 깊은 곳에

바위만 한 돌이 있어 씨가 뿌리를 내리지 못하고, 생기가 없어 햇볕에 말라 죽게 되는 밭입니다. 돌밭은 우리 마음속의 자아, 고집, 불순종, 교만, 이기주의, 욕심 등 감춰진 죄악들입니다. 말씀이 내면에 깊이 뿌리를 박아야 싹과 줄기를 맺을 수 있는데, 딱딱한 돌밭으로 인해 믿음의 뿌리를 내리지 못합니다.

가시떨기는 씨가 땅에 뿌려져 뿌리를 내리고 싹을 피우려 하지만, 많은 가시에 찔려 질식하는 곳입니다. 가시는 세상의 염려와 근심, 쾌락, 상처 등으로 말미암아 결실하지 못하는 마음밭입니다.

그러나 옥토는 비옥한 땅으로, 착하고 좋은 마음으로 말씀을 듣고 지키어 백 배, 육십 배, 삼십 배 결실하는 마음입니다.

사탄은 우리의 가정과 직장, 가족과 친구, 만나는 모든 사람과의 관계에서 오는 쓴 뿌리와 같은 상처를 통해 마음속에서 하나님의 말씀이 질식되어 자라지 못하도록 합니다. 그래서 우리는 먼저 주님 앞에 나아가 마음에 위안을 받아야 합니다. 주님의 영광의 보좌 앞에 나아가기 전에 우리 내면의 상처와 쓴 뿌리, 찢겨진 마음을 성령이 싸매시고, 기름부으시고, 회복시켜주시도록 먼저 기도해야 합니다. "주 예수님! 제 마음을 만져주소서. 저의 모든 복잡하고 부정적인 생각을 주님 발아래 내려놓습니다. 주님의 보혈로 제 양심을 덮으시고 회복시키소서! 제 마음속에 주님의 평안과 기쁨이 온전히 회복되게 하소서." 그리고 주님의 평안을 누리십시오. 나아가 말씀을 사모하는 마음을 주시도록 기도하십시오.

우리는 모일 때마다 서로의 마음에 위안을 주어야 합니다(골 2:2 참조). 서로 원망함과 죄를 지은 것을 고하고 용서를 주고받아야 합니다. 마음이 위로를 받고 사랑 안에서 연합할 때, 하나님의 비밀인 그리스도를 깨달을 수 있습니다.

   말씀으로 기도하는 가장 좋은 방법은 마음을 활짝 열고 주님의 위로로 채우는 것입니다. 이렇게 할 때 생명의 말씀이 우리 안에서 하나 되고 역사되어 능력으로 나타납니다. 말씀의 빛이 임하도록 당신의 마음을 활짝 열고 주님의 은혜를 간구하십시오.

 묵상 및 적용

1. 우리 마음에 말씀의 생명이 자라기 위해 해야 할 일은 무엇입니까?

2. 나의 내면을 주님께서 만져주시고, 열린 마음을 주시도록 기도합시다.

오늘의 기도

제5일 말씀으로 기도하는 방법(2)

2. 지체와 연결하여 말씀으로 기도함

교회란 무엇입니까? 성경은 교회를 여러 가지로 표현하지만, 가장 일반적이고 대표적인 개념은 '그리스도의 몸' 이라는 것입니다.

> 교회는 그의 몸이니 만물 안에서 만물을 충만하게 하시는 이의 충만함이니라   엡 1:23

몸은 생명의 유기체이며, 몸 안의 모든 조직은 같은 생명으로 서로 연결되어 있습니다. 그리스도의 몸이라는 것은 그리스도의 생명이 흐르는 몸 즉, 공동체라는 뜻입니다.

로봇과 대조하여 이해하면 훨씬 쉽습니다. 로봇은 각종 첨단 과학과 기술을 조합해서 만들어 사람과 비슷한 조직체를 지녔습니다. 앞으로의 더 뛰어난 과학기술로 사람보다 우수한 인지능력과 힘을 가진 로봇을 만들 수도 있습니다. 그러나 결정적으로 로봇과 사람의 몸의 차이는 무엇입니까? 생명의 문제 즉, 영혼의 문제입니다. 아무리 과학기술이 발달해도 로봇에게 영혼의 생명을 불어넣어 줄 수는 없습니다.

인간은 육체만 있는 것이 아닙니다. 하나님을 모셔 들일 수 있는 영혼도 지녔습니다. 교회는 사람의 영혼 속에 계신 성령을 소유한 사람들이 영적으로 연결되어 한 몸(성령의 구성원)을 이루는 생명의 유기체, 공동체입니다. 따라서 영원한 생명이 충만한 하나님으로 이루어진 구성원과 조직이라고 말할 수 있습니다. 교회는 그 어떠한 것도 모방하거나 흉내 낼 수 없는 유일무이한 하나님의 생명을 표현하는 몸입니다. 손과 발과 머리가 하나이듯 성도의 모든 지체는 성령으로 연결된 한 몸입니다. 바로 이것이 교회입니다.

온몸이 골고루 균형 있게 발달되어야 건강한 사람이라고 할 수 있습니다. 한쪽 팔만, 혹은 한쪽 다리만 건강하다고 해서 온몸이 건강한 것은 아닙니다. 온몸에 영양분이 잘 공급되어야 함께 성장하는 것입니다. 이것이 교회의 영성입니다. 모든 지체는 생명공급을 함께 받으며 성장하는 법을 배워야 합니다. 말씀도 함께 나누고 기도도 함께 할 수 있어야 합니다.

개인이 혼자 말씀으로 기도하는 것도 좋지만, 다른 지체와 함께 말씀으로 기도할 때 약속하신 성령의 기름부음이 더 풍성합니다(시 133편 참조). 모든 지체(교회공동체)는 머리이신 그리스도와 마디와 힘줄로 서로 연결되어 있습니다. 연결되어 함께 연합하여 기도할 때, 하나님의 자라게 하심(은혜)을 풍성하게 누릴 수 있습니다.

우리는 서로 연결되어 있다는 사실을 기억해야 합니다. 온몸이 각 마디를 통해 도움을 받음으로써 연결되고 결합되어 각 지체의 분량대로 역사할 때, 온몸이 다 건강하게 성장합니다.

여기서 '각 지체의 분량대로' 라는 말은 의미심장합니다. 눈은 눈

> 교회는 사람의 영혼 속에 계신 성령을 소유한 사람들이 영적으로 연결되어 한 몸(성령의 구성원)을 이루는 생명의 유기체, 공동체입니다.

대로, 귀는 귀대로, 손은 손대로, 발은 발대로 서로의 기능을 발휘할 때 몸이 건강합니다. 이것은 기도에 있어서도 마찬가지입니다.

개인기도도 필요하지만 지체와 연결되고 함께하는 공동체기도도 배워야 합니다. 두 사람 이상 모여 기도할 때는 각 지체의 분량대로 반드시 참여해야 합니다. 많은 사람이 '나 하나쯤 동참하지 않아도 되겠지'라고 생각하지만, 성경은 한 사람이 지체와 함께 한마디씩이라도 기도할 때 몸 전체가 함께 성장할 수 있다고 가르칩니다(제6과 '주님의 임재를 누리는 대화식 기도(1)' 참조).

더욱이 개인이 말씀으로 기도하기를 훈련한 이후에 지체들과 함께 마음이 하나 되어 말씀으로 기도한다면, 우리는 분명히 놀라우신 하나님의 풍성한 생명을 경험할 것입니다.

 묵상 및 적용

1. 그리스도의 몸 안에 흐르는 것은 무엇입니까?

2. 당신은 지체와 하나가 되어 당신이 기도해야 할 분량대로 기도생활을 하고 있습니까?

🖐 오늘의 기도

제6일 말씀으로 기도하는 방법(3) – 다섯 가지 유익한 열쇠

1. 먼저 말씀을 읽으라

소리를 내서 분명한 어조로 한 구절을 읽으십시오. 눈이나 생각으로 읽는 것과 소리 내어 읽는 것에는 큰 차이가 있습니다. 히브리어에서 묵상을 뜻하는 '하가' 라는 단어는 '읊조리다', '소리를 내어 중얼거리다' 라는 의미입니다.

동양적 개념의 묵상은 소리를 내지 않고 침묵으로 말씀을 생각하는 명상의 의미를 갖지만, 성경적 개념은 입으로 소리를 내어 읽는 것에서 시작합니다. 눈으로 보고 입으로 소리를 내어 읽고, 귀로 그 소리를 들으며 생각은 그 의미에 집중하는 것입니다.

하나님께서 말씀으로 우주를 창조하실 때, "빛이 있으라!"라고 입에서 소리가 나오자, 그 결과물로 만물의 실제가 나타나게 되었습니다. 말씀으로 기도하는 첫 번째 방법은 말씀에 집중하여 소리 내어 읽는 것입니다.

2. 구절의 일부분을 반복하라

말씀을 반복해서 읽으면 말씀 안에 있는 감정과 의미, 내용이 더욱 분명하게 내면으로 흡수됩니다. 교육은 반복적 가르침으로 완성됩니다. 성경은 이것을 '되새김질' 이라

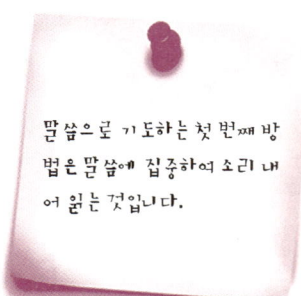

말씀으로 기도하는 첫 번째 방법은 말씀에 집중하여 소리 내어 읽는 것입니다.

고 합니다. 구약의 율법에 의하면 '정결한 짐승'은 되새김질을 할 수 있고 발굽이 갈라져 있어야 합니다. '되새김질'이란 단순히 음식을 입에 넣고 씹어 넘기는 것이 아니라, 그 음식이 충분히 소화되도록 새김질을 반복하는 것입니다.

하나님의 말씀 안에는 모든 영양분이 다 들어 있습니다. 하나님의 말씀은 정결하고, 거룩하며, 신성하고, 의로우며, 옳으며, 하늘의 각종 많은 자양분을 가지고 있습니다. 말씀을 단순히 한 번 읽는 것으로 끝내지 않고 되새김질함으로 말씀의 영양분을 우리 내면으로 온전히 흡수해야 합니다. 말씀을 소리 내어 읽고, 그 말씀을 반복하여 읽으십시오.

3. 마음을 만지는 그 부분을 강조하라

말씀은 영혼의 양식입니다. 소리 내어 읽고 반복적으로 읽다 보면 마음에 만져지는 부분이 있습니다. 마치 음식이 입으로 들어와 잘게 부서진 후 위장으로 내려가 소화되는 것과 같습니다. 음식물이 우리 속에 들어오면 배가 부른 것처럼, 하나님의 말씀도 우리 마음에 흘러 들어와 마음을 만지는 부분이 있습니다.

그 말씀을 강조하며 선포하십시오. 소리 내어 읽고, 단순히 반복만 하지 말고 한 단계 더 나아가 말씀을 선포하고 강조하십시오. 마치 사자가 포효하는 것처럼 말씀을 선포하십시오. 사자가 부르짖을 때 모든 동물이 두려워 떨듯이, 하나님의 말씀을 큰 소리로 선포하면 모든 영계(靈界)에 속한 것들은 두려워서 떨 수밖에 없습니다. 선포된 말씀은 놀라운 생명력을 지닙니다. 말씀을 선포하십시오.

4. 그것을 상황에 적용하라

말씀을 선포할 뿐만 아니라 말씀을 자신의 상황에 적용해야 합니다. 객관화된 말씀이 자신의 삶과 연관되어야 합니다. 영원 전에 존재해 계시던 말씀이 인간의 육신의 몸을 입고 성육신 하신 것처럼 말씀과 삶이 하나가 되는 과정입니다.

말씀을 적용하여 선포할 때, 객관화되어 있던 성경 속의 말씀이 우리 삶의 자리(정황)로 들어옵니다. 그리고 개인에게 적용되어 생활 속에서 숨 쉬는 말씀이 됩니다.

5. 그것으로 주님을 만지기 위해 기도하라

말씀을 읽고, 반복하고, 선포하고, 적용하는 최종 단계는 말씀으로 기도하기입니다. 말씀으로 기도하기는 말씀과 기도가 하나가 되는 것입니다. 눈으로는 말씀을 보며, 입으로는 말씀을 소리 내어 읽고, 귀로는 들으며, 생각으로는 집중합니다. 이 과정은 말씀이 마음으로 들어오게 하는 방법입니다.

말씀으로 기도하면, 말씀은 우리 내면의 가장 깊은 곳인 양심을 만집니다.

그러나 결국 말씀으로 기도할 때, 말씀은 우리의 영혼 속으로 들어옵니다. 기도는 영의 문제이며, 영은 내면의 가장 깊은 곳에 있는 양심과 관련이 있습니다. 말씀으로 기도하면, 말씀은 우리 내면의 가장 깊은 곳인 양심을 만집니다. 말씀이 양심을 만지면 말씀의 능력이 흘러 들어와 회복과 치유, 확신, 평안과 기쁨이 영 안에서 넘쳐흐릅니다.

처음에 훈련할 때는 단계별로 확연히 구분이 되지만 훈련에 익숙해질수록 다섯 가지 단계가 섞이고, 더 훈련이 되면 바로 말씀으로 기도하는 단계로까지 발전합니다. 꾸준히 계속 훈련하십시오. 반복적으로 하고, 말씀을 선포하며 적용하십시오.

말씀으로 기도하는 구체적 방법은 말씀의 문장 끝을 기도문으로 바꾸는 것입니다. 문장의 끝을 "~하게 하소서", "~하기를 원합니다", "~하옵소서" 등의 형태로 바꾸어보십시오.

 묵상 및 적용

1. 말씀으로 기도하는 실제적인 다섯 가지 방법은 무엇입니까?

2. 말씀으로 기도하는 다섯 가지 방법으로 기도문을 써보십시오.

오늘의 기도

제7일 말씀으로 응답하시는 하나님

> 이에 그들이 그들의 고통 때문에 여호와께 부르짖으매 그가 그들의 고통에서 그들을 구원하시되 그가 그의 말씀을 보내어 그들을 고치시고 위험한 지경에서 건지시는도다 시 107:19-20

오래전에 청년사역을 할 때였습니다. 오순절에 강력하게 임하셨던 성령의 역사를 사모하며, 저녁 8시부터 11시까지 10일간 집중적으로 기도회를 열었습니다. 저녁 8시에 모여서 찬양과 말씀, 합심기도를 하고 9시 반부터 11시까지 개인기도를 했습니다. 그때 성령이 지체들에게 많은 은혜를 주셨습니다. 기도 중에 방언이 임하고, 질병이 치유되는 역사가 일어났습니다.

어느 날, 기도회를 마치고 저녁 늦게 집에 들어왔는데, 기도회를 마무리하던 목사님에게 전화가 왔습니다. 어떤 자매가 개인기도를 하는데 마치 귀신이 들린 것 같으니 빨리 와서 도와달라고 했습니다.

급히 택시를 타고 도착해서 보니, 한 자매가 두려움과 공포에 질려 매우 고통스러운 얼굴로 소리를 크게 지르면서 기도하고 있었습니다. 마치 마귀와 영적 전쟁을 치르는 것처럼 보였습니다. 기도하는 모습을 자세히 살펴보니 다행히 귀신이 들린 것은 아니었습니다.

저는 일단 원인파악부터 해야 할 것 같아서 기도를 멈추게 한 후 진정을 시켰습니다. 그런데 이 자매는 계속 기도를 해야 한다고 주장했습니다. 저는 왜 그렇게 두려움과 공포의 얼굴로 기도를 하고 있느냐고 말을 걸었습니다.

그 자매는 가족들을 위해서 차례로 기도하다가, 언니를 놓고 기도하는 중이었다고 대답했습니다. 그런데 갑자기 마음이 답답해지면서 가슴에 통증이 느껴졌다고 했습니다. 사탄의 공격이라 생각해서 사탄을 대적하고자 힘을 다해서 소리를 질러 싸우는데 두려움과 공포가 엄습해왔다고 했습니다. 자매는 두려움과 공포가 공격해올수록 이기기 위해 더욱 힘껏 기도했다고 합니다.

대화를 나누면서 저는 마음으로 계속 주님께 기도했습니다. '주님, 제가 어떻게 이 자매를 도와줄 수 있습니까?' 그때 제 마음 깊은 곳에서 선명하게 말씀이 떠올랐습니다. 요한일서 3장 15절과 4장 18절이었습니다. "그 형제를 미워하는 자마다 살인하는 자니 살인하는 자마다 영생이 그 속에 거하지 아니하는 것을 너희가 아는 바라", "사랑 안에 두려움이 없고 온전한 사랑이 두려움을 내쫓나니 두려움에는 형벌이 있음이라 두려워하는 자는 사랑 안에서 온전히 이루지 못하였느니라."

저는 그 자매와 그 말씀들을 읽었습니다. 자매는 말씀을 읽고는 갑자기 대성통곡했습니다. "저는 언니를 사랑하지만 한편으로는 너무 미워합니다. 어렸을 때부터 언니에게 입은 피해의식과 상처가 많습니다. 며칠 전에도 언니와 크게 다투었습니다. 사실 저의 마음 속에는 언니에 대한 분노와 질투가 있습니다. 그런데 언니를 위해 기도하는데 갑자기 가슴이 조이고 아파왔습니다."

그 자매는 마음속의 상처, 언니에 대한 미움과 질투를 미처 의식하지 못하고 기도를 했던 것입니다. 그렇게 상처와 분노를 주님 앞에서 치유받지 못하고 기도하던 중에 오히려 사탄의 공격을 받아 미움과 분노가 기도로 표출되었습니다.

그 후 자매는 '하나님은 사랑이시라, 사랑 안에는 두려움이 없고' 라는 말씀을 통해 주님께 회개기도를 드리면서, 주님께서 주시는 평안과 기쁨을 회복했습니다. 이처럼 하나님께서는 우리가 고통과 근심 가운데에 부르짖을 때, 그분의 말씀을 보내주셔서 우리를 고치시고 위험한 지경에서 건지십니다(시 107:19-20 참조).

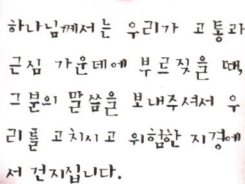

하나님께 기도하는 많은 사람은 환경이나 사람 때문에 고통과 환난이 온다고 생각합니다. 그래서 하나님께서 기적을 일으켜주셔서 문제만 해결되기를 바랍니다. 물론 때로 하나님께서는 그렇게도 행하십니다. 그러나 일반적으로는 그 응답으로 말씀을 보내주십니다. 말씀은 바로 영이요 생명이며(요 6:63 참조), 주님 자신입니다(요 1:1 참조). 우리 영혼에 가장 필요한 것은 바로 말씀이신 하나님입니다.

말씀으로 기도하는 것은 '진리 안에서 기도한다' 는 뜻입니다. 진리가 중심이 되어 기도할 때, 성령은 그 진리를 깨닫게 하시며, 우리 속에 이루어지도록 도와주십니다. 왜냐하면 성령은 진리의 영이기 때문입니다.

저는 기도학교에서 강의하기 직전에 말씀으로 한 장씩 함께 기도하기도 하고, 각 조별로 '말씀으로 기도하기'를 실시하기도 합니다. 그러면 많은 사람이 한결같이 간증하기를, 말씀을 적용하여 기도했더니 자신의 문제가 무엇인지 성령이 깨닫게 해주셨고, 그 문제를 해결해주셔서 자유함을 누리게 되었다고 고백합니다.

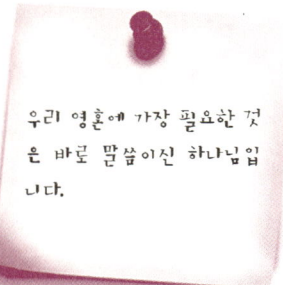

말씀으로 기도하다 보면 어떤 사람은 자녀와의 관계에서, 어떤 사람은 남편과의 관계에서, 또 어떤 사람은 믿음의 분량에 대해서 자신에게 주시는 주님의 음성을 듣습니다. 말씀은 '우리 영혼의 생명의 떡'(마 4:4 참조)이므로 말씀으로 기도한 이후에는 영혼이 배부름과 참된 만족을 누릴 수 있습니다.

C. S. 루이스(C. S. Lewis)의 고백을 들어보십시오. "주님, 제게 왜 응답하지 않으시는지 이제야 알았습니다. 주님이 바로 응답이십니다. 고난의 신비는 고난의 끝에서 우리를 그렇게 사랑하시는 주님을 대면하는 것입니다."

말씀으로 기도할 때, 성령은 진리의 빛을 비추셔서 우리 자신의 삶의 자리를 보게 하시고, 주님의 뜻을 깨달아 살아갈 수 있도록 역사하시며 응답하십니다.

말씀은 멀리 있지 않습니다. 바로 가까이 있습니다. 말씀 안에 들어가 말씀의 능력을 체험하고, 말씀과 하나 되어 주님의 뜻을 이루는 기도의 삶을 누리기 바랍니다.

묵상 및 적용

1. 하나님께서 기도의 응답으로 '말씀'을 보내시는 이유는 무엇입니까?

2. 매일 말씀으로 기도하는 데 필요한 구체적인 계획을 세워보십시오.

오늘의 기도

▌ **말씀으로 기도하기 예문1**(데살로니가전서)
_8조 조장 정OO

1장 1절: 바울과 실루아노와 디모데는 하나님 아버지와 주 예수 그리스도 안에 있는 데살로니가인의 교회에 편지하노니 은혜와 평강이 너희에게 있을지어다

***기도:** 바울과 실루아노와 디모데가 주 안에 있는 형제들에게 문안하듯이 저는 제 주위에 있는 주님을 믿는 형제들을 돌아보겠습니다. 낙심하여 쉬고 있는 자가 있는지 혹은 마음으로 상처를 입고 슬퍼하고 있는 자가 있는지 돌아보겠습니다. 그들이 주 안에서 은혜와 평강이 넘치기를 기도합니다.

1장 9-10절: 그들이 우리에 대하여 스스로 말하기를 우리가 어떻게 너희 가운데에 들어갔는지와 너희가 어떻게 우상을 버리고 하나님께로 돌아와서 살아 계시고 참되신 하나님을 섬기는지와 또 죽은 자들 가운데서 다시 살리신 그의 아들이 하늘로부터 강림하실 것을 너희가 어떻게 기다리는지를 말하니 이는 장래의 노하심에서 우리를 건지시는 예수시니라

***기도:** 저를 통하여 믿지 않는 많은 사람이 주께로 돌아오기를 바라며, 그들에게 우상을 버리게 된 계기와 살아 계시는 참되신 하나님을 섬기게 된 이야기를 나눌 수 있게 하소서. 또 죽은 자들 가운데서 다시 살리신 그의 아들이 하늘로부터 강림하실 것을 소망 중에 두고 진노 가운데에 우리를 건지시는 예수님을 전하고 기쁨으로

나눌 수 있기를 소망합니다.

2장 3-5절: 우리의 권면은 간사함이나 부정에서 난 것이 아니요 속임수로 하는 것도 아니라 오직 하나님께 옳게 여기심을 입어 복음을 위탁 받았으니 우리가 이와 같이 말함은 사람을 기쁘게 하려 함이 아니요 오직 우리 마음을 감찰하시는 하나님을 기쁘시게 하려 함이라 너희도 알거니와 우리가 아무 때에도 아첨하는 말이나 탐심의 탈을 쓰지 아니한 것을 하나님이 증언하시느니라

*기도: 믿지 않는 자에게 복음을 전할 때에 간사함이나 부정이나 속임수로 하지 않겠습니다. 값없이 구원해주신 은혜에 감사하며, 오직 내 안에 계시고 우리 마음을 감찰하시는 하나님을 기쁘시게 하소서. 하나님께서 저를 옳게 여기셔서 복음을 전하게 하셨으니 저에게 담대함을 주옵시고 아첨하는 말이나 탐심의 탈을 쓰지 않고 오직 진실만을 전하게 하소서.

2장 6-7절: 또한 우리는 너희에게서든지 다른 이에게서든지 사람에게서는 영광을 구하지 아니하였노라 우리는 그리스도의 사도로서 마땅히 권위를 주장할 수 있으나 도리어 너희 가운데서 유순한 자가 되어 유모가 자기 자녀를 기름과 같이 하였으니

*기도: 저도 사도 바울처럼 다른 사람에게서 영광을 구하지 않게 하시고, 권위를 세우지도 않게 하옵소서. 오직 저는 유순한 자녀가 되어 자녀를 양육하듯이 부드럽게 대할 수 있게 도와주시기를 기도합니다.

3장 1-5절: 이러므로 우리가 참다 못하여 우리만 아덴에 머물기를 좋게 생각하고 우리 형제 곧 그리스도의 복음을 전하는 하나님의 일꾼인 디모데를 보내노니 이는 너희를 굳건하게 하고 너희 믿음에 대하여 위로함으로 아무도 이 여러 환난 중에 흔들리지 않게 하려 함이라 우리가 이것을 위하여 세움 받은 줄을 너희가 친히 알리라 우리가 너희와 함께 있을 때에 장차 받을 환난을 너희에게 미리 말하였는데 과연 그렇게 된 것을 너희가 아느니라 이러므로 나도 참다 못하여 너희 믿음을 알기 위하여 그를 보내었노니 이는 혹 시험하는 자가 너희를 시험하여 우리 수고를 헛되게 할까 함이니

*기도: 우리의 믿음이 고난을 받을 때에 더욱 굳건해지게 하옵소서. 저를 위로하시어 환난 중에도 흔들리지 않고 바로 서게 해주옵소서. 수고하는 자의 수고가 헛되지 않기를 기도합니다.

4장 1절: 그러므로 형제들아 우리가 끝으로 주 예수 안에서 너희에게 구하고 권면하노니 너희가 마땅히 어떻게 행하며 하나님을 기쁘시게 할 수 있는지를 우리에게 배웠으니 곧 너희가 행하는 바라 더욱 많이 힘쓰라

*기도: 제가 주님을 기쁘시게 하는 것에 행할 바를 알게 하시고, 그것에 더욱 힘쓰도록 도와주세요.

4장 2절: 우리가 주 예수로 말미암아 너희에게 무슨 명령으로 준 것을 너희가 아느니라

*기도: 주님께서는 저에게 복음전파를 명령하셨습니다. 전도할 문

을 열어주시고 저의 둔한 입술을 지켜주시며 언변과 풍부함으로 그리스도의 비밀을 말할 수 있도록 도와주시기를 기도합니다.

5장 1-6절: 형제들아 때와 시기에 관하여는 너희에게 쓸 것이 없음은 주의 날이 밤에 도둑 같이 이를 줄을 너희 자신이 자세히 알기 때문이라 그들이 평안하다, 안전하다 할 그 때에 임신한 여자에게 해산의 고통이 이름과 같이 멸망이 갑자기 그들에게 이르리니 결코 피하지 못하리라 형제들아 너희는 어둠에 있지 아니하매 그 날이 도둑 같이 너희에게 임하지 못하리니 너희는 다 빛의 아들이요 낮의 아들이라 우리가 밤이나 어둠에 속하지 아니하나니 그러므로 우리는 다른 이들과 같이 자지 말고 오직 깨어 정신을 차릴지라

***기도:** 주님께서 오실 그날은 아무도 모르며, 갑자기 예기치 못할 때 멸망이 닥쳐온다고 말씀하셨습니다. 저는 빛의 자녀요 낮의 자녀입니다. 기름을 준비하지 못한 처녀같이 안일하고 무감각한 모습으로 살게 하지 마시고, 항상 깨어서 정신을 차리고 기름을 준비하여 기다리는 신부가 되기를 기도합니다.

5장 17-18절: 쉬지 말고 기도하라 범사에 감사하라 이것이 그리스도 예수 안에서 너희를 향하신 하나님의 뜻이니라

***기도:** 모든 것에 풍성하신 하나님께 기도와 간구를 쉬지 않고 드리며, 무시로 기도에 힘쓰도록 성령이 도와주시기를 원합니다. 범사에 감사하여 하나님을 기쁘시게 하는 자녀가 되기를 원합니다.

5장 23-24절: 평강의 하나님이 친히 너희를 온전히 거룩하게 하시고 또 너희의 온 영과 혼과 몸이 우리 주 예수 그리스도께서 강림하실 때에 흠 없게 보전되기를 원하노라 너희를 부르시는 이는 미쁘시니 그가 또한 이루시리라

*기도: 주님, 저를 온전히 거룩하게 해주시옵소서. 저의 영과 혼과 몸이 흠 없이 보전되어 주님께서 강림하실 때에 뵙기를 원하오며, 이 모든 것을 신실하신 주님께서 이루어주실 것을 기도합니다. 아멘.

말씀으로 기도하기 예문2(빌립보서 3장)

_2기 6조 조장 최OO

3장 7-9절: 그러나 무엇이든지 내게 유익하던 것을 내가 그리스도를 위하여 다 해로 여길뿐더러 또한 모든 것을 해로 여김은 내 주 그리스도 예수를 아는 지식이 가장 고상하기 때문이라 내가 그를 위하여 모든 것을 잃어버리고 배설물로 여김은 그리스도를 얻고 그 안에서 발견되려 함이니 내가 가진 의는 율법에서 난 것이 아니요 오직 그리스도를 믿음으로 말미암은 것이니 곧 믿음으로 하나님께로부터 난 의라

*기도: 주 예수님, 바울의 고백처럼 무엇이든지 내게 유익하던 것을 해로 여기는 것이 마땅한 줄로 압니다. 나의 지식과 건강, 명예와 재물, 경험들을 주님 앞에서는 쓸모없는 배설물로 여기나이다.

오직 예수 그리스도를 아는 지식이 가장 고상한 것이며, 주님을 나의 구주로 믿고 의지하는 것이 우리에게 유익한 것임을 알게 하시니 감사드립니다. 또한 세상의 것을 아는 것보다 주님을 아는 것이 우리에게 유익한 것임을 알게 하심에 감사합니다. 우리가 가진 의는 우리가 율법을 지켜서가 아니요, 오직 예수 그리스도를 믿음으로 말미암은 것이니, 우리의 노력과 우리의 능력으로 얻어진 것이 아니요 하나님의 선물인 것을 우리가 잊지 말게 하옵소서. 우리의 구원자 되시는 예수님의 사랑을 항상 기억하며 살기를 원합니다. 날마다 주 예수의 이름을 부르며 살게 하옵소서. 성령의 중보하심과 보호하심과 가르치심을 날마다 누리며 감사하며 살게 하소서. 우리 안에 예수님의 거룩하신 영이 충만하기를 원합니다.

3장 17-19절: 형제들아 너희는 함께 나를 본받으라 그리고 너희가 우리를 본받은 것처럼 그와 같이 행하는 자들을 눈여겨보라 내가 여러 번 너희에게 말하였거니와 이제도 눈물을 흘리며 말하노니 여러 사람들이 그리스도의 십자가의 원수로 행하느니라 그들의 마침은 멸망이요 그들의 신은 배요 그 영광은 그들의 부끄러움에 있고 땅의 일을 생각하는 자라

*기도: 빌립보 교인들이 바울을 본받은 것처럼 우리도 바울을 본받게 하소서. 예수님을 구주로 믿고 주님의 거룩하심을 본받아 주님의 말씀에 순종하며 살아가는 믿음의 형제들을 눈여겨보고 그들을 본받기를 원합니다. 주님의 말씀에 순종하기를 원합니다. 주님의 인도하심을 따라 주님을 더욱 닮기를 원합니다. 주님의 음성을

듣지 못하고 그리스도의 십자가의 원수로 행하는 자마다 멸망인 것을 알게 하신 주님, 그들의 신은 배요 그 영광은 그들의 부끄러움에 있고 땅의 일을 생각하는 자인 것을 알게 하심에 감사합니다. 저도 주님을 알지 못하고 주님을 믿지 못해서 나 자신을 믿고 내가 주인으로 살아왔음을 회개합니다. 세상의 부귀영화에 눈이 멀어 주님을 외면하며 등진 삶을 살았음을 고백합니다. 우리의 어리석음을 용서하소서. 우리의 죄를 회개하오니 회복시켜주소서. 다시는 예수 그리스도의 십자가의 원수로 살지 않도록 인도하여주소서. 우리의 자아를 버리고 세상의 것들을 모두 배설물로 여기게 하소서. 오직 주님만이 우리에게 유익임을 항상 기억하게 하소서. 이 모든 말씀 우리를 구원하신 예수 그리스도의 존귀하신 이름으로 기도드립니다. 아멘.

능히 모든 성도와 함께
지식에 넘치는 그리스도의 사랑을 알아

에베소서 3장 18절

제3부

성경적 연합기도 훈련

기도는 그리스도의 몸 안에 서로 연결하고 상합하여 연합함으로 생명의 풍성함을 누리는 것이다.

제6과
주님의 임재를 누리는 대화식 기도(1)

제1일 주님의 임재란 무엇인가

하나님께서 그리스도인에게 약속하신 가장 큰 축복의 약속 중 하나는 임마누엘입니다(마 1:22 참조). 임마누엘은 '하나님께서 우리와 함께 계시다'라는 의미입니다. 하나님의 아들이신 예수 그리스도는 육신을 입고 이 땅에 오셔서 사람들과 함께 거하셨으며, 십자가에서 죽으시고 부활, 승천하신 후에 성령을 통해 우리 안에 내주하십니다. 그리고 이제는 우리 속에 거하시는 성령으로 말미암아 세상 끝날까지 우리와 함께 계십니다.

당신은 이러한 축복을 누리고 있습니까? 이것은 이론이 아니라 우리에게 약속하신 말씀이며, 우리는 이를 실제로 누리면서 살아야 합니다. 범죄하기 전에 아담과 하와는 두려움 없이 주님의 얼굴을 뵙고 주님의 임재를 누렸으나, 그 이후에는 주님의 임재 앞에 두려움을 느낄 수밖에 없었습니다.

하나님의 임재를 떠난 최초의 사람은 '가인'입니다. 가인은 아우

아벨을 미워해서 살인하는 범죄를 저질렀습니다. 그러나 그는 회개하지도 않고 하나님 앞에서 변명으로 일관했습니다. 그리고 여호와의 앞을 떠났습니다(창 4:16 참조).

여호와의 앞은 바로 여호와의 얼굴이며 여호와의 임재를 의미합니다. 가인은 여호와의 앞, 여호와의 얼굴을 떠나서 에덴 동쪽 놋 땅에 거주했습니다. 놋은 '유리하다, 방황하다' 라는 의미입니다. 여호와의 앞, 여호와의 임재를 떠난 사람의 마음과 영혼은 방황할 수밖에 없습니다. 당신의 마음과 영혼이 허전하고 공허합니까? 그것은 당신의 영혼이 '여호와의 임재'를 잃어버렸기 때문입니다.

가인은 하나님을 떠나 두려움 가운데에 처하자, 자기를 보호하기 위해 제일 먼저 에녹 성(城)을 건축했습니다. 하나님을 떠난 사람은 자신을 보호하기 위해 늘 성을 쌓습니다. 물질의 성, 자존심의 성, 권력의 성을 쌓고 허전하고 두려운 내면의 공허함을 채우기 위해서 모든 노력을 다합니다. 그러나 아무리 높은 성을 쌓아도 여전히 공허하며 불안합니다.

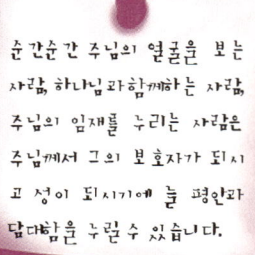

물질적·정신적 욕구로는 채울 수 없는 부분을 하나님만이 채우실 수 있기 때문입니다. 순간순간 주님의 얼굴을 보는 사람, 하나님과 함께하는 사람, 주님의 임재를 누리는 사람은 주님께서 그의 보호자가 되시고 성이 되시기에 늘 평안과 담대함을 누릴 수 있습니다.

죄와 범죄는 우리를 하나님의 임재로부터 분리시킵니다. 그것들은 사망 즉, 하나님과의 분리를 가져오기 때문입니다. 그러나 우리가 주님을 의지하고 신뢰할 때 우리는 주님의 생명을 누릴 수 있습니다. 주님의 함께하심을 누릴 수 있습니다.

주님의 얼굴은 광채가 납니다. 어둠이 조금도 없으신 생명의 빛으로 가득한 얼굴입니다. 우리가 그 얼굴을 볼 때 마음의 어둠이 사라집니다. 매일매일 매 순간 주님의 얼굴, 주님의 임재를 누리십시오. 눈에 보이지 않아도 주님의 함께하심의 약속으로 기뻐하고 감사하십시오.

 묵상 및 적용

1. 주님의 임재의 의미는 무엇입니까?

2. 주님의 임재를 누리기 위해 당신이 해야 할 일은 무엇입니까?

✋ 오늘의 기도

제6과 | 주님의 임재를 누리는 대화식 기도(1) **179**

제2일 주님의 임재를 누리는 두 가지 연합기도

연합기도에는 두 가지 방법이 있습니다. '통성기도'와 '대화식 기도'입니다. 한국교회에서는 교회공동체가 모일 때 일반적으로 통성기도를 드립니다. 먼저 이 통성기도에 대해 살펴봅시다.

통성기도는 기도제목을 간절한 마음을 품고 입으로 소리를 내어 표현하는 것입니다. 이는 부르짖는 기도와도 상통합니다. 통성기도의 장점은 첫째, 짧은 시간에 공동체가 함께 한 가지 기도제목을 놓고 집중적으로 기도할 수 있다는 것입니다. 하나님께서는 이스라엘 백성에게 부르짖어 기도하라고 하셨습니다. 부르짖는 기도는 구약에서부터 전통적으로 내려온 기도입니다.

> 너는 내게 부르짖으라 내가 네게 응답하겠고 네가 알지 못하는 크고 은밀한 일을 네게 보이리라 렘 33:3

통성기도의 두 번째 장점은 하늘로부터 오는 임재의 권능을 체험할 수 있다는 것입니다. 예수님께서는 승천하시기 전에 제자들에게 예루살렘을 떠나지 말고 하늘로부터 오는 능력으로 입혀질 때까지 기도하라고 명령하셨습니다. 오순절에 마가의 다락방에 모인 120명의 성도는

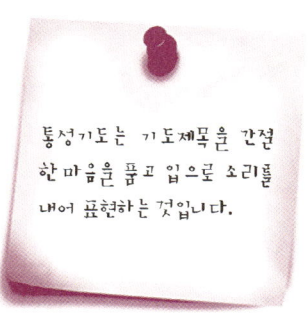

어떻게 기도했을까요? 아마도 주님의 약속을 의지하며 부르짖어 기도했을 것입니다. 오늘날의 통성기도처럼 소리를 내며 함께 일심으로 기도했을 것입니다. 사도행전 2장에서 그러한 분위기를 느낄 수 있습니다. 그들이 모인 지 10일째 되던 날, 기도하는 중에 하늘로부터 급하고 강한 바람 같은 소리가 있어 불의 혀처럼 갈라지며 각 사람 위에 임했습니다. 더 나아가 그들은 성령이 말하게 하심을 따라 다른 언어로 기도하기 시작했습니다. 분명히 성령이 임하시면서 그들의 혀를 주관하셨고 다른 언어로 소리가 표현되었습니다.

다른 유대인들이 보기에 그들은 '새 술에 취한 것' 같았습니다. 여기저기서 서로 다른 언어로 기도하는데, 술에 취한 것처럼 느껴지는 소란한 분위기였습니다. 120명의 성도는 하늘로부터 내려온 성령의 임재로 말미암아 성령으로 충만해졌습니다.

저도 오랜 목회기간 중에 수많은 기도회를 인도해보았습니다. 때로 오순절 같은 성령의 역사가 일어나도록 10일 동안 저녁집회를 열어 통성으로 기도회를 인도한 적도 있었습니다. 함께 하나님의 은혜와 권능을 구하였더니, 사방에서 방언이 터지며 알아듣지 못하는 다른 언어들로 말하기 시작했습니다. 방언을 달라고 기도하지 않았고 그저 소리를 내어 간절히 하나님의 은혜만 구했을 뿐인데, 방언이 여기저기서 터지며, 성령의 다양한 은사가 나타났습니다. 물론 초대교회의 방언과는 차이가 있습니다. 마가의 다락방에 임한 방언은 각국에서 온 유대인들이 알아들을 수 있는 외국어였습니다. 우리의 기도집회 중에 방언이 나오는 것은 기도의 은사로 주시는 방언입니다. 그렇지만 공통점이 있습니다. 소리를 내서 합심하며 하늘의 은혜와 권능을 구하면 성령이 역사하신다는 것입니다.

이처럼 통성기도는 그동안 한국교회에서 하나님의 능력을 풍성하게 공급받는 통로였습니다. 그러나 단점도 있습니다. 교회에 처음 온 초신자들은 통성기도에 잘 적응하지 못한다는 점입니다.

우리나라의 전통적인 종교는 불교와 유교입니다. 우리나라 불교는 산속 깊은 사찰에서 마음으로 조용히 기도하는 것이 특징입니다. 유교 역시 조상신(神)과 천지신명(天地神明)에게 간구할 때, 정화수(井華水)를 떠놓고 조용히 기도합니다. 민족적 정서는 마음으로 간절히 간구기도 하는 데에 익숙해져 있습니다. 역사적·민족적 종교심성은 이처럼 조용히 기도하는 것인데, 교회 와서 통성으로 기도하려니 초신자 중에는 적응이 안 되는 사람들이 많은 것입니다. 그래서 장로교의 예배는 한 사람이 기도하는 대표기도가 발달되어 있고, 철야기도회와 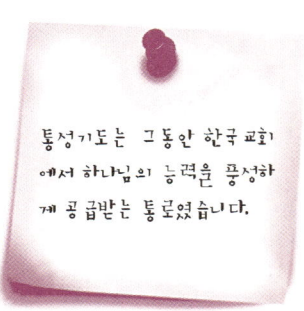 같은 기도회에서의 합심기도로는 통성기도가 일반적입니다.

통성기도의 또 다른 단점은 어떤 사람은 기도제목을 놓고 열심히 소리를 내서 기도하는데, 어떤 사람은 기도소리에 집중이 안 되어 중언부언할 수 있다는 것입니다. 다시 말하면, 합심해서 한마음으로 기도하는지 확인이 되지 않습니다. 그럼에도 통성기도는 한국교회에 놀라운 부흥과 능력을 가져다준 합심기도법입니다.

 묵상 및 적용

1. 통성기도의 장단점은 무엇입니까?

2. 위로부터 임하시는 성령의 임재를 누리기 위해 간절히 통성기도를 하십시오.

오늘의 기도

제3일 주님의 임재를 누리는 대화식 기도

두 번째 합심기도 방법은 대화식 기도입니다. 여기서 소개하는 기도 방법은 공동체에서 한 사람씩 소리를 내어 기도를 하되, 다른 지체들은 마음을 합하여 "아멘"으로 화답하며 모든 지체가 연합하여 함께 기도하는 것입니다.

대화식 기도는 먼저 우리 속에 계신 주님의 임재를 인정하는 것으로 시작합니다. 예수님께서는 세상 끝날까지 우리 안에서 우리와 함께 계시겠다고 약속하셨습니다(요 14:17; 마 28:20 참조). 우리는 하나님의 성전이며, 하나님의 성령이 우리 안에 거하십니다(고전 3:16 참조). 때로 우리가 주님의 임재를 느끼지 못하더라도 주님께서는 우리 속에 거하고 계십니다.

구약에서 하나님의 영, '성신'(聖神)은 제사장, 왕, 선지자에게 임하셨다가 다시 떠나가시곤 했습니다. 그러나 신약시대에 우리에게 보내주신 성령은 우리를 떠나시지 않습니다. 우리는 기도할 때마다 주님의 임재를 먼저 인정하고 누리는 것이 필요합니다.

저는 주님께 항상 나와 함께해 달라고 기도를 하곤 했습니다. 언젠가 그날도 어김없이 "주님, 나와 함께해 주시기를 원합니다"라고 기도를 했습니다. 그런데 주님께서 제게 큰 깨달음을 주셨습니다. 마치 주님께서

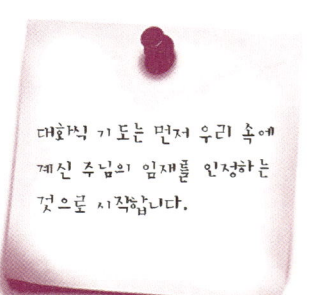

대화식 기도는 먼저 우리 속에 계신 주님의 임재를 인정하는 것으로 시작합니다.

이렇게 말씀하시는 것처럼 느껴졌습니다. "사랑하는 아들아, 나는 네가 함께해 달라고 기도하지 않아도 늘 너와 함께 있단다. 나는 세상 끝날까지 너와 함께할 것을 약속했다. 너는 나의 이 약속을 믿지 않는 거니? 나는 너와 24시간을 늘 함께하는데 기도할 때마다 함께해 달라고 하니 내가 좀 민망하구나."

이러한 깨달음과 음성이 제 마음에서 느껴져서 저는 바로 이렇게 기도드렸습니다. "주님, 그렇습니다. 주님께서는 제게 이미 약속하셨습니다. 제가 그 사실을 깊이 인식하지 못했습니다. 용서해

주십시오." 그다음부터는 기도할 때마다, "주님, 제 안에 거하시고 제 옆에 계시니 정말 감사합니다. 때로 제가 주님의 임재를 느끼지 못해도 주님께서는 제 안에, 제 옆에 늘 계시는 분입니다"라고 고백했으며, 이후로 제 마음속에는 주님의 임재가 더 강하게 느껴졌습니다.

예수 그리스도를 구주로 모신 하나님의 자녀들에게 보내주신 성령은 결코 우리를 떠나시지 않습니다. 먼저 주님의 임재를 고백하고 감사드리십시오. 그러면 당신은 주님의 임재를 더욱 누리게 될 것입니다.

"주님, 저와 함께해 주시기를 원합니다"라는 기도와 "주님, 제 안에 계셔서 늘 함께해 주시니 감사합니다"라는 기도의 차이는 무엇입니까? 별 차이가 없는 것 같아도 아주 큰 차이가 있습니다. 하나님의 말씀을 실제화하는 가장 좋은 방법은 약속의 말씀을 먼저 인정하고 받아들이는 것입니다.

여러분은 언제 어떻게 주님의 임재를 누리십니까? 많은 사람은 찬양할 때 주님의 임재를 누린다고 합니다. 찬양에 집중해서 마음을 활짝 열고 주님께 고백하고 그분을 바라볼 때, 마음에 평안과 기쁨을 누린다고 합니다.

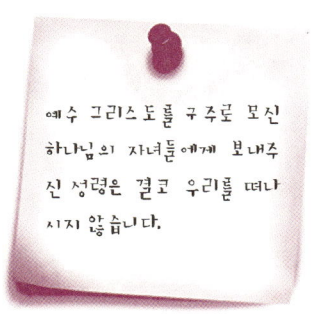

예수 그리스도를 구주로 모신 하나님의 자녀들에게 보내주신 성령은 결코 우리를 떠나시지 않습니다.

또 어떤 사람들은 새벽기도회에 가서 기도하면 마음이 평안하다고 합니다. 그렇습니다. 우리는 기도하고 찬양할 때 주님의 임재를 누릴 수 있습니다. 그러나 새벽기도가 끝난 후 직장에 가서 일을 하거나 학교에 가서 공부할 때는 주님의 임재가 사라지는 것 같은 느낌을 받습니다.

우리는 주님의 임재를 온종일 누려야 합니다. 새벽에 교회에 가서 찬양하고 기도하며 누렸던 마음의 평안과 기쁨을 온종일, 매 순간 누릴 수 있어야 합니다. 안타깝게도 많은 사람이 온종일 주님의 임재를 누리는 훈련이 되어 있지 않습니다. 다만 Q.T.를 하거나 예배에 참석해서 또는 찬양을 드릴 때만 주님의 임재를 누립니다.

그러나 기도는 영혼의 호흡입니다. 순간마다 주님의 얼굴을 바라보는 기도가 생활 속에서 훈련되어 있어야 합니다. 학생들은 공부를 하면서도 잠시 휴식시간에 마음을 열고 주님을 바라보는 기도를 해야 합니다. 직장인들은 직장에서 잠시 휴식을 할 때 은밀히 주님께 자신의 마음을 열고 주님의 임재를 고백해야 합니다. 주부들은 설거지를 하거나 청소를 하면서도 주님의 임재 속에 거해야 합니다.

차를 타고 가면서도 주님의 임재를 고백하십시오. 그리고 감사하십시오. 주님의 이름을 부르십시오. 마음을 열고 주님의 얼굴빛을 당신 마음에 비추어달라고 기도하십시오. 오늘 하루 주님의 임재 속에 머무르며 주님의 임재를 누리십시오. 매 순간 기도의 영 안에 머물도록 주님의 은혜를 간구하십시오.

🔴 묵상및적용

1. 당신 속에 항상 내주하시는 주님의 임재를 어떻게 누리며 살아갑니까?

2. 매 순간 주님의 임재를 누리기 위해서 어떻게 훈련해야 합니까?

🔴 오늘의 기도

제4일 주님의 육체의 임재와 영의 임재

이 우주 가운데에 가장 기묘한 일 중의 하나는 전능하신 하나님께서 육체를 입고 이 땅에 오셨다는 것입니다. 얼마나 놀라운 일입니까? 보이지 않는 하나님께서 보이는 육체를 입고 이 땅에 사람으로 오신 성육신사건은 우리를 향한 하나님의 사랑을 표현해주신 증거입니다. 그래서 그분은 '임마누엘 하나님' 즉, '하나님께서 우리와 함께 계시다' 라는 의미의 이름으로 불리셨습니다.

예수님께서는 공생애 기간 동안 제자들과 함께 3년을 지내셨습니다. 제자들은 손으로 주님을 만지고 함께 식사하며, 잠을 자고, 그분의 입에서 나오는 말씀을 들었습니다. 바람과 바다를 잔잔하게 하시고, 모든 병자를 고치시며, 귀신을 쫓아내시고, 하나님 나라를 전파하시는 것을 눈으로 보았습니다. 주님께서는 이렇게 3년 동안 육체로 제자들과 함께 계셨지만, 우리의 구원을 이루시기 위해 십자가에서 죽으시고 부활, 승천하셨습니다. 그 이후로 모든 것이 끝난 것처럼 보였지만, 주님께서는 제자들과 함께하시기 위해 성령으로 오셨습니다.

부활하신 후 주님께서는 제자들에게 나타나셔서 숨을 내쉬며 성령을 받으라고 하셨습니다(요 20:22 참조). 호흡처럼 예수님께서는 제자들의 내면으로 들어가셨습니다. 예수님께서는 우리를 무척 사랑하셔서 우리 안에 구세주와 주님으로 들어오시기를 원합니다.

우리는 가끔씩 예수님의 모습을 육신의 눈으로 보고 싶어 합니다. 또한 직접 그분의 음성을 듣기 원합니다. 그러나 예수님께서 육체로 나타나셔서 24시간 동안 여러분과 함께 있다고 가정해보십시오. 눈을 뜨면 주님과 함께 아침식사를 하고, 함께 직장으로 갑니다. 업무를 보는

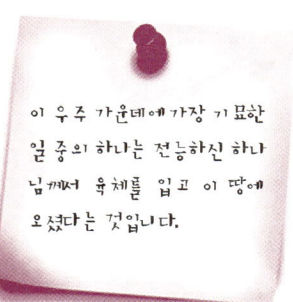

이 우주 가운데에 가장 기묘한 일 중의 하나는 전능하신 하나님께서 육체를 입고 이 땅에 오셨다는 것입니다.

동안, 친구를 만나 이야기를 하는 동안 잠시도 예수님을 소홀히 할

수 없습니다. 친구를 만나 차 한 잔을 마시더라도 예수님을 의식해야 합니다. 오래가지 못해서 우리는 힘들어할 것입니다. 그래서 주님께서는 성령으로 우리 안에 들어오셨습니다. 우리가 무엇을 하든지 주님께서는 우리와 함께 계시며, 심지어 잠을 잘 때도 함께 계십니다.

예수님의 제자들은 3년 동안 예수님과 함께 육체로 지냈습니다. 주님께서 부활하신 후에 그들 안으로 들어오시자, 제자들은 그 사실을 잘 깨닫지 못하여 적응을 하지 못했습니다. 주님께서는 부활하신 후에 40일 동안 육체적으로 그들과 함께 거하셨습니다(행 1:3 참조). 그렇게 하신 이유는 갑자기 눈에 보이지 않는 주님의 임재에 제자들이 적응하지 못할 것을 아시고 훈련시키기 위함이었습니다. 또한 주님께서는 제자들의 믿음이 떨어질 때마다 가끔씩 육체적 임재를 보여주셨습니다.

실제에 있어서는 육체의 임재보다 눈에 보이지 않는 영의 임재가 더 유익합니다. 왜냐하면 육체의 임재는 한계가 있기 때문입니다. 그러나 영의 임재는 언제, 어디서, 어떤 상황에서든지 주님께서 우리와 함께하실 수 있습니다. 우리는 우리 안에 계신, 눈에 보이지 않는 주님의 임재를 누리기 위해 훈련이 필요합니다.

우리 속에 계신 주님께서는 살아 계시며 또한 인격이십니다. 죽은 분이 아니라 살아 역사하시는 분입니다. 그분의 음성에 귀를 기울이십시오. 그리고 그 음성에 반응하십시오.

묵상 및 적용

1. 주님의 육체의 임재와 영의 임재 중 어떤 것이 더 유익합니까? 그 이유는 무엇입니까?

2. 주님의 임재를 고백하며 기도문을 써보십시오.

오늘의 기도

제5일 주님의 임재의 유익

교회에서 소그룹으로 기도회를 인도할 때 일어난 일입니다. 주님의 은혜와 권능을 위해 합심해서 간절히 기도하는데 갑자기 한 자매가 이렇게 외쳤습니다. "목사님! 예수님이 보여요!" 기도에 집중하던 지체들은 조용히 그 자매를 응시했습니다. 자매는 기도 중에 영안이 열려 주님을 보았던 것입니다. 저는 그룹 구성원들에게 예수님께서 두세 사람이 그분의 이름으로 모인 곳에 '함께 계신다' 라고 약속하신 말씀을 상기시켜주었습니다. "예수님께서는 어떻게 생기셨나요?" 많은 사람이 궁금해서 자매에게 물었습니다. 환한 빛으로 밝은 천사같이 보인다고 자매가 대답했습니다. 그래서 저는 지금 예수님께서 무엇을 하고 계신지 물었습니다. "우리가 기도하는 이 방을 주님께서 돌아다니고 계세요"라고 자매가 말했습니다. 저는 그 자매가 분명히 주님을 보았다고 생각합니다. 물론 어떤 사람들은 어떻게 그런 일이 일어날 수 있느냐고, 잘못 보았다고 말할 수도 있습니다.

영적인 세계에서 주님께서는 가끔씩 제자들에게 나타나셨다가 사라지셨습니다. 엠마오로 가던 두 제자에게도 나타나셨지만 그들은 깨닫지 못했습니다. 여관에 들어가 떡을 뗄 때에 그들의 눈이 밝아지면서 주님을 보게 되었습니다. 그러나 주님께서는 곧 사라지셨습니다(눅 24:31 참조).

오늘날 우리는 예수님의 육체적인 모습을 볼 수는 없지만, 구원 받은 하나님의 자녀 속에 예수님께서 거하고 계신다는 것은 분명합니다. 그분은 우리의 생각과 감정과 모든 행동까지도 다 보고 듣고 계십니다. 우리가 믿음으로 주님께서 함께 계심을 고백하고 의식하면서 주님과 동행한다면 주님의 임재를 누릴 것입니다.

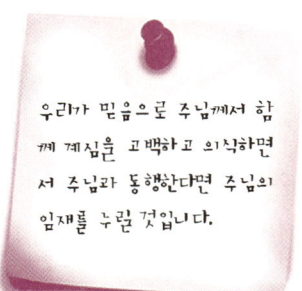

신앙생활의 가장 중요한 열쇠는 일상생활에서 보이지 않는 주님의 임재

를 의식하며 누리고 사는 것입니다. 종교개혁자들이 외쳤던 가장 중요한 구호 중의 하나가 'Coram Deo'(하나님 앞에서)입니다.

성경은 하나님 앞에서 즉, 하나님의 임재 속에 살았던 믿음의 선진들을 소개합니다. 구약에서 하나님의 임재 속에 살았던 대표인물은 바로 요셉입니다. 창세기 39장은 요셉이 노예로 보디발에게 팔려가는 상황을 묘사합니다. 동시에 "여호와께서 요셉과 함께 하시므로"(창 39:2)라는 구절을 넣어서 요셉의 영적 상태가 어떠한지 알려줍니다. 이것은 마치 이렇게 설명하는 듯합니다. "요셉은 한 번도 가본 적이 없는 애굽(외국)에 최악의 환경인 노예로 팔려갔습니다. 그러나 그는 혼자가 아니었습니다. 눈에 보이지 않지만 여호와께서 요셉과 함께 계셨습니다."

요셉에게 눈에 보이는 환경은 인간적으로 외롭고 슬프고 최악의 상황이었지만 영적인 상황은 최고였습니다. 왜냐하면 그의 영혼은 주님의 임재를 누렸기 때문입니다. 또한 요셉의 주인 보디발은 여호와께서 요셉과 함께하심을 보았습니다(창 39:3 참조). 어떻게 보았습니까? 여호와께서 요셉이 하는 모든 일을 형통하게 하시는 것을 통하여 보았을 것입니다.

여기에서 '형통'은 무조건 잘된다는 의미는 아닙니다. 어려운 환경에도 낙심하지 않고 그 환경을 이겨내며 승리하는 삶을 말하는 것입니다. 요셉은 노예로서 많은 어려움을 겪었을 것입니다. 처음에는 노예의 일이 익숙하지 않았을 것입니다. 그러나 그는 성실하게 일을 배우고, 삶 속에서 기쁨과 평안을 잃지 않고 어려움을 극복하며, 오히려 감사하며 살았습니다. 많은 사람이 요셉을 보며 의아

해했을 것입니다. "저 아이는 마치 오뚝이와 같아. 일곱 번 넘어져도 여덟 번째 일어나 결국에는 승리한단 말이지."

요셉이 모든 환경을 이길 수 있었던 근본적 이유는 바로 주님의 임재 안에 거했기 때문입니다. 주님의 임재가 나타날 때 무언가 말로 표현할 수 없는 위엄과 권위도 나타납니다.

보디발은 요셉보다 높은 권위를 지녔습니다. 그러나 보디발 가정에서 가장 실제적인 권위를 행사했던 사람은 요셉입니다. 요셉에게는 하나님의 다스림, 하나님의 지혜, 하나님의 평강, 하나님의 통치가 있었기 때문입니다.

당신이 하나님의 임재를 누리고 있다면 당신에게는 신성한 권위가 나타납니다. 여러분 가정의 권위자는 누구입니까? 자녀 입장에서 보면 부모가 권위자입니다. 그러나 자녀가 하나님의 통치와 다스림을 받는 삶을 산다면 부모도 아이를 통해 나타나는 참된 권위에 주목할 것입니다.

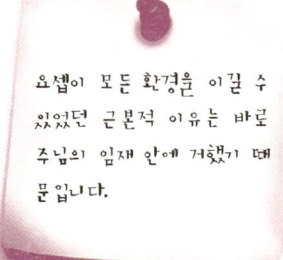

요셉이 모든 환경을 이길 수 있었던 근본적 이유는 바로 주님의 임재 안에 거했기 때문입니다.

요셉은 누명을 쓰고 감옥에 갔습니다. 그의 죄목은 '강간미수'였고, 그는 죄수노예에 불과했습니다. 그러나 요셉의 평소 언행과 삶 속에서 감동을 받았던 많은 사람은 요셉이 누명을 쓴 것을 알았을 것입니다. 그럼에도 요셉은 억울하게 감옥에 갇혔습니다. 당신이 만약 억울하게 옥에 갇힌다면 어떤 반응을 보이겠습니까? 저 같으면 아마 억울하고 분해서 화병이라도 났을지 모릅니다. 요셉도 매우 억울해했을 것 같습니다. 주인을 향하여 충성을 아끼지 않았는데 배신을 당하니 얼마나 큰 상처를 입었겠습니까?

감옥에 간 요셉의 상황은 노예 때보다 더 나빠졌습니다. 평생 '강간미수범'이라는 죄명을 가지고 감옥에서 살아야 할지도 모르는 상황이었습니다. 그러나 성경은 요셉이 감옥에서 억울해하지 않고 하나님의 때를 기다리며 승리할 수 있었던 원동력을 이렇게 밝힙니다.

요셉이 옥에 갇혔으나 여호와께서 요셉과 함께 하시고
창 39:20-21

눈에 보이는 환경이 중요한 것이 아닙니다. 요셉에게는 감옥생활 속에서도 승리할 수 있는 '여호와의 임재'가 있었습니다. 주님의 임재가 있다면 어떤 환경이든지 이겨낼 수 있습니다. 그러나 주님의 임재가 없다면 아무리 인간적으로 좋은 환경이라 할지라도 일순간에 무너질 수 있습니다.

감옥의 권위자는 간수장입니다. 그러나 요셉이 갇힌 감옥의 실제적 권위자는 누구였습니까? 바로 요셉입니다. 요셉은 간수장이 해야 할 제반사무를 실제적으로 처리하는 실권자였습니다. 성경은 그 이유를 이렇게 말합니다.

이는 여호와께서 요셉과 함께 하심이라
창 39:23

당신이 가정이나 직장, 어디에 있든지 주님의 임재 속에서 주님의 다스림을 받으며 살아가고 있다면, 당신은 하나님의 참된 권위를 나타낼 수 있습니다.

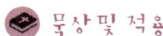 묵상 및 적용

1. 주님의 임재가 나타날 때 따라오는 현상은 무엇입니까?

2. 일상생활에서 당신 안에 계신 주님과 끊임없이 기도하는 훈련을 어떻게 할 수 있습니까?

● 오늘의 기도

제6일 주님의 임재를 누린 사람들 – 여호수아, 다윗

성경에 나오는 믿음의 선진들은 한결같이 주님의 임재를 누렸습니다. 여기서 소개할 인물은 여호수아와 다윗입니다. 여호수아는

제6과 ㅣ 주님의 임재를 누리는 대화식 기도(1)

민족지도자인 모세의 후계자였습니다. 그는 모세를 통해 이스라엘을 향하신 하나님의 능력, 기적과 권능을 보았습니다. 모세가 애굽의 노예였던 이스라엘 백성을 구출하여 광야를 지나왔다면, 여호수아는 하나님께서 약속하신 가나안 땅을 점령해야 할 사명을 지녔습니다. 모세와 비교하면 한없이 열등감에 빠질 수밖에 없었던 여호수아에게 하나님께서는 이렇게 약속하셨습니다.

> 네 평생에 너를 능히 대적할 자가 없으리니 내가 모세와 함께 있었던 것 같이 너와 함께 있을 것임이니라 내가 너를 떠나지 아니하며 버리지 아니하리니   수 1:5

하나님께서 여호수아에게 약속한 것은 모세와 함께 있으셨던 것처럼 여호수아와 함께 있으시겠다는 것입니다. 바로 주님의 임재에 대한 약속입니다. 하나님께서는 여호수아에게 한 가지 명령을 내리셨습니다.

> 이 율법책을 네 입에서 떠나지 말게 하며 주야로 그것을 묵상하여 그 안에 기록된 대로 다 지켜 행하라 그리하면 네 길이 평탄하게 될 것이며 네가 형통하리라   수 1:8

하나님의 말씀을 밤낮으로 묵상하라는 명령입니다. 이는 말씀을 사랑하라는 의미입니다. 말씀이 바로 하나님이기 때문입니다. 하나님의 말씀은 하나님의 입에서 나온 '호흡'입니다. 말씀은 권능이요, 생명입니다. 하나님의 임재를 누리는 가장 좋은 방법은 말씀과 하나 되는 것입니다. 말씀을 기억하고, 읽으며, 말씀을 선포하고, 묵상하며, 말씀으로 기도하십시오.

말씀묵상을 통해 말씀의 능력이 우리 안으로 공급됩니다. 성령이 조명하시는 말씀의 빛을 통해 생각이 밝아지고 분명해져서 하나님의 뜻을 깨닫게 되었을 때, 우리 마음은 변화되어 주님의 임재를 누립니다.

우리는 온종일 바쁜 생활 중에도 순간순간 기도의 영 가운데서 기도하며, 말씀의 생명력을 누려야 합니다. 또한 주님의 이름을 부르며, 찬양하고, 주님의 얼굴을 구해야 합니다.

당신의 마음이 말씀을 통해 전인격적으로 새로워질 때, 주님의 임재를 누릴 수 있습니다. 주님께서는 우리가 주님의 임재를 느끼지 못할지라도 우리와 함께하시겠다고 약속하셨습니다. 먼저 그 말씀을 믿고 감사하십시오. 그리고 주님의 이름을 부르며, 주님을 의식하십시오. 말씀을 가까이하십시오. 주님의 현존을 더 누릴 수 있습니다. 여호수아가 사명을 감당할 수 있었던 근본적 이유는 주님의 임재하심 덕분입니다.

다윗은 주님의 임재를 이렇게 고백합니다. "내가 사망의 음침한 골짜기를 다닐지라도 해를 두려워하지 않을 것은 주께서 나와 함께 하심이라"(시 23:4).

주님의 임재가 있다면 사망의 음침한 골짜기를 다닐지라도 두렵지 않습니다. 주님께서 생명의 빛이 되시며, 산성과 반석, 그리고 피난처가 되시기 때문입니다.

 묵상 및 적용

1. 여호수아와 다윗은 어떻게 주님의 임재를 누릴 수 있었습니까?

2. 주님의 임재를 누린 믿음의 선진들이 누린 유익은 무엇입니까?

오늘의 기도

제7일 대화식 기도의 실제 원리

대화식 기도는 문장식 기도(sentence pray)와 비슷하지만, 큰 차이점은 기도순서가 정해지지 않았다는 점입니다. 대화식 기도란 말그대로 주님을 대화의 중심에 모시고 지체들과 함께 대화하는 방식입니다. 서너 명이 모여서 대화할 때 순번을 정해놓고 말하지 않는 것처럼, 자연스럽게 대화의 주제를 따라 이야기하듯이 한 문장씩 기도하는 것입니다.

대화식 기도는 1. 주님의 임재 2. 감사 3. 자백과 용서 4. 간구의 흐름으로 진행하는 것이 좋습니다. 그룹 구성원들이 익숙해지면 자연스럽게 순서가 바뀌어도 상관없지만, 초반기에는 이 순서를 따르는 것이 좋습니다.

1. 주님의 임재를 인정하고 고백하라(마 18:20)

> 너는 하나님의 집에 들어갈 때에 네 발을 삼갈지어다 가까이 하여 말씀을 듣는 것이 우매한 자들이 제물 드리는 것보다 나으니
>
> 전 5:1

기도할 때는 주님 앞에 나아가 많은 말을 하기보다 주님의 말씀을 들어야 합니다. 그분의 임재 앞에서 그분이 하실 말씀을 들을 수 있도록 우리는 잠잠해야 합니다. 우리가 길게 설명을 한다고 해서 하나님께서 우리의 기도를 들으시는 것이 아닙니다. 당신이 대통령

과 담화를 나눈다고 생각해보십시오. 조심스럽게 대통령의 의중을 살피면서 말하지 않겠습니까? '내가 하는 말에 대해서 대통령은 어떻게 생각할까?', '혹시 기분이 상하지는 않았을까?' 그의 반응을 보며 대화하는 것처럼 우리는 하나님 앞에서 조급히 말을 꺼내서는 안 됩니다. 대개 말이 많으면 중언부언으로 이어지기 쉽습니다. 주님의 영광과 위엄 속에 사려 깊고 지혜롭게 기도하는 법을 배워야 합니다.

주님의 임재를 감사하고 찬양하십시오. 주님의 임재를 누리도록 간구하십시오. 주님의 얼굴빛을 우리 마음에 비추어달라고 기도하십시오. 지체들이 연결하여 주님의 임재를 고백할 때 주님을 누리십시오. 주님의 말씀하심을 구하십시오. 그분은 우리에게 세밀하게 말씀하시는 분입니다.

침묵을 두려워하지 마십시오. 지체들과 함께 순서 없이 돌아가면서 기도하다 보면 때로 침묵이 흐를 수 있습니다. 많은 사람이 이러한 침묵을 어색하게 생각합니다. 그러나 침묵은 주님께서 말씀하실 시간입니다. "주님, 우리에게 말씀해주십시오. 우리가 어떻게 하기를 원하십니까? 우리가 무엇을 기도해야 할지 가르쳐주십시오!"라고 주님께 기도하십시오. 그러면 신기하게도 성령이 지체들에게 기도해야 할 것을 떠오르게 하시고 가르쳐주십니다.

2. 감사하는 기도로 시작하라

기도 가운데에 감사가 있다면 우리가 영적으로 깨어 있다는 증거입니다(골 4:2 참조). 감사는 모든 환경과 상황을 주님께서 주관하고 계신 것을 인정하는 것입니다.

다니엘은 기도를 하면 사자 굴에 들어간다는 사실을 알고도 하루에 세 번씩 무릎을 꿇고 감사기도를 올렸습니다. 감사는 믿음의 표현입니다. 어떤 상황에서도 주님의 절대주권을 신뢰하고 받아들이는 것입니다. 따라서 믿음이 사라지면 감사도 사라집니다.

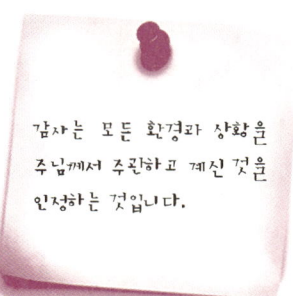

자기중심적인 생각과 관점에서 환경을 바라본다면 감사가 나오지 않습니다. 감사는 믿음의 고백이며 표현입니다. 감사기도가 많을수록 빛이신 하나님의 임재 가운데로 더 나아갈 수 있습니다.

3. 죄를 자백하고 용서를 구하라

죄는 어둠과 사망 즉, 하나님과의 분리를 가져옵니다. 우리는 하나님처럼 완벽하지 않기 때문에 하나님 앞에 나아갈 때마다 우리의 양심은 부끄러움과 거리낌을 경험합니다. 우리가 죄를 범할 때마다 양심은 고통을 받습니다. 양심은 때로 우리의 잘못된 생각과 감정과 의지를 지적합니다(롬 2:15 참조).

주님의 임재 앞에 나아가려면 양심의 소리를 들어야 합니다. 자신에게 지은 죄, 다른 사람에게 지은 죄를 고백해야 합니다. 그리고 그리스도의 보혈로 양심이 깨끗해지도록 은혜를 구해야 합니다(히 10:22 참조). 양심 속에 거리낌이 있을 때면 주님의 임재를 쉽게 놓쳐 버립니다. 하나님께서는 양심을 통해 말씀하십니다. 누가 말하지 않아도 양심은 스스로 증거합니다.

소그룹에서 한 형제가 용서를 구하는 기도를 할 때, 다른 지체들도 함께 주님께 용서를 구하는 것에 동참하거나 용서를 구하는 형제를 위해 기도해주는 것이 좋습니다.

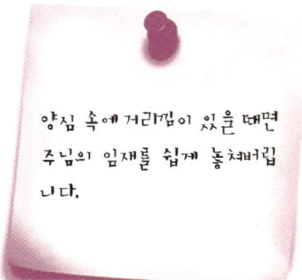
양심 속에 거리낌이 있을 때면 주님의 임재를 쉽게 놓쳐버립니다.

주님께서 그 형제를 긍휼히 여기시고, 관계회복과 주님의 평안을 공급해주시기를 기도하십시오. 성령이 도와주시고 역사하시기를 기도할 때, 용서를 구하는 형제는 주님의 위로와 사랑을 경험할 수 있습니다.

소그룹 기도모임에서 주의할 점은 기도할 때 기도의 내용이 기도하는 자신에게만 적용될 때는 '저'라고 표현하고, 공동체의 모든 사람에게 적용될 때는 '우리'라고 표현해야 한다는 점입니다. 또한 기도할 때 정직하고, 단순하게 기도하십시오.

4. 간구하라

(1) 형제를 위하여 서로 기도하라

대화식 기도의 장점 중 하나는 지체를 위한 기도를 그 자리에서 바로 할 수 있다는 것입니다. 형제의 고통과 아픔, 고백을 듣고 그 자리에서 기도하십시오. "주님, 이 형제를 도와주소서! 마음을 만져주시고 회복하게 하소서. 평안과 기쁨을 공급하소서! 지혜와 명철, 필요한 것을 공급하소서!"

기도는 내용이 잘 들리도록 사랑과 감사로 간단하게, 지체의 이름을 아뢰며 기도하십시오. 기도를 받은 형제는 그 자리에서 주님께 감사의 표시를 하며 화답할 수 있습니다. "주님, 저를 위해 이렇게 지체들이 주님께 간구하니 감사합니다. 저에게 기도의 동역자를 주셔서 감사드립니다."

(2) 자신의 필요를 위해 간구하라

간구는 특별한 필요를 아뢰는 것입니다. 간구를 할 때는 중언부언해서는 안 되고 마치 궁수가 과녁에 활을 쏘듯이 정확하게 아뢰어야 합니다. 예를 들어, 전도대상자를 위해 기도한다면, 막연히 "하나님, OO를 구원해주십시오"라고 하기보다는 좀 더 세밀하게 하는 것이 좋습니다. 복음을 제시할 때는, "전도대상자의 영혼에 열린 마음을 주시며, 정신적으로는 복음에 집중할 수 있는 생각과 감정을 주시고, 육체적으로는 건강하여 말씀에 집중할 수 있도록 도와주십시오"라고 세분화해서 기도하는 것이 좋습니다.

또한 복음의 내용을 전할 때도, "바른 이해력과 복음의 능력이 나타나도록, 또한 복음을 전할 때 방해받지 않는 환경을 주시도록 구합니다" 하며 기도대상자에 대해 세밀하게 간구해야 합니다.

고기를 잡는 그물의 망이 촘촘할수록 고기가 잘 빠져나가지 못하는 것처럼, 우리의 기도도 그물처럼 촘촘하게 함으로써 사탄이 틈타지 못하도록 해야 합니다.

묵상 및 적용

1. 대화식 기도의 실제적인 네 가지 방법은 무엇입니까?

2. 대화식 기도의 예문을 보고 읽으면서 배워봅시다(제7과 6일 '대화식 기도 예문1' 참조).

오늘의 기도

제7과
주님의 임재를 누리는 대화식 기도(2)

제1일 대화식 기도 이렇게 하라(1)

1. 긍정적으로 기도하라

소그룹에서 하는 개인기도는 긍정적이든, 혹은 부정적이든 그룹에 영적인 영향을 줄 수밖에 없습니다. 기도를 인도하는 사람의 영성도 그룹 구성원들에게 큰 영향을 줍니다. 믿음과 진리 안에서 기도할 때 지체들은 생명의 공급을 받지만, 어둠에 속한 낙심과 두려움 안에서 기도할 때는 사망의 영향을 받습니다. 따라서 단체나 모임에서 대표기도를 할 때는 주님의 뜻과 마음을 잘 헤아리며 믿음으로 기도해야 합니다.

한번은 누군가의 대표기도가 끝난 뒤에 회중의 분위기가 어색했던 적이 있었습니다. 대표기도자는 예배당에 빈 의자가 많음을 안타깝게 여기며 주님께 용서와 회개의 기도를 드렸습니다. 또한 지체들이 게으르고 부족하기에 주님 앞에 설 면목이 없다는 것을 계속 강조해서 기도했습니다. 점점 회중의 분위기가 썰렁해졌습니다.

예배를 드리러 온 모든 사람이 죄책감과 낙심함을 느껴서 영적으로 냉랭해졌습니다. 기도가 끝난 후에 회중은 서로 어찌할 바를 몰랐습니다.

대표기도를 할 때 주의해야 할 사항은 자신의 관점에서 기도하는 것이 아니라 주님의 관점에서 기도해야 한다는 사실입니다. 좋은 예 중의 하나가 모압 왕 발락이 발람 선지자를 통해서 이스라엘 백성을 저주하게 할 때입니다(민 23:20 참조).

발람 선지자는 이스라엘 백성의 허물과 반역을 들먹이며 저주하려고 했으나, 하나님께서는 "야곱의 허물을 보지 아니하시며 이스라엘의 반역을 보지 아니하시는도다"(민 23:21)라고 말씀하시면서 발람에게 그분의 뜻과 마음을 잘 표현해주셨습니다.

이는 이스라엘 백성이 '완벽하다'는 의미가 아닙니다. 그들에게는 많은 허물과 반역이 있었습니다. 시내 산에서의 금송아지 숭배사건, 광야에서의 반역사건 등 많은 허물이 있음에도 불구하고, 하나님께서는 그 허물을 들추어내기를 원하시지 않았습니다. 왜냐하면 이스라엘 백성은 '하나님의 자녀'이기 때문입니다. 그래서 하나님께서는 발람이 이스라엘을 저주하려고 할 때 오히려 축복의 말을 발람을 통해서 하게 하셨습니다.

우리는 가끔씩 교회 안의 상황이 어둠 가운데에 있음을 느낄 수 있습니다. 때로 지도자들끼리 다툼이 일어나기도 하고, 서로 상처를 입을 수도 있습니다. 그러나 그리스도인의 기도는 믿음과 소망과 축복 안에서 해야 합니다. 교회는 주님이 십자가에서 피 흘려 세운 영광스러운 몸이기 때문입니다.

비슷한 예로 빌립보서 1장에 나오는 사도 바울의 기도모습을 살펴볼 수 있습니다. 사도 바울이 빌립보 교회에 편지를 쓸 당시 그 교회의 상황은 좋지 않았습니다. 빌립보 교회는 두아디라 자주 장사였던 루디아에 의해 세워진 교회입니다. 교회의 중요 개척멤버가 여성이어서 그런지 여성의 영향력이 강했습니다. 교회 안에는 유오디아와 순두게라는 두 여성 지도자가 있었는데 이들의 의견갈등 때문에 교회가 어려운 상황에 처했습니다(빌 4:2 참조). 교회의 지체들이 서로 연합하지 않고 주도권 다툼이 일어났던 것 같습니다. 이러한 상황에서 바울은 빌립보 교인들에게 편지를 쓰며 기도합니다.

빌립보 교회가 처한 상황을 보고 편지를 쓴다면 먼저 야단과 꾸지람을 한 후에 하나님 앞에서 한탄하며 기도해야 하지 않겠습니까? 그러나 빌립보서 서론에 해당되는 그의 기도를 읽어보십시오. 바울은 빌립보 교인을 생각할 때마다 하나님께 감사하며, 간구할 때마다 빌립보 교회 지체들을 위해 기쁨으로 항상 간구한다고 고백합니다(빌 1:3-4 참조). 빌립보 교회의 상황은 어둠 가운데에 있었으나 바울은 늘 빛 가운데서 그들을 위해 기도했습니다. 이것이 바울의 믿음이요, 하나님의 관점에서 하는 기도입니다.

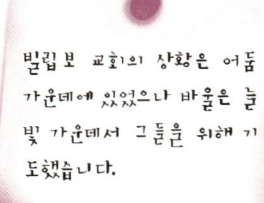

빌립보 교회의 상황은 어둠 가운데에 있었으나 바울은 늘 빛 가운데서 그들을 위해 기도했습니다.

우리의 기도에 따라 지체들이 빛 가

운데로 나아갈 수도 있고 어둠 가운데로 들어갈 수도 있습니다. 우리는 안타까운 마음으로 주님께 어둠의 상황을 아뢸 수도 있습니다. 그러나 어둠에 멈추어서는 안 됩니다.

반드시 주님의 신실하심과 은혜를 따라 우리를 회복하실 주님을 바라보며, 느헤미야처럼 빛 가운데서 기도해야 합니다(느 1장 느헤미야기도 참조). 또한 기도를 인도하는 사람도 이와 마찬가지로 지체들이 빛 가운데로 나아가기를 소원하며 믿음과 소망을 따라 기도해야 합니다.

 묵상 및 적용

1. 그룹기도나 대표기도에 동참할 때 어떻게 기도해야 합니까?

2. 당신의 기도내용을 살펴보고, 믿음과 진리 안에서 기도하기 위해 해야 할 일이 무엇인지 생각해보십시오.

🖐 오늘의 기도

제2일 대화식 기도 이렇게 하라(2)

2. 집회 전체의 영을 만지라(성령의 흐름에 집중하라)

여러 갈래의 시내들이 서로 섞여 하나의 강을 형성하여 바다로 자연스럽게 흐르듯이 단체기도도 이와 같아야 합니다. 기도하는 지체들도 성령의 흐름 속에서 하나 되어 자연스럽게 기도해야 합니다.

기도의 주도권을 가지신 분은 성령입니다. 성령은 우리의 인격과 입술을 통해 주님의 뜻을 나타내시고 표현하시기를 원합니다. 따라서 우리는 자신의 관심사를 중심으로 기도해서는 안 됩니다. 모든 지체는 성령의 인도와 흐름에 민감해야 합니다.

모든 대화에는 주제가 있습니다. 일반적으로는 안부를 전하고, 날씨와 같은 가벼운 주제로 시작해서 회사, 국가경제, 스포츠에 대해 이야기하다가 개인의 고민까지 털어놓습니다. 좋은 대화는 자연스럽게 물 흐르듯이 연결되고 주제가 전개되듯이 기도도 마찬가지입니다.

예를 들면, 기도를 시작하는 사람이 주님의 임재를 먼저 고백합니다. "주님, 이 시간 여기에 주님이 함께 계셔서 감사합니다. 주님께서는 언제나 제 옆에, 제 안에 거하시고 우리 안에 계시는 분입니다"라고 하면, 다른 지체가 뒤를 이어, "그렇습니다. 주님은 우리가 의식하지 못해도 우리 속에 계셔서 늘 우리를 지키시고 보호하시는 분입니다. 주님은 매우 놀라우신 분입니다"라고 기도할 수 있습니다.

그런데 갑자기 다른 지체가 주님의 임재에 대한 기도가 아닌, "주님, 이 시간 나라를 위해 기도합니다"라고 간구기도를 한다면 기도의 주제가 끊어집니다. 같이 기도하는 지체들이 주님의 임재와 그분을 누리는 기도를 충분히 한 후에 다른 주제로 전환되는 것이 좋습니다.

기도는 마치 합창단이나 오케스트라와 같습니다. 서로 다른 악기와 음색이 지휘자의 지휘에 따라 소리의 조화를 이루듯이, 기도는 성령의 지휘 속에 합창되고 합주되는 영의 멜로디인 것입니다. 악기와 소리는 다르지만 각자의 역할 속에서 서로 조화를 이룰 때 아름다운 음악이 나옵니다. 지휘자의 통제를 받지 않고 각자 독자적인 소리만 내려고 하면 불협화음을 일으켜 소음을 내고 맙니다. 단체기도도 이와 마찬가지입니다. 하나님께서는 질서의 하나님이시기에 우리의 기도가 연결되고 조화를 이루어 합심하여 기도하기를 원하십니다.

모든 기도의 중심은 성령입니다. 성령은 기도하는 사람의 영 위에 기도의 짐을 주십니다. 우리 속에 계신 성령의 부담을 기도로 표현할 때, 영혼은 마치 짐을 벗은 듯이 자유함을 경험합니다. 따라서 우리는 우리의 영이 성령으로 충만하여 기도해야 합니다. 그럴 때 성령의 부담을 기도로 말할 수 있기 때문입니다.

> 하나님께서는 질서의 하나님이시기에 우리의 기도가 연결되고 조화를 이루어 합심하여 기도하기를 원하십니다.

또한 성령은 인격입니다. 성령에게 민감하게 반응하며 기도하십시오. 성령의 음성을 들으십시오. 기도하는 중에 성령은 우리가 무엇을 위해 기도해야 할지 가르쳐주시며, 우리에게 지혜와 계시의 영을 부어주시기를 원합니다. 때로는 기도해야 할 사람이나 상황을 떠올려주시기도 합니다. 무엇을 기도해야 할지 모를 때는 성령에게 무엇을 위해 간구해야 할 것인지를 여쭈어보는 기도를 드리면 됩니다. 성령을 제한하지 말고 기도하십시오. 기도회의 주도권을 성령에게 드리십시오.

3. 자신의 감정을 솔직히 주님께 아뢰라(마 14:11; 12 막 6:30)

세(침)례 요한이 헤롯 왕에게 처형당했을 때, 요한의 제자들은 억울함과 속상함과 분노, 좌절감 등 여러 가지 마음의 괴로움을 품고 있었을 것입니다. 그들은 요한의 시체를 장사지내고 예수님께로 가서 이러한 상황을 다 아뢰었습니다.

기도는 주님께 가서 마음의 모든 상태를 아뢰는 것입니다. 자신의 속상함, 억울함, 분노의 모든 감정까지 인격이신 주님 앞에 고백하는 것입니다. 그럴 때 하늘로부터 오는 위로와 평안을 누릴 수 있습니다. 나아가 마음이 힘들 때뿐만 아니라 일상생활에서의 사소한 모든 것도 주님께 아뢰는 훈련을 하십시오.

> 사도들이 예수께 모여 자기들이 행한 것과 가르친 것을 낱낱이 고하니　　　　　　　　　　　　　　　　　막 6:30

예수님의 제자들은 주님께 파송을 받아 둘씩 다니며 복음을 전파하고, 귀신을 쫓아내며, 병자도 고쳤습니다(막 6:6-13 참조). 그들은 귀신이 쫓겨서 나가고, 병자가 고침을 받고, 복음이 전파되는 것을 보고 기뻐했습니다. 그리고 주님께 돌아와 자기들이 행한 것과 가르친 것을 '낱낱이' 아뢰었습니다.

기도는 이렇게 우리가 보고, 깨닫고, 행동한 모든 것을 주님께 자세하게 이야기하는 것입니다. 슬플 때나 기쁠 때나 주님과 함께 감정을 나누는 것입니다. 사랑에 빠진 연인들은 큰 관심을 가지고 서로의 이야기를 잘 들어줍니다. 주님과 사랑에 빠져 당신의 삶의 모든 감정을 그분과 함께 나누십시오.

 묵상및적용

1. 성령이 기도회의 주인이 되어주심을 고백하며 도우심을 구합시다.

2. 오늘 주님께 순간순간 나의 감정상태를 고백하는 훈련을 해보십시오.

오늘의 기도

제3일 대화식 기도 이렇게 하라(3)

4. 때로 소리를 높이며 선포기도 하라(행 4:24-31)

소그룹으로 모여 기도할 때는 기도하는 소리의 음조도 중요합니다. 만약 기도의 소리가 계속해서 중저음으로 단조롭다면, 기도를 듣는 사람들은 감정이 가라앉게 되어 심지어 졸리기도 합니다.

대화식 기도는 평소에 사람들과 대화하듯 주님께 고백하며 아뢰면 됩니다. 그러나 가끔씩 기도하는 중에 마음에 강한 '영의 올라옴'이 있을 때는 소리를 높여 기도하는 것도 좋습니다. 사자가 초원을 향해 소리를 높여 자신의 영역을 선포하듯, 하나님의 말씀을 따라 소리 높여 선포기도를 하면, 놀라운 주님의 은혜와 기름부음을 경험합니다.

선포하는 기도, 명령하는 기도는 능력이 있습니다. 예수님께서도 가끔씩 선포기도를 하셨습니다. 바람과 바다를 잔잔하게 하기 위해 꾸짖으시며 기도하셨고, 귀신에게 사로잡혀 있는 영혼을 향해 귀신을 꾸짖어 나가도록 명령하며 선포하셨습니다.

사도행전 4장을 보면, 관원과 장로와 서기관들이 예수님의 제자들에게 위협하며 예수의 이름으로 말하지 못하도록 핍박했습니다. 이때 사도들이 함께 모여 한마음으로 소리를 높여 기도했습니다(행 4:24 참조). 그들의 기도는 간결했습니다. 세상의 군왕과 관원들이 그리스도를 대적한다는 예언의 말씀이 이루어졌음을 고백하고, 위협 속에서도 담대히 하나님의 말씀을 전하며, 병 고침과 기적이 예수의 이름으로 일어나도록 소리를 높여 기도했습니다. 그들이 기도를 마친 후에 모인 곳이 진동하면서 무리가 다 성령이 충만해졌습니다.

우리가 선포기도를 하면 악한 영들은 두려워 떱니다. 하나님의 약속의 말씀을 따라 선포기도를 하십시오. 말씀의 능력이 당신의 영 안으로 흡수되고 성령이 충만해지는 것을 경험할 것입니다.

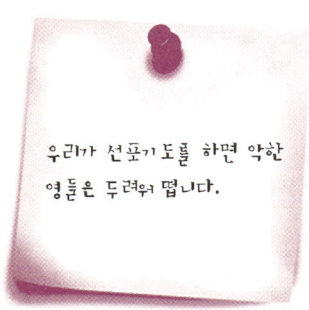

5. 대화체, 구어체로 기도하여 더 풍성한 은혜를 누리라

기도는 하나님을 향한 표현입니다. "주 예수님, 당신을 사랑합니다"라고 문어체로 고백하는 것도 좋지만, "주 예수여, 당신을 사랑해요"라고 고백하면 주님을 누리는 은혜가 더 풍성해집니다.

언어는 표현에 따라 느끼는 감정이 달라집니다. 같은 의미라도 구어체로 기도하면 친구처럼, 사랑하는 연인처럼 더욱 다정하고 친밀하게 주님을 누릴 수 있습니다. 물론 한국의 유교적 문화에 익숙한 상황에서 주님께 구어체로 고백하고 기도하는 것은 쉽지 않습니다. 그러나 주님에게 사랑하는 아빠, 친구, 연인에게 하듯 표현해보십시오. 이렇게 구어체로 기도할 때 기도의 삶은 한 단계 더 업그레이드 될 것입니다.

🔖 묵상및적용

1. 그룹에서 기도할 때 당신의 기도의 음조는 어떠합니까?

2. 구어체로 기도하는 훈련을 해보십시오.

🖐 오늘의 기도

제4일 대화식 기도 이렇게 하라(4)

6. 한 사람씩 기도하고 나머지 사람들은 "아멘"으로 화답하라

대화의 중요요소 중 하나는 경청입니다. 우리는 단순히 말만 듣는 것이 아니라 상대방의 감정까지도 깊이 있게 들을 수 있어야 합니다. 같은 마음을 품기 위해 다른 지체가 기도할 때는 "아멘"이라고 화답해야 합니다. '아멘'은 '동의합니다. 그렇게 되기를 소망합니다' 라는 의미입니다.

한 가지 주제에 따라 기도하는 동안 다른 지체들은 그 기도를 이어받아 주님께 "그렇습니다. 맞습니다"라고 맞장구를 쳐주어야 합니다. 혹은 기도를 들으며 "아멘"이라고 화답해야 합니다. "아멘"이라고 화답하는 것은 합심하여 기도하는 가장 좋은 방법입니다.

참 신기하게도 "아멘"이라고 화답을 하면 그 기도는 땅에 떨어지지 않고, 마치 우리 몸이 음식을 소화하는 것처럼 마음속에 생명을 공급해줍니다. 기도하는 지체와 한마음이 되는 것입니다.

7. 인도자는 사회자 역할만 감당하라

기도회에서 인도자는 사회자 역할을 해서 기도회가 성령의 흐름 속에 자연스럽게 진행되도록 해야 합니다. 때로 기도회를 인도하다 보면 기도의 주제가 끊어질 때가 있습니다. 임재의 고백, 찬양과 감사, 회개와 간구의 일반적인 과정이 잘 연결되지 않는다면 인도자는 자연스럽게 주제가 전환되도록 기도할 수 있으며, 침묵이 흐를 때는 무엇을 위해 기도할 것인지 지체들에게 기도해달라고 요청할 수 있습니다.

또한 이웃을 위한 기도를 하는데, 같이 기도하는 지체가 기도내용을 잘 모를 때에는 잠시 기도를 중지시키고, 그 내용을 설명하거나 관련된 지체가 설명하도록 하는 방법도 있습니다. 나아가 인도자는 많은 지체가 한마음으로 연결되어 기도에 참여할 수 있도록 해야 합니다.

8. 한 사람과 시작하라

한 사람과 하는 대화식 기도는 부담스럽지 않습니다. 두 사람이 함께 마음을 맞추어 주님과 대화하듯이 기도회를 진행하면 시간 가는 줄 모르고 기도하게 됩니다. 그러다가 조금 익숙해지면 세 사람, 네 사람씩 소그룹으로 기도회를 열면 주님의 임재와 은혜가 더 풍성해집니다. 또한 기도회를 시작하기 전에 대화식 기도의 원칙을 함께 충분히 나누는 것도 좋은 방법입니다.

대화식 기도의 장점 중 하나는 초신자도 기도가 가능하다는 것입니다. 많은 초신자가 소그룹 집회에 오기를 꺼려하는 이유 중 하나는 자신에게 기도를 시킬까 봐 부담스럽기 때문입니다. 그러나 대화식 기도는 자연스럽게 대화하듯 짧게 한두 마디씩 주님께 기도하기 때문에 초신자들도 큰 부담 없이 기도할 수 있습니다. 일단 입을 열어 한두 마디씩 기도하기 시작하면 초신자들도 기도를 쉽게 배울 수 있습니다.

대화식 기도의 또 다른 장점은 소그룹의 인원에 따라 다양한 장소에서 기도회를 할 수 있다는 것입니다. 만약 다섯 명 정도면 차 안에서도 가능하며, 소그룹 인원이 들어갈 방이 있다면 식당도 좋고, 공원에서도 가능합니다. 대화식 기도는 열 명 이내의 소그룹이 기도회를 열 때 더욱 역동성 있게 진행됩니다.

제7과 l 주님의 임재를 누리는 대화식 기도(2) 217

🔴 묵상 및 적용

1. 대화식 기도 예문2(제7과 6일 참조)으로 두세 번 정도 기도해보십시오.

2. 대화식 기도를 가족이나 친구에게 소개하고 함께 기도해보십시오.

🖐 오늘의 기도

제5일 하나님의 임재를 누렸던 프랭크 로바크 선교사

프랭크 로바크(Frank Laubach)는 미국우표에 등재된 유일한 선교사로, 필리핀에서 사역하였습니다. 그는 '세계문맹퇴치선교회'(World Literacy Crusade)를 설립해서 많은 사람에게 읽고 쓰는 법을 가르쳤으며, 정치적 지위가 없어도 미국의 외교정책에 큰 영향력을 끼쳤습니다.

그는 45세가 될 때까지도 신앙생활에 만족을 느끼지 못하고 고민했습니다. '하나님께서 정말 우리의 모든 삶에 함께하실까? 순간순간 하나님의 임재 안에 사는 것이 가능할까? 숨쉬고, 밥을 먹고, 직장에 나가 일을 하고, 쉬고, 운동을 하고, 집에 돌아오는 자동차 안에서도 하나님과 함께할 수 있을까? 그분의 품속에서 잠들고, 다시 그분의 임재 안에서 깰 수 있을까? 하나님과 24시간 함께한다는 친밀함이 과연 느껴질까?' 이렇게 갈등하다가 1930년에 그는 '남은 인생은 이 질문들의 답을 찾는 실험으로 삼으리라!' 라고 결심했습니다.

1월부터 그는 한 가지 실험을 했습니다. 분마다 하나님을 바라보고 하나님께서 인도해주시기를 기다렸습니다. 아침에 잠에서 깨어난 순간, 내면의 소리에 의식적으로 귀를 기울이는 것부터 시작했습니다. "아버지, 뭐라고요? 제가 말하기를 원하세요? 제가 지금 이 일을 하기를 원하세요?", "하나님, 지금 무엇을 원하시죠?"라며 끊임없이 물었습니다.

이러한 노력이 처음에는 쉽지 않았다고 그는 고백합니다. "나는 물살을 거꾸로 헤쳐 올라가기 위해 노를 젓는 사람 같았다. 그러나 차분하게 그러면서도 끊임없이 하나님께 귀를 기울였고, 쉬지 않고 다른 사람들을 위해 기도했으며, 사람들의 옷이나 신체, 마음이 아니라 그들의 영혼을 바라보았다."

처음에는 30분에 한 번씩 하나님을 바라보았습니다. 그러다가 나중에는 1분에 한 번씩 하나님을 마음에 떠올리는 데 성공했고, 그

간격은 점점 줄어들었습니다.

1930년에 쓴 프랭크 로바크 선교사의 일기가 맥스 루케이도(Max Lucado)의 《예수님처럼》에 일부 실려 있습니다. 그중 몇 구절을 소개하겠습니다.

1930.01.26_ 매 순간 하나님을 느끼고 있다. 지금 타자기를 두드리고 있는 이 손가락도 하나님께서 인도해주시기를 바란다. 내가 걷는 걸음을 통해서도 하나님께서 흘러나오기를 바란다.

1930.03.01_ 보이지 않는 한 손이 내 손을 잡아 이끄시고 또 다른 손이 앞에서 내 길을 예비하신다는 의식이 내 안에서 날마다 자라간다.

1930.04.18_ 하나님과의 교제의 참맛을 느끼자 그분에게 합당하지 않은 모든 일이 역겹게 느껴졌다. 오늘 오후에 하나님의 임재에 강하게 붙들리면서 말할 수 없는 기쁨을 맛보았다. 전에는 모르던 기쁨이었다. 이러한 경험은 이제 한 주에 여러 번씩 찾아온다. 이것을 경험하고 나자 모든 더러운 것들이 그렇게 싫을 수가 없다.

1930.05.14_ 매 순간 끊임없이 하나님을 만나며 하나님을 내 생각의 주제로 삼고, 내 대화의 짝으로 삼는 것, 이것이야말로 평생 접해보지 못한 가장 놀라운 일이다. 점점 더 발전한다. 물론 아직은 한나절도 못 간다. 그러나 언젠가는 온종일 그렇게 될 날이 있을 줄

로 믿는다.

1930.05.24_ 요즘은 걱정이 전혀 없고 잠도 잘 잔다. 거의 온종일 기쁨에 사로잡혀 있다. 거울을 봐도 눈빛과 얼굴에 새로운 광채가 있다. 어떤 일에도 더 이상 조급한 마음이 없다. 모든 일이 잘된다.

1930.06.01_ 오, 하나님, 하나님께서는 더 이상 낯선 분이 아닙니다! 주님께서는 온전히 제 안에 계십니다. 여기에….

그는 하나님을 마치 육신으로 같이 있는 어떤 한 사람을 보듯이 그렇게 보는 것을 실험했습니다. 계속 예수님을 생각했습니다. 그리고 물었습니다. 주님과의 대화를 계속 시도했습니다. 그리고 6개월이 지나서 "하나님께서 정말 나와 함께 계신다"라고 하며 놀라운 임재하심 속에 살게 된 것을 고백합니다.

프랭크 로바크는 수도원에 살았던 것이 아닙니다. 바쁜 일상생활을 하면서도 주님과 신비롭게 만나며 동행할 수 있음을 증명했습니다. 그는 6개월 만에 하나님께 온전히 자신을 의지할 수 있게 되었습니다.

그는 교육대학 학장을 역임했고, 신학교 설립을 도왔으며, 아프리카 부족들 속에서 사역했습니다. 가난한 이들을 섬겼으며, 문맹퇴치를 위해 전 세계를 누비고 다녔습니다.

하나님의 임재는 누구든지 누릴 수 있습니다. 그러나 훈련이 필요합니다. 주님의 임재를 누리는 것을 시작하는 가장 좋은 방법은 말씀으로 주님의 이름을 부르며, 말씀으로 기도하며, 순간순간 주님의 임재를 의식하며 살아가는 것입니다. 당신도 프랭크 로바크처럼 영적 일기를 써보십시오. 주님의 풍성한 임재를 누리기 바랍니다.

 묵상 및 적용

1. 프랭크 로바크 선교사는 어떻게 주님의 임재를 훈련했습니까?

2. 매일 꾸준히 순간순간 주님께 집중하십시오. 주님의 임재를 누리기 위해 어떤 훈련을 할 수 있습니까?

🖐 오늘의 기도

제6일 대화식 기도 예문(1), (2)

1. 주님의 임재를 누리는 대화식 기도(1)

[대화식 기도의 네 가지 중점]
1. 임재 2. 감사 3. 용서 4. 간구

다음은 대화식 기도의 구체적인 예증입니다. 기도에 참여하는 사람은 세 명입니다. 기도하는 마음으로 혼자일 때는 소리 내어 읽으며 기도하고, 함께할 수 있는 두세 사람이 있으면 역할을 바꾸어 가면서 반복하여 연습하기 바랍니다. 대화식 기도는 릴레이식 기도는 아니지만 아래의 방법은 대화식 기도에 가장 가까운 형태로 큰 도움이 됩니다.

1. 임재

사람 1: 주님, 여기 임재해 계신 주님을 찬양합니다.
사람 2: 그렇습니다. 우리 안에 계신 주님의 영광을 보여주옵소서. 우리 마음의 눈을 열어주옵소서.
사람 3: 맞습니다. 주님, 주님에게는 은혜와 진리가 충만합니다. 이 시간 주님의 은혜와 진리가 되신 주님을 누립니다.

2. 감사

사람 1: 주님의 은혜는 매우 깊고 놀랍습니다. 십자가에서 흘리신 피와 물로 우리를 정결하게 하심을 감사합니다.

사람 2: 주님의 사랑을 어떻게 다 표현할 수 있겠습니까? 다만 은혜 위에 은혜라고 말씀하신 것처럼 이 시간 주님의 은혜가 우리 영 가운데에 흐르고, 우리의 왕으로서 주님께서 우리를 다스리시기 원합니다.

사람 3: 그렇습니다. 한량없이 부어주시는 주님의 은혜로 살아감을 찬양합니다. 주님 없이는 우리에게 참된 소망이 없습니다.

3. 용서

사람 1: 주 예수여, 오늘 이렇게 지체들과 주님께 고백하고 나아갈 수 있는 시간을 주심을 감사합니다.

사람 2: 주님, 지난 한 주간 함께해 주심을 감사합니다. 그러나 저는 주님을 의식하지 않고 제 자신이 중심이 되어 살아왔음을 고백합니다. 용서하옵소서.

사람 3: 그렇습니다. 주님께서 우리의 왕이십니다. 그러나 제가 제 삶의 주인이 되어 주님을 왕으로 의식하지 않고 살았음을 고백합니다.

4. 간구

사람 1: (큰 소리로 선포) 그렇습니다! 당신이 우리의 왕이심을 선포합니다. 당신은 우리 인생의 참된 왕이십니다.

사람 2,3: 아멘. 주님께서 우리를 다스리심을 감사합니다.

사람 2: 맞습니다. 주님께서는 만왕의 왕이십니다. 또한 만 주의 주이십니다. 주님께서는 우리의 참된 왕이십니다.

사람 3: 주님, 제 가정의 왕으로서 주님께서 모든 것을 다스려주옵소서. 저는 제 자녀들을 다스릴 수가 없습니다. 제 자녀, 찬미의 마음을 안정시켜주시고 다스려주시기를 원합니다. 찬미가 친구관계에서 어려움을 느끼고 있습니다.

사람 1: 주님, 찬미를 위해 기도합니다. 어린 찬미의 마음에 평안을 주시고 주님의 위로와 사랑을 이 시간 부어주옵소서. 그 마음을 활짝 열어주시고 찬미의 생각을 주님의 평안의 생각으로 채워주시기 바랍니다.

사람 2: 주님, 찬미의 친구를 위해서 기도합니다. 서로 이해하는 마음을 주옵소서. 서로 용서하는 마음을 주시고, 이번 일로 더욱 친해지는 계기가 되게 하옵소서.

사람 3: 그렇습니다. 이번 일을 계기로 찬미와 친구 기쁨이가 하나님의 사랑을 깨닫는 시간이 되게 하시고, 주님의 사랑으로 서로 사랑하는 것이 주님의 뜻임을 알게 하옵소서.

사람 2: (계속 기도) ……

이처럼 한 번에 한 주제씩 기도를 하면 됩니다.

2. 주님의 임재를 누리는 대화식 기도(2)

1. 임재 2. 주님을 누림 3. 회개(돌이킴) 4. 감사

사람 1: 오! 주님, 당신이 여기에 임재하시고 우리 안에 내주하시다

니 정말 놀랍고 놀랍습니다. 천지를 창조하신 주님, 우리 안에 성령으로 내주하시고 여기에 임재하시니 정말 놀랍습니다.

사람 2: 그렇습니다. 주 예수여, 당신이 여기 함께 임재하시니 무척 사랑스럽고 감사합니다.

사람 3: 우리와 함께 임재해 계신 주님을 찬양합니다.

사람 1: 그렇습니다. 주님, 구름기둥과 불기둥의 임재의 영광을 우리에게 보여주소서.

사람 2: 맞습니다. 영광의 소망이신 주님을 보기 원합니다.

사람 3: 주님, 당신은 영광의 왕이며 은혜와 진리가 매우 충만하신 분입니다.

사람 1: 그렇습니다. 주님의 부요와 충만을 이 시간 우리에게 넘치도록 공급하소서.

사람 2: 주님, 우리는 당신의 풍성한 공급이 필요합니다. 하늘에 속한 모든 신성한 생명의 능력을 우리에게 공급하소서.

사람 3: 주님께서는 모든 지혜와 지식의 모든 보화를 가지고 계신 분입니다. 우리 영 안에 당신의 넘치는 부요를 공급하소서.

사람 1: 주, 예수여! 당신의 넘치는 공급을 누리기 위해 우리 마음을 주님을 향해 활짝 열어드립니다.

사람 2: 그렇습니다. 이 시간 우리 마음속에 있는 수건을 벗어버리고 주의 영으로 돌이킵니다.

사람 3: 맞습니다. 이 시간 우리의 마음을 주님께로 돌이킵니다. 주의 영이 계신 곳에 자유함이 있습니다. 우리로 이 자유함을 누리게 하시니 정말 감사합니다.

사람 1: 그렇습니다. 우리로 진리를 알게 하시고 자유함을 누리게 하시니, 매우 감사합니다.

사람 2: 한 분 인격이신 당신을 알면 알수록 자유함과 평강을 누리게 하시니 당신은 매우 놀라우신 분입니다.

사람 3: 주님이 흘리신 보혈로 우리의 양심을 깨끗하게 하시고 평강을 누리게 하시니 감사합니다.

사람 1: 당신의 평강이 우리 마음을 주장하게 하소서.

사람 2: 이 평안은 세상의 평안이 아니라 주님께서 가지고 계신 평안입니다.

사람 3: 그렇습니다. 죄와 사망의 권세를 깨뜨린 평안을 누리게 하심을 감사합니다.

사람 1: 주님, 제 마음속에 어둠이 있음을 고백합니다. 미움의 마음이 있습니다. 이 시간 당신의 빛을 비추어주소서.

사람 2: 주님, 믿음(사람 1의 이름) 형제를 긍휼히 여기시고, 그 영 가운데에 주님의 부요한 사랑을 공급하소서.

사람 3: 그렇습니다. 믿음 형제에게 주님의 풍성한 사랑을 주옵소서! 또한 우리는 여전히 당신 한 분이 필요합니다. 당신을 더 얻기를 원합니다.

사람 1: 주님, 저는 여전히 당신이 필요합니다. 오직 주님이 제 생각과 감정과 의지를 점유하시기 원합니다.

사람 2: 맞습니다. 주님의 진리로 믿음 형제의 마음이 사로잡히기를 원합니다. 주님께서 믿음 형제의 영을 정복하시고 만지시며 다스리소서.

사람 3: 오! 주님, 믿음 형제를 주님의 진리로 변화시켜 나가시는 주님을 찬양합니다. 그의 영과 혼과 몸을 한 점 티 없이 주님의 아름다운 신부로 변화시키실 주님을 찬양합니다. (요 1장으로 계속해서 기도할 수 있습니다.)

묵상 및 적용

1. 대화식 기도 예문을 읽으며 기도하는 마음으로 두세 번 기도 해보십시오.

2. 주님의 임재 속에 자신의 마음을 아뢰며 주님께 고백하십시오.

오늘의 기도

제7일 말씀중심의 연합 대화식 기도

　모든 대화에는 수준이 있습니다. 부모가 자녀와 대화를 나누려면 자녀의 연령수준에 따라 그에 맞는 대화를 나눠야 합니다. 만약 자녀가 다섯 살이면 아이 수준에 맞추어서 단어를 사용하고 소통해야 합니다. 아이가 성장하고 청소년이 되면 자신의 생각과 감정을 표현하며 말할 수 있습니다. 유아기 때 쓰던 단어가 아닌 일상적인 단어들을 쓰기 시작합니다. 대학생이 되면 정치, 경제, 사회전반에 관한 전문용어들을 사용하며 자신의 인생관과 가치관을 표현합니다.
　기도도 마찬가지입니다. 영적으로 유아기, 청소년기에도 영적 부모이신 하나님과 대화하는 데 어려움은 없습니다. 그러나 성인이 되면 부모님의 인생철학과 가치관, 사회 전반에 관해, 세계의 정세에 관해 더 심도 깊은 토론이 가능합니다.
　대화식 기도도 이와 같습니다. 자신의 감정을 표현하고 주님의 임재를 누리는 기도도 좋지만, 이 우주를 향한 하나님의 계획, 주님의 몸 된 교회를 통한 하나님의 기대와 목적, 그리스도의 구속을 통한 세상의 구원 등 더욱 깊은 하나님의 관심사를 나누기 위해서는 하나님의 언어인 말씀으로 기도하는 것이 필요합니다.
　개인기도를 할 때는 말씀으로 기도하여 주님의 임재를 누리는 것도 좋습니다. 그러나 지체들과 모여 생명의 말씀 속에 있는 빛을 따라, 성경말씀으로 적셔져 나온 단어를 사용하면서 기도한다면, 더욱 풍성한 성령의 공급과 임재를 경험할 것입니다.
　연합 대화식 기도의 가장 큰 중심은 하나님의 생각과 마음이어야 합니다. 하나님의 깊은 뜻과 계획이 이 땅에 이루어지도록 연합 기도를 해야 합니다. 이것은 교회와 공동체의 본질적 요소입니다. 따라서 연합 대화식 기도가 더 높은 수준으로 나아가기 위해서는 반드시 주님의 말씀이 중심이 되어 녹아내린 단어를 사용해야 합니다.

요한복음 17장, 시편 1편 혹은 성경의 다른 기도문으로, 대화식 기도의 원칙에 따라 두세 구절씩 말씀중심으로 기도를 실행해보십시오. 주님의 생명력과 빛, 성령의 임재를 공동체가 강력하게 체험할 것입니다. 나아가 온 지체가 말씀과 하나 되어 한마음과 한목소리로 주님 앞에 찬양 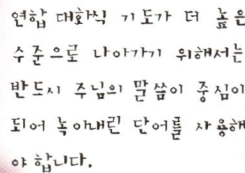 하며 기도한다면, 놀라운 성령의 기름부음과 역사를 경험할 것입니다.

묵상 및 적용

1. 당신은 어떻게 주님의 마음을 만지며 표현하는 기도를 할 수 있습니까?

2. 매일 한 장씩 주님의 말씀으로 기도하는 계획을 짜고 실행하십시오.

오늘의 기도

나를 믿는 자는 성경에 이름과 같이
그 배에서 생수의 강이 흘러나리라 하시니

요한복음 7장 38절

제4부

성령의 다양한 풍성함을 누리는 기도

기도는 성령의 본질적인 사역인 생수의 흐름과 기름부음을 통해 날마다 풍성함과 자유함을 누리는 것이다.

제8과
생수를 누리는 기도(1)

제1일 성령의 다양한 표현과 사역

성경에서는 성령의 나타남을 다양하게 표현합니다. 예를 들면, 비둘기, 물(생수), 불, 기름, 바람, 보혜사(위로자, 상담자, 변호자), 불기둥, 구름기둥, 진리의 영, 생명을 주는 영, 성령의 열매, 일곱 영, 빛 등입니다.

예수님께서 세(침)례를 받고 물 위로 올라오실 때 성령은 비둘기 같이 예수님에게 임했습니다. 비둘기는 평안의 상징입니다. 성령의 나타남이 온순하고 평안하게 표현되었습니다.

물(생수)은 사람의 육체를 유지하는 가장 근원적인 필요라고 할 수 있습니다. 물이 없으면 사람은 살 수 없습니다. 이와 마찬가지로 성령도 인간의 영혼을 만족시키는 근원입니다.

불은 어둠을 밝게 하고, 따뜻하게 하며, 해를 끼치는 짐승의 공격으로부터 보호하며, 쓰레기처럼 더러운 것을 태우는 역할을 합니다. 성령도 불과 같이 우리의 죄악을 태우며, 우리 영혼을 밝게 하고, 사탄으로부터 보호해줍니다. 오순절에 120명의 제자가 모인 다락방에서는 성령이 불의 혀같이 각 사람에게 임했습니다. 성령이 역사하시면 우리 신앙이 불같이 뜨거워집니다.

성령은 강력한 능력을 나타내는 급하고 강한 바람, 하나님의 임재를 상징하는 구름, 하나님의 사역자(제사장, 왕, 선지자)로 구별시키는 기름부음, 상담자이며 위로자이며 변호자인 보혜사, 진리를 가르치는 진리의 영, 부활생명을 공급하는 생명의 영, 하나님의 인격을 표현하는 성령의 열매, 강력한 성령의 역사를 나타내는 일곱 영 등으로 다양하게 역사하며 표현됩니다. 우리는 이러한 성령의 역사를 풍성하게 누릴 수 있습니다.

성령은 구약에서는 하나님의 신, 하나님의 영, 혹은 여호와의 영으로 표현됩니다. 하나님의 영은 천지창조와 온 우주를 통치하시는 능력을 강조할 때, 여호와의 영은 사람과의 관계 속에서 구원하시는 사역을 강조할 때 쓰입니다.

그리고 신약에 와서 성령(Holy Spirit)이라고 불리는데 그 이유는 하나님의 자녀를 거룩하게 변화시키는 사역을 강조하기 위함입니다. 또한 구약에서 장차 오실 메시아를 '그 선지자'라고 표현하듯이, 로마서에서는 부활의 능력을 강조하는 '그 영'이라는 표현을 씁니다.

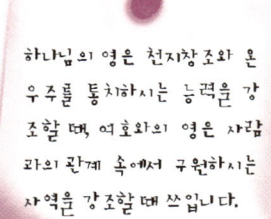

하나님의 영은 천지창조와 온 우주를 통치하시는 능력을 강조할 때, 여호와의 영은 사람과의 관계 속에서 구원하시는 사역을 강조할 때 쓰입니다.

우리의 기도 중에 성령의 다양한 사역과 표현이 나타나도록 적용해야 합니다. 만일 우리의 마음속에 평안이 없을 때는 이렇게 기도할 수 있습니다. "비둘기같이 온유하시고 평안을 공급하시는 성령님, 제 영혼 안에 하늘에 속한 평안과 온유함을 공급하소서", "성령님, 예수님께서 세(침)례를 받으셨을 때 비둘기같이 임하셨던 것처럼 제 영혼에 임재하시기를 소원합니다." 계속 성령의 은혜를 구해보십시오. 당신의 마음에 비둘기 같은 순수함과 평안함이 깃들 것입니다.

또 마음이 냉담해지고, 신앙생활이 활력을 잃었을 때는 이렇게 기도해보십시오. "오순절에 불같이 임한 성령님, 제 영혼에도 성령의 불같은 뜨거운 역사가 일어나기를 원합니다. 제 마음속의 죄악을 불로 태우시고, 제 영이 성령의 뜨거운 불로 활활 타오르기를 소망합니다. 저의 어두운 영혼을 성령의 불로 밝혀주소서. 성령의 불로 사로잡히기를 원합니다. 이스라엘 백성을 광야에서 불기둥으로 보호하시고, 빛을 비추셔서 어둠을 밝히셨듯이 제 영혼을 성령의 불로 밝히소서." 이렇게 간절히 기도하다 보면 당신의 영이 성령의 불같은 역사를 경험할 것입니다.

마음에 위로와 상담이 필요할 때도 보혜사이신 성령에게 아뢰십시오. 하나님의 사람으로 하나님의 일을 수행하기를 원한다면 성령의 기름부음을 간구하십시오. 성령의 기름부음이 넘쳐서 하나님의 사람으로 인침을 받고 거룩한 사람이 되도록, 성령의 다양하고도 풍성한 사역을 기도 속에 적용하기 바랍니다. 그럴 때 영적 부요함을 누릴 수 있습니다.

🍇 묵상및적용

1. 성경에 나오는 성령에 대한 다양한 표현은 어떤 것들입니까?

2. 오늘 성령이 당신에게 어떻게 표현되기를 원하십니까? 성령의 풍성한 임재를 적용하여 기도해보십시오.

👐 오늘의 기도

제2일 생수를 누리는 기도란 무엇인가

명절 끝날 곧 큰 날에 예수께서 서서 외쳐 이르시되 누구든지 목마르거든 내게로 와서 마시라 나를 믿는 자는 성경에 이름과 같이 그 배에서 생수의 강이 흘러나오리라 하시니 이는 그를 믿는 자들이 받을 성령을 가리켜 말씀하신 것이라(예수께서 아직 영광을 받지 않으셨으므로 성령이 아직 그들에게 계시지 아니

하시더라 요 7:37-39

육체를 가진 사람의 근원적 필요 중 하나는 물(생수)입니다. 인류 4대 문명의 중심지도 강을 따라 발전해왔습니다. 음식보다 더 중요한 것이 '물'입니다. 특히 중동지방에서는 물이 다른 지역보다 더욱 절실하게 필요하고 중요합니다.

예수님께서는 "나를 믿는 자는 그 배에서 생수의 강이 흘러나리라"라고 약속하셨습니다. 여기서 '생수의 강'은 성령의 사역을 뜻합니다. '배'는 사람의 중심입니다. 즉, 가장 깊은 곳에서 마치 생수의 강이 흐르듯 성령이 강같이 흐를 것을 말씀하신 것입니다. 사람은 영혼과 육체가 있습니다. 성령은 영이십니다. 따라서 성령이 강같이 흘러나오는 장소는 바로 사람의 가장 중심이 되는 영입니다.

생수의 의미는 무엇입니까? 생수는 살아 있는 물입니다. 단순한 물이나 웅덩이에 고여 있는 물이 아닙니다. 움직이는 물이요, 흐르는 물입니다. 강은 살아서 흐르는 것이 특징입니다. 당신 안에 계신 성령은 움직이고 계십니까? 역사하고 계십니까?

산에서 내려오는 시냇물들이 합쳐져서 강이 됩니다. 시냇물은 산의 계곡과 골짜기에서 흘러 내려오는 물입니다. 그러면 계곡과 골짜기의 물은 어디에서 생성됩니까? 하늘에서 비가 내리면 산의 웅덩이가 비를 모아 샘을 이루거나, 혹은 깊은 웅덩이에 빗물이 저장된 후에 물이 흘러나오

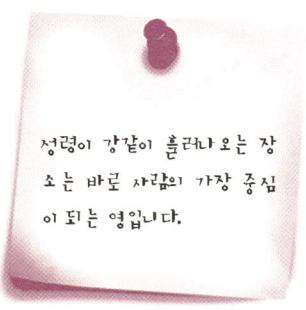

성령이 강같이 흘러나오는 장소는 바로 사람의 가장 중심이 되는 영입니다.

는 분천이 되기도 합니다. 비가 많이 오면 물웅덩이 샘과 골짜기의 분천이 흘러넘쳐 시냇물로 흐르고, 시내가 모여 강을 이루며, 강은 바다로 흐릅니다.

영적 원리도 이와 같습니다. 강은 하루아침에 형성되지 않습니다. 우리는 먼저 하늘에서 내려오는 비(은혜와 진리)를 영혼 안에 흡수하고 받아들여야 합니다. 하늘에서 내려오는 비가 없으면 샘도 시냇물도 강도 없습니다. 따라서 우리는 먼저 하늘에서 내려오는 비를 많이 흡수하여 영혼에 저장해야 합니다.

하늘에서 내려오는 비는 무엇입니까? 바로 하나님의 말씀인 진리입니다. 진리를 깨달으면 은혜(사랑)를 누릴 수 있습니다. 말씀을 통해 우리의 생각 즉, 의식과 무의식 가운데에 하나님의 진리와 은혜가 저장되어 흘러넘쳐야 합니다.

우리의 무의식은 마치 저수지와 같아서 끊임없이 물을 흡수합니다. 그러나 하늘에서 비가 많이 오면 저수지는 흘러넘치고 강처럼 흐릅니다. '풍성한 삶'이란 바로 하나님의 은혜가 넘치는 삶입니다. 어떻게 하면 넘칠 수 있습니까? 하늘에서 내리는 많은 비를 흡수하는 산처럼 진리

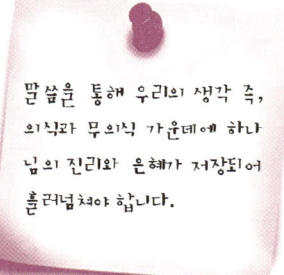

말씀을 통해 우리의 생각 즉, 의식과 무의식 가운데에 하나님의 진리와 은혜가 저장되어 흘러넘쳐야 합니다.

의 물을 흡수해야만 합니다. 많은 그리스도인이 하나님의 은혜를 누리지만, 풍성하게 차고 넘치도록 누리는 그리스도인은 그리 많지 않습니다.

사람은 강 없이 살 수 없습니다. 강은 생명의 근원이기 때문입니

다. 성경은 두 가지의 강을 우리에게 보여줍니다. 하나는 애굽에 있는 나일 강이고, 또 하나는 하나님의 보좌에 수정같이 흐르는 생수의 강입니다.

우리는 세상에 속한 쾌락을 제공하는 나일 강의 물을 먹든지, 아니면 하늘보좌에서 흘러나오는 생수의 강을 먹든지 둘 중의 하나를 선택해야 합니다. 애굽에 사는 모든 백성은 나일 강의 물을 먹었습니다. 나일 강은 애굽의 생명의 젖줄이며, 모든 풍성함이 나일 강에서부터 시작됩니다. 애굽은 세상을 의미합니다. 나일 강은 이 세상의 철학, 사상, 종교, 명예 등과 같은 것입니다. 세상 백성은 나일 강물을 마시며 만족합니다. 그러나 하나님의 백성은 하나님의 보좌에서 나오는 신선하고 수정같이 맑은 생수의 강물을 마셔야 합니다. 가장 순수하고 깨끗하며, 투명하고 살아 있는 물, 영생을 누리게 하는 성령이 공급하시는 생수의 강물을 마셔야 합니다.

묵상 및 적용

1. 성경에서 약속한 생수의 강의 의미는 무엇입니까?

2. 당신의 영혼에 생명수의 강이 풍성하게 흐르게 하기 위해 해야 할 일은 무엇입니까?

3. 당신의 영 안에 거하시는 성령의 생수의 강을 마시게 해달라

고 기도해본 적이 있습니까? 하나님의 넘치는 은혜를 구하는 기도문을 써보십시오.

🖐 오늘의 기도

제3일 생수를 누리는 기도의 중요성

> 내가 호렙 산에 있는 그 반석 위 거기서 네 앞에 서리니 너는 그 반석을 치라 그것에서 물이 나오리니 백성이 마시리라 모세가 이스라엘 장로들의 목전에서 그대로 행하니라　　출 17:6

출애굽기 17장은 이스라엘 백성이 광야의 반석에서 나온 물(생수)을 통해 목마름을 해결하였음을 보여줍니다. 이스라엘 백성은 출애굽 이후 광야에서 약 40년 동안 옮겨 다니며 살았습니다. 그런데 약 200만 명으로 추정되는 백성이 어떻게 물을 먹을 수 있었을까요?

성경에서는 '광야'라고 표현했지만 사실 이 광야는 사막입니다. 섭씨 30도에서 높게는 60도까지 뜨거워지는 곳입니다. 그런데 오아시스(물이 있는 장소)가 별로 없는 사막에서 어떻게 40년 동안 생활을 했을까요? 그것도 약 200만 명이 충분히 먹을 수 있는 오아시스가 있어야만 하는 상황이었습니다(이스라엘 백성은 약 40년 동안 출애굽 이후 가나안에 들어가기까지 마흔두 번이나 이동했습니다). 그래서 하나님께서는 모세에게 호렙 산 반석을 지팡이로 쳐서 물을 내어 이스라엘 백성에게 마시게 하라고 하셨습니다.

> 다 같은 신령한 음료를 마셨으니 이는 그들을 따르는 신령한 반석으로부터 마셨으매 그 반석은 곧 그리스도시라   고전 10:4

이 반석은 바로 그리스도를 상징합니다. 성경은 이 반석이 40년 동안 이스라엘 백성을 따라다니면서 생수를 제공해주었다고 밝힙니다. 반석에서 나온 물(암반수)이니 얼마나 깨끗하고 맑은 물이었을까요?

여기서 이 물은 물질적인 물입니까, 아니면 영적인 물입니까? 출애굽기 17장에 나오는 물은 물질적인 물입니다. 그러나 고린도전서 10장 4절에서는 '이 물'이 신령한 음료로, 영적인 물(생수)임을 분명히 밝힙니다. 즉, 출애굽기의 반석에서 나온 물은 신약에 와서 영적인 음료임을 예표해주는 것입니다.

이 물은 어떻게 해서 반석에서 흘러나오게 되었습니까? 모세의 지팡이로 반석을 치자 반석이 갈라지면서 물이 나왔습니다. 여기서 구속사적인 그림의 모습을 볼 수 있습니다.

성경에서 모세는 율법을 상징합니다. 모세의 지팡이는 율법의 권위를 상징합니다. 하나님께서는 모세에게 지팡이로 반석을 치게 하셨습니다. 반석은 예수 그리스도입니다. 예수님께서 채찍에 맞으시고, 못에 찔리시고, 창으로 허리를 찔리신 것은 율법의 모든 저주를 십자가에서 다 받으셨음을 의미합니다. 인류가 받아야 할 지옥의 저주, 죄의 형벌을 예수 그리스도가 대신하여 율법의 심판으로 받으신 것입니다. 지팡이로 반석을 치는 모습은 예수님의 허리를 창으로 찌르는 모습과 같습니다. 지팡이로 치자 반석이 갈라져서 생수가 나온 것처럼, 예수님께서는 옆구리를 창으로 찔리셨을 때 피와 물을 흘리셨습니다.

> 그 중 한 군인이 창으로 옆구리를 찌르니 곧 피와 물이 나오더라
> 요 19:34

사실 피와 물은 하나입니다. 그러나 성경은 피와 물을 분리합니다. 피는 죄 사함을 위한 것이고, 물은 생명의 공급과 씻음을 위한 것입니다.

우리가 생수를 마실 수 있는 근거는 무엇입니까? 주님의 십자가의 은혜 덕분입니다. 예수님께서 십자가에서 죽으셨을 때 예수님만 죽으신 것이 아닙니다. 우리의 옛 사람도 함께 죽었습니다. 나아가 예수

님께서 부활하시고 승천하실 때 우리도 함께 부활하고 승천했습니다. 우리는 이 사실을 분명히 보고 믿어야 합니다. 또한 생수의 근원을 정확히 알아야 합니다.

이를 적용하여 이렇게 기도해보십시오. "주 예수님, 당신은 제가 받아야 할 모든 죄의 형벌과 저주를 다 받으셨습니다. 당신은 저에게 목마르지 않는 생수 즉, 하나님의 풍성한 은혜를 공급하시기 위해 십자가에서 죽으시고 부활하셨습니다. 저 자신도 예수님과 함께 죽고 부활했음을 선포합니다. 주님, 당신의 공로를 의지하며 주님 앞에 나아갑니다. 제 영혼 속에 주님의 십자가의 공로로 말미암은 생수의 강(하나님의 은혜)이 넘쳐흐르기를 원합니다. 저는 당신이 주시는 생수를 마시기 원합니다. 제 힘과 노력으로는 마실 수 없지만 주님의 십자가의 희생과 주님께서 값을 치르신 것을 통해 마실 수 있음에 감사합니다. 이 시간 성령의 생수가 흐르기를 원합니다."

묵상 및 적용

1. 이스라엘 백성은 광야에서 어떻게 생수를 마실 수 있었습니까?

2. 당신이 생수를 누릴 수 있는 근거는 무엇입니까? 생수를 누리는 기도문을 써보십시오.

🖐 오늘의 기도

_____
_____
_____
_____
_____

제4일 생수를 누리는 기도의 유익

하나님의 은혜를 누리는 주요방법 중의 하나는 생수를 누리는 것입니다. 시편 기자는 주님의 집에서의 신앙생활을 풍성하게 먹고 마시는 삶으로 표현합니다.

> 그들이 주의 집에 있는 살진 것으로 풍족할 것이라 주께서 주의
> 복락의 강물을 마시게 하시리이다   시 36:8

'살진 것'이라는 단어는 탕자가 집에 돌아왔을 때 아버지가 "살진 송아지를 잡아서 잔치를 벌이자"라고 말한 장면을 떠올리게 합니다. '복락의 강물'은 기쁨과 즐거움의 강물입니다. 주님의 집에는 우리 영혼을 살찌우는 기쁨과 즐거움, 평안과 같은 은혜가 강물처럼 흐르기에 풍성한 삶을 누릴 수 있습니다.

시편 1편은 시냇가에 심은 나무가 철을 따라 열매를 맺음에 대해 언급합니다. 시냇가는 은혜의 생수입니다. 나무가 자라서 열매를 맺으려면 반드시 물이 있어야 합니다. 우리 영혼은 나무와 같고 시냇가는 성령입니다. 그러므로 우리는 성령의 시냇가 안에 있을 때 그분의 풍성한 영양분을 공급받아 성령의 열매를 맺을 수 있습니다.

신앙의 본질은 우리의 인격이 성령 하나님의 인격을 맺어가는(닮아가는) 문제입니다. 성령의 열매는 사랑과 희락과 화평과 오래 참음과 자비와 선한 양심과 충성과 온유와 절제입니다. 이러한 하나님의 인격으로 성령의 열매를 맺기 위해서 우리는 생수를 누리는 삶을 살아야 합니다.

사람의 인격은 한계가 있습니다. 이 땅에서 공자처럼 선하게 성품을 훈련시켜 도덕적으로 살아가는 것과 성령의 열매를 맺는 것은 본질적으로 차이가 있습니다. 이것은 하늘의 성품의 요소 즉, 신의 성품의 요소를 계속 우리 영 안에 공급받음으로써 우리 영혼의 내면이 거룩해지는 문제입니다. 기독교를 단순히 윤리적·도덕적 종교로 이해해서는 안 됩니다. 우리의 내면에는 타락한 죄의 본성이 있기에 아무리 훈련을 해도 악한 본성이 드러나기 마련입니다.

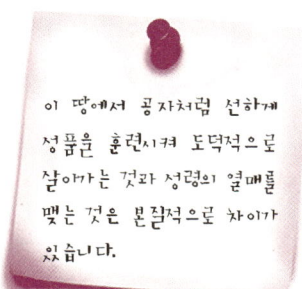

겉으로는 훌륭하게 도덕적으로 보일 수 있어도 내면까지 거룩해질 수는 없습니다. 그러나 성령의 풍성한 생수의 공급을 받으면 마음이 시원해지고 맑아지며 거룩해집니다.

오래전에 저는 이러한 생수의 강을

누리는 체험을 한 적이 있습니다. 지금도 주님의 생수를 누리기는 하지만, 그때는 특별히 하나님의 은혜로 하늘에 속한 신성한 사랑과 기쁨과 즐거움, 평안함이 강같이 흘러넘치는 경험을 했습니다. 그러나 그 경험은 오래가지 않았습니다. 나의 불순종과 고집, 옛 사람의 본성으로 말미암아 생수의 강이 말라갔고 내 영혼도 목말랐습니다.

그러던 어느 날 기도회에서 하나님의 은혜가 다시 부어졌습니다. 기도회 중에 하나님께서는 어느 지체에게는 방언이 나오게 해주시고, 어느 지체에게는 생수의 강이 흘러나오게 하셨습니다. 제 옆에 있는 지체의 영혼 속에서는 생수의 은혜가 강같이 흘러나왔는데, 참으로 신기하게도 저도 그것을 느낄 수 있었습니다. 그 지체는 하나님의 은혜가 폭포수같이 쏟아지자 기쁨과 즐거움이 넘쳐서 얼굴이 해처럼 빛났습니다.

당신은 예수님께서 약속하신 생수의 강을 구한 적이 있습니까? 하나님의 약속의 말씀은 진리이며 실제입니다. 잠시 간구하다가 잊어버리지 말고 지속적으로, "주여, 저에게는 당신의 생수가 필요합니다. 제 영혼은 목마릅니다. 당신의 생수로 제 영혼의 목마름이 해결되게 해주소서. 여전히 저는 당신이 필요합니다. 당신의 생수로 제 영혼을 적셔주시고 만족시켜주소서"라고 기도하십시오.

주님께서는 "누구든지 목마르거든 내게로 오라"라고 말씀하셨습니다. 우리는 주님께로 가서 주님을 접촉하며 생수를 마셔야 합니다. 여러분이 이러한 풍성한 삶의 약속을 누릴 수 있기를 소망합니다.

● 묵상 및 적용

1. 생수를 누릴 때 오는 유익은 무엇입니까?

2. 주님께서 주시는 풍성한 생명을 사모하는 기도문을 써보십시오.

● 오늘의 기도

제5일 치유, 회복, 번성을 위해

에스겔 47장은 생수의 강이 성전의 앞면 동쪽 문지방 밑에서 물이 나와 동쪽으로 흐르다가 남쪽으로 흘러내린다고 묘사합니다 (겔 47:1 참조). '동쪽'은 해가 뜨는 곳을 가리키는데 하나님의 영광의 시작을 상징합니다. 생명의 물은 하나님의 영광을 향하여 움직이며, 북쪽은 하나님의 보좌, 남쪽은 세상을 향하여 흐릅니다. 성전에서 흘러나온 물은 발목, 무릎, 허리, 건너지 못할 강으로 네 단계에 걸쳐서 흐릅니다.

여기서 천 척을 측량하는 사람이 있습니다. 그 사람이 천 척씩 측량할 때마다 물이 불어납니다. '천 척'은 온전한 단위를 나타내며 측량은 어떤 기준을 통과해야 함을 보여줍니다.

우리가 하나님의 풍성한 은혜를 누리는 원칙도 마찬가지입니다. 많은 사람이 하나님의 은혜를 누리지만 그 정도가 다 같지는 않습니다. 주님 앞에서 온전히 시험을 통과할 때마다 더 깊은 은혜 가운데로 나아갈 수 있습니다. 순종이 깊어질수록, 자신을 더욱 부인할수록, 인간적인 생각과 욕심을 내려놓을수록 더욱 깊이 들어갈 수 있습니다.

이 강은 아라바로 내려가서 바다에 이릅니다. 이 강물이 이르는 곳마다 모든 생물이 살고 고기가 심히 많으며, 이 물이 흘러들어 바닷물이 살고, 이 강이 이르는 각처에서 모든 것이 살아나는 역사가 일어납니다. 이 물은 바로 생명의 강입니다.

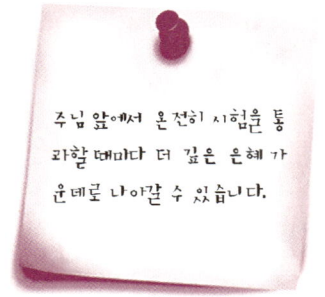

주님 앞에서 온전히 시험을 통과할 때마다 더 깊은 은혜 가운데로 나아갈 수 있습니다.

이 본문의 배경은 메시아가 임하실 때 하나님의 성전에서 흘러나온 물이 아라바, 즉, 사해에 이르러 죽은 바다가 살아날 것임을 예언하는 장면입니다. 사해는 죽은 바다입니다. 염분이 너무 높아 생명체가 살 수 없습니다. 그러나 이 물이 사해로 흘러서 들어갈 때 죽은 바다가 다시 살고 물고기가 다시 살아날 것입니다. 이 물은 치유와 회복과 번성을 가져다주는 강입니다. 강 좌우의 과실나무는 달마다 새 열매를 맺으며 잎사귀는 약재료가 되어 치유와 회복을 가져다줍니다.

　이 강은 바로 성령의 흐름인 생수의 강입니다. 사람은 영혼과 육체를 가진 존재입니다. 육체에 물질이 필요하듯이 영혼에는 생수의 강이 필요합니다. 하나님의 은혜의 복음이 흐르는 곳에는 언제나 치유와 회복과 번성이 일어납니다. 이것은 인류 역사가 증명합니다.

　로마가 오랫동안 세계의 중심이 되었던 것도 복음이 로마를 정복했기 때문입니다. 복음이 유럽에 전파되면서 어김없이 인류의 문명도 발달하고 번성했습니다. 우리나라에도 복음이 들어온 이후에 사회의 모든 제도가 새로워지고 눈부신 발전을 이루었습니다. 복음은 하나님의 은혜의 능력입니다. 그러나 기독교가 껍질만 남고 알맹이인 하나님의 은혜가 사라져버린 율법적 종교로 전락하면, 영적인 질병과 쇠락함과 사망을 가져옵니다.

　유럽의 중세시대를 종교 암흑시대라고 합니다. 하나님의 생명의 말씀은 꺼지고 교회 안에 온갖 세상의 물결이 들어와 서로 혼합되었습니다. 생명수의 강이 말라버렸고 영적 기근이 들었습니다. 세상은 껍데기만 남은 교회 때문에 신음하며 고통스러워했습니다.

　그러나 성령의 흐름, 성령의 역사는 반드시 회복과 치유와 번성을 가져옵니다. 우리는 하나님의 성전의 보좌로부터 흐르는 생수의 강이 끊임없이 넘쳐흐르도록 생수의 강을 사모해야 합니다. 자신의 불순종과 욕심과 정욕을 주님 앞에 내려놓을수록 우리 속의 성령은 더욱 역사하실 것입니다.

🔸 묵상및적용

1. 당신 안에 계신 성령의 흐름을 풍성하게 하기 위해 측량(심판) 받아야 할 영역은 무엇입니까?

2. 생수의 은혜가 멈출 때 나타나는 기근은 무엇입니까?

🔸 오늘의 기도

제6일 생명수가 흐르는 곳

온 세상을 치유하고 회복시키며 번성하게 하는 생명수의 근원은 첫째, 주님의 보좌(계 22:1-2 참조) 둘째, 예수 그리스도(고전 10:4 참조) 셋째, 성령(요 7:37-39 참조) 넷째, 교회(시 46:4-5; 겔 47:1 참조)로부터 흘러나옵니다.

첫째, 이 강은 하나님과 어린 양의 보좌로부터 나옵니다.

보좌는 다스림이며, 권위와 통치의 상징입니다. 생명수를 누리기 위해서는 하나님과 예수 그리스도의 통치 즉, 다스림을 받아야 합니다.

생명수는 철저히 주님의 뜻에 순종하고 복종할 때 보좌로부터 흘러나오기 시작합니다. 이 강의 특징은 수정같이 맑은 생명수가 흐른다는 것입니다. 신선하고 살아 있는 물입니다.

저는 예전에 강원도 화천 최전방에서 군목으로 사역한 적이 있습니다. 북한의 금강으로부터 물이 흘러 들어오는데 정말 맑고 투명합니다. 깊이가 1-2미터나 되는 시냇물임에도 바닥에 있는 모래, 돌들이 아주 투명하게 보입니다. 많은 장병이 휴양소에서 수영을 하며 즐길 뿐 아니라 심지어 그 물을 먹기도 합니다. 저도 물을 먹어보았는데 물맛이 무척 상쾌하고 달기까지 했습니다.

하나님의 보좌로부터 흐르는 물은 조금도 오염되지 않은 순수한 물입니다. 또한 이 물은 길 가운데로 흐릅니다(계 22:2 참조). 이 길은 예루살렘 성의 정금 길입니다(계 21:21 참조). 정금은 하나님의 변하지 않는 영광과 성품을 나타냅니다. 이 생명수의 강의 수로는 하나님의 영광이 나타나는 쪽으로 움직입니다.

또한 강 좌우에 생명나무가 있어 열두 가지 열매를 맺되, 달마다 그 열매를 맺고 그 나무 잎사귀들은 만국을 치료합니다. 열두 가지 열매는 차고 넘치는 풍성한 열매라는 의미입니다. 예수님께서 기적을 베풀고 남은 떡이 열두 광주리나 되었습니다. 열둘은 풍성함을 의미합니다. 생명수의 강이 있는 곳에 풍성한 열매가 있습니다.

둘째, 예수 그리스도로부터 생명수의 강이 흘러나옵니다.

출애굽기 17장을 보면, 광야에서 이스라엘 백성을 따라다니던 반석으로부터 생수가 흘러나왔습니다. 고린도전서 10장 4절은 이 반석이 곧 그리스도라고 밝힙니다. 예수님께서는 십자가에서 창으로 찔림을 받으셨을 때 옆구리에서 피와 물을 다 쏟으셨습니다. 예수님의 십자가의 희생과 공로로 우리는 피와 물 즉, 죄를 용서받고 생명도 공급받을 수 있게 되었습니다.

셋째, 우리와 연합된 성령으로 말미암아 생수의 강이 흘러나옵니다.

하나님과 어린 양의 보좌는 새 예루살렘 성에 있습니다. 그러나 또한 우리 마음속에도 있습니다. 성령 하나님께서 우리 안에 계시기 때문입니다.

성령이 우리 안에 들어오시면서 우리는 하나님께서 거하시는 성전이 되었습니다(고전 3:16 참조). 우리는 순간순간 주님의 다스림 속으로 들어갈 때 생명수를 누릴 수 있습니다.

넷째, 교회로부터 생수가 흘러나옵니다.

에스겔 47장은 하나님의 성전 문지방에서 생수가 흘러나오는 모습을 묘사합니다. 모든 성도 한 사람 한 사람이 하나님의 성전이고, 교회공동체도 하나님의 성전입니다.

성전은 건물을 의미하지 않습니다. 천주교는 건물과 땅을 성당, 혹은 성지라고 부르지만 종교개혁자들은 건물이나 장소의 개념이 아닌 하나님의 백성 자체가 성전이라고 주장합니다. 따라서 우리는 용어선택도 신중히 해야 합니다. 교회건물이나 장소를 성전이라고 표현하는 것은 구약의 진리로, 중세시대의 어둠으로 들어가는 것과 같습니다.

생명수는 하나님의 백성 즉, 영적 성전이 모여 찬양하며 기도하며 말씀을 나눌 때 흘러나옵니다. 그래서 성도들의 예배가 중요합니다. 물론 지체가 혼자서 찬송 부르며 기도하며 말씀을 묵상해도 개인적으로 생수가 흐릅니다. 그러나 교회 공동체가 함께 모여서 찬양하며 기도하며 말씀을 나눌 때는 생수가 강이 되어 흐릅니다.

> 생명수는 하나님의 백성 즉, 영적 성전이 모여 찬양하며 기도하며 말씀을 나눌 때 흘러나옵니다.

묵상및적용

1. 생명수가 흘러나오는 곳은 어디입니까?

2. 주님의 보좌인 당신의 영 안에서 수정같이 맑은 생수가 흐르도록 주님의 다스림 속으로 들어가는 기도문을 써보십시오.

🖐 오늘의 기도

제7일 어떻게 생수를 누릴 것인가(1)

예수님께서는 누구든지 생수의 강을 누릴 수 있다고 말씀하셨지만, 많은 그리스도인이 풍성한 생수를 누리지 못합니다. 왜냐하면 생수를 어떻게 해야 누릴 수 있는지 구체적으로 잘 모르고, 주님께서 약속하신 '생수를 구하는 기도'를 잘 알지 못하기 때문입니다. 그러므로 그들의 간구제목은 자녀공부와 장래, 남편직장, 건강 등 물질적 필요가 대부분을 차지합니다.

주님께서는 먼저 영적 목마름에 대해서 말씀하셨습니다. "누구든지 목마르거든 내게로 와서 마시라"(요 7:37).

1. 성령의 생수를 누리기 위해 사모(목말라)하라

사람은 영혼과 육체로 이루어져 있기에 육체적으로 아무리 만족해도 영적으로까지 만족하지는 못합니다. 많은 사람은 육체적 필요를 위해 살아가느라 영적 목마름에 대해서는 진정으로 인식하지 못합니다. 그러나 우리는 참된 만족, 하늘로부터 오는 영혼의 목마름을 깨달아야 합니다.

우리는 이렇게 고백해야 합니다. "주님, 이 세상의 그 어떠한 것도 저를 만족시킬 수 없습니다. 사랑하는 사람도, 풍성한 물질도, 심지어 어떤 명예나 지위도 저를 만족시킬 수는 없습니다." 영혼의 목마름을 인식하고 주님께로 나아가서 목마름을 고백하며 생수를 주시기를 간구해야 합니다. 주님께서는 원하는 자에게 주십니다(계 22:17 참조).

주님께서는 값없이 주시기를 원합니다. 우리 편에서는 공짜로 받을 수 있지만 예수님께서는 이미 값을 다 치르셨습니다(요 19:34 참조). 간구하되, 간절히 원함으로 지속적으로 간구하십시오. 우물가의 여인이 간구한 것을 들어보십시오.

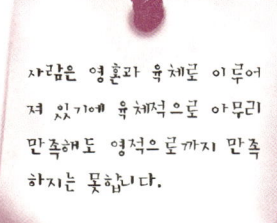

사람은 영혼과 육체로 이루어져 있기에 육체적으로 아무리 만족해도 영적으로까지 만족하지는 못합니다.

여자가 이르되 주여 그런 물을 내게 주사 목마르지도 않고 또 여기 물 길으러 오지도 않게 하옵소서　　　　　　요 4:15

비록 이 여인은 주님께서 주시는 생수를 물질적 생수로 잘못 알았지만, 주님께서는 그녀에게 하늘로부터 오는 생수를 선물로 주셨고, 그녀의 영혼은 만족함을 누릴 수 있었습니다.

"주여, 제 영혼이 갈급합니다. 참된 만족이 없습니다. 저는 당신이 주는 생명수가 필요합니다." 이렇게 주님께 날마다 목마름으로 고백하십시오.

2. 감사, 주님의 이름을 부름, 선포와 찬양을 하라(사 12:3-4)

이사야 선지자는 생수를 기쁨으로 채워진 구원의 우물로 비유합니다(사 12:3-4 참조). 우물가에서 물을 한 바가지씩 퍼서 마실 때마다 구원의 기쁨을 마시게 됩니다.

이 기쁨의 물을 마시는 방법은 감사를 드리고, 주님의 이름을 부르며, 주님의 역사를 선포하며 찬양하는 것입니다. 주님의 이름은 예수 그리스도입니다. 예수는 '구원자', 그리스도는 '기름부음 받은 자'라는 뜻입니다. 그분의 이름의 의미를 생각하면서 고백하십시오. "예수 그리스도는 나의 주님이십니다"라고 선포하고 이름을 부르십시오. 예수의 이름 속에 권능이 있습니다.

"주 예수여, 당신은 나의 주인이십니다"라고 선포하며 찬양하십시오. 기쁨의 물을 공급받을 것입니다(제4과 '주님의 인격을 누리는 기도' 참조).

3. 생수의 흐름을 막는 흙과 돌, 진펄과 개펄을 제거하라
　　(창 26:14-19; 겔 47:9-11)

우리 속에 계신 성령은 살아 움직이시고 역사하시기를 원합니다(빌 2:13 참조). 그러나 우리의 옛 사람과 사탄은 우리 속에 하나님의 은혜가 흐르지 못하도록 방해합니다. 하나님께서는 우리가 풍성한 삶을 살기를 원하십니다(요 10:10 참조). 그러나 사탄은 우리 영혼을

도적질하고 죽이고 심지어 멸망시키기 위해 울부짖는 사자처럼 삼킬 자를 찾습니다.

성경에 나오는 믿음의 사람들은 생수를 누렸습니다. 믿음의 조상 아브라함, 이삭, 야곱 모두 주님께서 주시는 생수를 누린 믿음의 선진들입니다. 이삭은 아버지가 마시던 우물을 마셨습니다. 그러나 블레셋 사람이 이삭을 시기해서 아브라함 때에 그 아버지의 종들이 판 모든 우물을 흙으로 메웠습니다. 이삭은 다시 그랄로 가서 아버지 아브라함이 팠던 우물을 다시 팠으나, 그랄 목자들이 우물을 빼앗으므로 그는 싯나로 가서 우물을 팠습니다. 그곳에서도 다툼을 일으키므로 이삭은 세 번째 르호봇으로 가서 우물을 팠습니다.

우물은 목숨과 연결되어 있는 삶의 본질의 문제입니다. 더구나 중동지역에서의 우물은 생존과 깊은 관련이 있습니다. 우리 영혼 속에서 사탄은 계속적으로 구원의 기쁨인 우물이 솟아나오지 못하도록 방해합니다. 우물을 메우는 흙의 의미는 세상을 사랑하는 것, 불순종, 용서하지 못함, 냉담함, 악독, 비판과 판단의 입 등입니다.

우리는 포기하지 말고 이삭처럼 우물을 파야 합니다. 이는 우리 영혼의 생존과 관련이 있기 때문입니다. 포기하지 마십시오. 당신의 마음이 수정같이 맑고 투명해지도록 주님의 은혜를 구하십시오. 주님의 생수를 간절히 사모하십시오. 반드시 풍성한 우물을 얻을 것입니다.

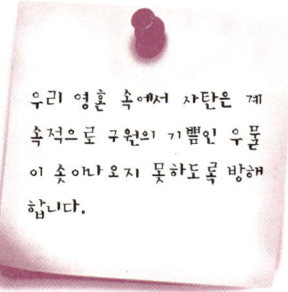

에스겔 47장은 생명수의 강이 흐르는 곳마다 각처의 모든 생물

이 살아나지만, 살아나지 않는 곳도 있음을 보여줍니다. 그것은 바로 진펄과 개펄입니다. 그 진펄과 개펄은 되살아나지 못하고 소금 땅이 됩니다(겔 47:11 참조). 개펄과 진펄은 사해바다의 진흙 펄을 가리킵니다. 여기서 소금 땅의 의미는 무엇일까요? 원래 그리스도인은 '소금'으로 살아야 합니다. 소금은 부패와 썩는 것을 방지해주는 역할을 합니다. 성경에는 소금기둥이 된 롯의 아내가 나옵니다. 그러나 그녀가 소금이 아닌 소금기둥이 되어 모든 시대의 그리스도인에게 경종을 울린 것처럼 개펄과 진펄은 소금 땅이 되어 경고의 대상이 될 것입니다.

롯의 아내는 왜 소금기둥이 되었습니까? 세상을 돌아보았기 때문입니다. 세상을 사랑하는 것에 대해 조금도 미련이 없어야 하는데, 그녀는 하나님과 세상 것을 동시에 추구했습니다. 차지도 뜨겁지도 않은 미지근한 신앙을 소유한 것입니다.

하나님의 은혜를 풍성하게 받고도 마치 받지 않은 것처럼 허비하는 방법은 미지근한 신앙에 머무는 것입니다. 이삭처럼 어떤 방해에도 불구하고 끝까지 생수의 근원이신 주님을 추구하십시오. 당신의 삶이 풍성해질 것입니다.

1. 생수를 누리는 구체적인 방법은 무엇입니까?

2. 당신의 신앙생활에 생수와 같은 하나님의 은혜를 가로막는 흙과 돌, 개펄과 진펄은 무엇입니까?

오늘의 기도

생수를 구하는 기도 예문

주님, 이 시간, 여기에 임재하신 주님을 찬양합니다.
주님, 당신께 나아갑니다.
그리고 당신을 접촉하기 원합니다.
하루 24시간, 잠잘 때에도 당신께 나아가기 원합니다.
주 예수여, 저는 당신을 향하여 목마르며, 당신을 생수로 마시기 원합니다.
또한 제 안에 계신 성령이 생수로 흘러나시기를 원합니다.
주님의 보좌로부터 흐르는 생명수가 제 영으로 연결되어서 풍성히 차고 넘치기를 원합니다.
매 맞은 반석이신 당신과 하나 되어 생수를 누리게 하소서.
제 영의 목마름을 적셔주시고, 제 영을 신선하게 하소서.
제 양심을 당신의 보혈로 정결케 하시고 생수로 씻겨주옵소서.

제9과
생수를 누리는 기도(2)

제1일 어떻게 생수를 누릴 것인가(2)

4. 말씀으로 기도하라(출 16:31-32, 17:6; 요 6:48-51, 7:38-39)

광야에서 이스라엘 백성은 하늘로부터 내려오는 양식인 만나를 먹었습니다(출 16:32 참조). '만나'는 '이것은 무엇이냐?'라는 뜻입니다. 이는 만나가 얼마나 신비한지를 보여줍니다. 만나는 하나님께서 예비하신 하늘의 신비한 양식인 것입니다.

양식 이후에 물에 대한 이야기가 나옵니다(출 17:6 참조). 우리는 식사할 때 밥과 반찬만 먹지 않고 반드시 물을 함께 먹습니다. 왜 식사 때마다 물을 먹습니까? 첫째는 밥만 먹으면 목이 마르기에 목마름을 해결하기 위해서입니다. 둘째는 먹은 음식을 잘 소화시키기 위해서입니다.

출애굽기 16장에서는 이스라엘 백성이 먹을 양식 만나를 이야기합니다. 양식은 배고픔을 채울 수는 있지만 목마름까지 해결해주지는 못합니다. 그리고 17장에서는 반석에서 나온 생수를 언급합니다. 육체적으로 음식과 물을 함께 먹듯이 영적으로도 음식과 함께 생수를 먹어야 합니다. 그러면 우리는 어떻게 영혼의 배고픔과 목마름을 해결할 수 있습니까?

하나님의 말씀을 먹고 그 말씀으로 기도할 때, 말씀은 우리 영혼 속에서 소화되어 배고픔을 해결해주고, 기도는 생수의 역할을 합니다. 그러나 말씀을 먹고 그 말씀으로 기도하지 않는다면, 우리 영혼은 계속 목이 마르고, 말씀은 머리로 들어가 교만해집니다.

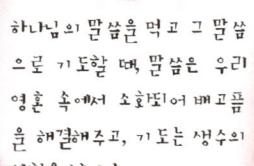

하나님의 말씀을 들었습니까? 그 말씀이 영혼의 살이 되고 피가 되도록 반드시 기도하십시오. 말씀으로 기도할 때 생수의 기쁨을 누릴 수 있습니다.

5. 시와 찬송과 신령한 노래를 하라

성령 충만의 결과는 무엇입니까? 시와 찬송과 영적인 노래로 화답하며, 감사하는 생활입니다(엡 5:18-20 참조). 그렇다면 성령 충만은 어떻게 할 때 가능합니까? 역시 시와 찬송과 영적인 노래를 부르며 감사하는 삶을 살아갈 때 가능합니다.

이것은 순환적 구조를 지녔습니다. 말씀을 듣고, 읽고, 성경공부하고, 묵상하며 깨달은 말씀으로 시를 써보십시오. 가능하면 찬송가 곡조에 맞추어 찬송시를 써보십시오. 또한 그것으로 노래를 불러보십시오. 당신의 삶에 큰 변화가 일어날 것입니다.

많은 그리스도인이 시나 찬송시, 영적인 노래는 전문적인 작사

가나 복음성가 가수들만 만들 수 있다고 생각합니다. 그러나 고정관념을 깨고 시와 찬송과 노래를 만들어보십시오. 당신의 삶 속에 윤택하고 풍성한 진리의 빛이 나타날 것입니다.

6. 지체와의 연합을 누리라(요 15:4, 5)

하나님의 풍성한 생명력을 공급받는 중요한 통로 중 하나는 지체와 연결되는 것입니다(요 15:4 참조). 주님은 자신이 포도나무요, 우리는 가지라고 말씀하셨습니다.

포도나무를 본 적이 있습니까? 포도나무는 넝쿨로 이루어져 있어서 대부분 가지와 가지로 연결되며 거기에 비하면 뿌리는 극히 작은 부분입니다. 가지끼리 서로 연결되지 않으면, 그 가지는 생명의 진액을 공급받지 못해서 말라비틀어져 죽어버립니다. 그러므로 신앙생활은 하나님과의 수직적인 관계만 중요한 것이 아니라 지체와의 수평적 관계 역시 중요합니다.

진리의 말씀을 깨달았을 때, 삶 속에 하나님의 능력의 역사가 나타났을 때, 혹은 속상하고 고통스러울 때, 지체들과 교제를 통해 나누는 삶은 가지끼리 서로 연결되어 생명의 풍성함을 공급받는 비결입니다.

열매는 혼자 맺지 못합니다. 반드시 공동체를 통해서, 공동체와 함께해야 생명의 열매를 맺을 수 있습니다. 당신은 어느 지체와 연결되어 있습니까? 당신에게 복음을 전해준 지체는 누구입니까? 서로 말씀을 나눌 지체가 있습니까? 단순히 일주일에 한 번 예배만 드리고, 다른 지체들과 연결되어 있지 않은 삶은 제대로 된 신앙생활이라고 말할 수 없습니다.

주님의 은혜의 통로인 지체와의 연합을 추구하십시오. 연합을 깨뜨리는 것은 독단주의와 이기주의입니다. 어떤 일이 생겼을 때는 항상 지체들과 교제(교통)를 통해 문제들을 해결해 나가십시오. 그때 비로소 영적인 교통도 원활해집니다.

묵상 및 적용

1. 주님의 생수를 누리는 구체적인 방법은 무엇입니까?

2. 말씀의 은혜를 누리고 시나 찬송시를 써보십시오. 지체들과 함께 받은 은혜를 교통합시다.

오늘의 기도

▌▌▌▌ 찬송시 작사 예문(곡조: 새찬송가 182장, 강물같이 흐르는 기쁨)

1. 수정 같이 맑은 생명수 주의 보좌 흐르니
   내 영으로 연결 되어져 흘러 흘러 적시네

2. 광야에서 매 맞은 반석 생수 흘러넘치니
   믿는 이들이 먹고 마셔 기쁨 만족 넘치네

3. 십자가에서 피와 물 흘린 주의 사랑 넘치네
   믿는 맘으로 주를 뵈오니 생명수가 흐르네

4. 우물가에서 생수 구하던 방황하던 그 여인(나 자신)
   주 예수의 선물 받아 생수 흐름 넘치네

   후렴) 주가 주시는 맑은 생명수 적셔지고 신선해
   내 영에서 새로움이 흘러 흘러 적시네.

제2일 영적 전쟁에서 승리하는 비결

아합의 아들 여호람이 이스라엘의 왕이 되어 다스릴 때입니다. 그는 모압 왕 메사가 이스라엘을 배신하자, 유다 왕 여호사밧과 에돔 왕과 더불어 연합군을 형성하고, 모압을 치러 에돔 광야 길로 출전합니다.

그러나 전쟁도 하기 전, 광야 길 진출 7일 만에 군사와 따라가던 짐승까지 먹일 물이 없어 패할 위기에 처합니다(왕하 3:10 참조). 이에 유다 왕 여호사밧은 엘리사에게 도움을 구하고, 엘리사는 골짜기에 개천을 많이 파서 물을 마시라고 하면서 모압과의 전쟁에서도 승리할 것을 예언합니다.

이 물은 풍성해서 세 나라의 연합군이 충분히 목마름을 해결할 수 있는 생수였습니다. 그러나 모압에게는 그들을 패배시키는 물이었습니다. 왜냐하면 모압 맞은편에서 새벽에 태양빛을 받아 흘러 온 물이 피같이 보였기에, 그들은 자기들을 치려고 온 연합군 사이에 내분이 일어났다고 착각하여 적진으로 가다가 전멸했기 때문입니다(왕하 3:22 참조). 결국 전쟁은 연합군의 승리로 끝났습니다.

우리는 여기서 생수가 얼마나 중요한지를 살펴보아야 합니다. 영적인 전쟁에서 승리를 거두려면 풍성한 생수가 필요합니다. 갈증이 계속되면 승리할 수 없습니다. 전투를 해보기도 전에 패배하고 말 것입니다.

이 생수는 우리에게 목마름의 해결과 만족, 시원함을 주지만 대적에게는 피처럼 보입니다. 이는 '예수님께서 흘리신 보혈의 능력'을 암시합니다. 예수님께서는 십자가에서 피와 물을 흘리셨습니다 (요 19:34 참조). 이 피와 물은 사실 하나입니다. 피는 죄 용서함을 강조하고, 물은 씻음과 목마름의 해결을 의미합니다.

영적 전쟁에서 목마름이 있을 때 우리는 어떻게 해야 합니까?

첫째, 찬양을 하십시오. 연합군 왕들의 청을 받은 엘리사는 먼저 거문고 탈 자를 불러오게 합니다. 거문고를 탈 때에 여호와께서 엘리사를 감동시키셨습니다. 여기서 감동은 성령의 역사를 뜻합니다. 영적 전쟁에서 찬양만큼 좋은 것이 없습니다. 찬양은 우리 속에 계신 성령을 움직이게 하고 역사하게 합니다. 찬양은 하나님의 뜻과 말씀을 잘 분별할 수 있도록 우리의 영을 강화시킵니다.

둘째, 물이 나올 때까지 골짜기를 파야 합니다. 엘리사의 명을 받은 장병들은 골짜기를 깊이 팠을 것입니다. 처음에는 파고 또 파도 흙, 자갈, 모래, 바위 등 여러 가지 잡다한 것들만 많이 나왔을 것입니다. 그러나 포기하지 않고 계속 파자, 생수가 풍성하게 흘러나왔습니다.

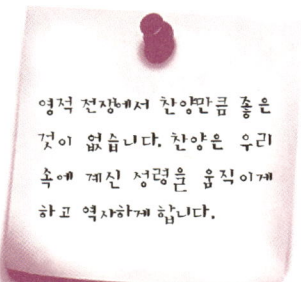

영적 전쟁에서 찬양만큼 좋은 것이 없습니다. 찬양은 우리 속에 계신 성령을 움직이게 하고 역사하게 합니다.

우리 마음속 깊은 곳의 생수이신 성령은 흘러나오시기를 원합니다. 그러나 우리는 그 성령이 역사하시지 못하도록 여러 가지 흙, 자갈, 모래, 죄, 불신 등으로 성령을 제한할 때가 많습니다.

마음의 묵은 땅을 기경해야 합니다. 딱딱하고 굳은 마음, 미지근하고 타협적인 마음, 돌처럼 교만한 마음을 기경해야 합니다. 우리의 내면이 더욱 거룩해지도록 파고 또 파야 합니다.

찬양과 기도, 말씀과 교제를 통해 내면의 굳은 땅을 파내야 합니다. 그래서 생수의 근원이신 하나님께서 우리 속에서 흘러나와 우리를 온전히 사로잡으시고, 원수들을 패배시키시도록 해야 합니다.

사실 전쟁에서 승리의 열쇠는 대적에게 있지 않습니다. 우리의 영적 상태에 달려 있습니다. 당신은 영혼이 목마르지 않고 날마다 신선한 생수로 적셔지며, 풍성하게 생수를 누리며 살고 있습니까? 이것이 바로 영적 전쟁에서 승리하는 비결입니다.

생수의 근원은 어디입니까? 바로 하나님 자신입니다(렘 2:13 참조). 사람들이 영적 전쟁에서 승리하지 못하는 이유는 생수의 근원인 하나님을 버리고, 스스로 웅덩이를 파기 때문인데, 그것은 터진 웅덩이일 뿐입니다.

가정과 직장에서 승리하기를 원하십니까? 그곳에 땅을 파서 도랑을 만들고 개천을 만드십시오. 말씀과 기도와 찬양과 교통에 집중하십시오. 반드시 승리할 것입니다.

묵상 및 적용

1. 영적 전쟁에서 승리하는 비결은 무엇입니까?

2. 당신의 영혼이 목마를 때 해야 할 일은 무엇입니까?

오늘의 기도

_____
_____
_____
_____
_____

제3일 생수를 누린 사람들(1) - 인류의 시작 아담

　성경의 처음과 마지막에 강에 대한 언급이 나옵니다. 창세기에서는 생명수의 강이 에덴(기쁨이라는 뜻)에서부터 흐르고(창 2:10 참조), 요한계시록에서는 하나님과 어린 양의 보좌로부터 수정같이 맑은 생명수의 강이 흘러나옵니다(계 22:1 참조).

　에덴에서부터 흐른다는 의미는 이 강이 하나님으로부터 흘러나온다는 것입니다. 하나님의 통치와 다스림 아래에 있을 때 생명의 풍성한 기쁨이 나타납니다. 이 강은 에덴동산의 모든 생물의 생명을 자라게 하며 목마름을 해결해줍니다. 사람도 마찬가지입니다. 육신의 생명도 혈액순환을 유지하기 위해서는 물을 충분히 마셔야 합니다.

　에덴에서 흘러나온 생명수의 강은 동산을 적시고 온 인류의 문명의 발상지가 되는 네 근원으로 갈라집니다. 이 강이 넷으로 갈라지는 이유는 무엇입니까? 넷은 동서남북 사방을 뜻하는 것으로, 이 강이 사방 모든 사람에게 흘러간다는 뜻입니다.

1) 첫째 강의 이름은 '비손' 입니다. 비손은 '값없이 흐른다' 라는 뜻이며, 이 강은 '하윌라' 로 흐릅니다. 하윌라는 '자라게 한다' 라는 의미입니다. 첫 번째 강은 누구든지 값없이 무료로 먹을 수 있으며, 하윌라 지역의 모든 생명체는 값없이 주는 생명수로 말미암아 성장해간다는 것을 보여줍니다.

이것은 물질적인 물입니까, 아니면 영적인 물입니까? 에덴동산에서 흐르는 강은 물질적이면서도 영적인 의미가 있습니다.

예수님께서는 누구든지 목마른 자는 자신에게로 와서 값없이 마시라고 외치십니다(사 55:1; 계 22:17 참조). 누구든지 마시면 그 배에서 생수의 강이 흘러나올 것입니다(요 7:37-38 참조). 예수님께서는 이 생수를 성령이라고 말씀하십니다(요 7:38 참조). 생수의 흐름은 곧 성령의 흐름입니다.

2) 둘째 강의 이름은 '기혼' 입니다. 기혼은 풍만하게 거대한 조류처럼 넘쳐흐르는 '격류' 를 의미합니다. 마치 나이아가라 폭포 같은 격류입니다. 이러한 거대한 격류가 생기려면 엄청난 양의 물이 필요합니다. 여기서 이 강의 물이 얼마나 풍성한지를 알 수 있습니다. 하나님의 은혜는 폭포수와 같아서 거대하고 풍성합니다.

이 강은 '구스' 온 땅으로 흘러갑니다. 구스는 에티오피아의 히브리어 명칭으로, '검은 얼굴' 혹은 '검은 피부' 를 가리키며, 변할 수 없는 죄인의 본성을 의미합니다.

> 구스인이 그의 피부를, 표범이 그의 반점을 변하게 할 수 있느
> 냐 할 수 있을진대 악에 익숙한 너희도 선을 행할 수 있으리라
> 렘 13:23

하나님의 은혜가 거대하고 풍성하게 폭포수처럼 죄인에게 흐를 때, 그는 변화될 수 있습니다. 세상의 어떠한 것도 사람을 쉽게 변화시킬 수 없습니다. 그러나 하나님의 은혜는 가능합니다. 하나님께서는 하실 수 있습니다. 따라서 둘째 강은 인류를 향한 하나님의 풍성한 사랑을 보여줍니다.

3) 셋째 강의 이름은 '힛데겔' 입니다. 힛데겔은 '신속한 힘'을 의미합니다. 급하고 강하게 흐르는 강은 신속한 힘을 가지고 있습니다. 영적 의미로는 강력한 힘과 능력을 상징하는 부활의 능력을 뜻합니다.

이 강은 '앗수르' 즉, '평원'으로 흐릅니다. 신속한 힘으로 사람이 살 수 있는 평원으로 흐르는 것입니다. 그러므로 이 강은 성령의 강력한 능력, 사망의 권세까지도 깨뜨리는 부활의 능력이 모든 사람이 사는 곳까지 미치게 됨을 암시합니다.

4) 넷째 강은 '유브라데' 입니다. 이 단어는 '달고 풍성하며 결실이 많은' 이라는 의미입니다. 이 생명수의 강은 신선하고, 달콤하고, 풍성하며, 이 강이 이르는 곳마다 많은 열매가 있음을 암시합니다.

인류의 문명이 번성하고 발전하는 곳은 반드시 강을 중심으로 이루어졌습니다. 강은 모든 생명에게 번성과 풍성한 열매의 축복을 줍니다.

이렇게 창세기에서는 인류의 번성의 근원인 강의 기원을 보여줍니다. 이 강은 물질적인 강입니까, 아니면 영적인 강입니까? 두 가지 다 포함합니다. 물질적이든지 영적이든지 강이 있는 곳에는 풍성과 부요와 열매가 따라옵니다.

인류의 조상 아담은 날마다 에덴에서 흘러나오는 강물을 마시면서, 달고 신선하고 풍성한 삶을 누렸습니다. 육체적으로는 목마름을 해결하고, 영적으로는 기쁨과 평안함을 누렸을 것입니다. 에덴은 '기쁨'이라는 뜻이기에 이 강은 기쁨의 강이라고 말할 수 있습니다.

1. 에덴에서 흘러나오는 네 가지 강의 특징을 살펴보십시오.

2. 생명수의 강을 묵상하며 시, 찬송시, 기도문을 써보십시오.

오늘의 기도

제4일 생수를 누린 사람들(2) – 아브라함, 이삭, 야곱

믿음의 조상인 아브라함, 이삭, 야곱, 이 세 사람도 하늘에 속한 영적인 생명수를 누리며 주님 안에서 만족한 삶을 살았습니다. 아브라함의 삶에 우물이 처음 등장한 것은 그랄 왕 아비멜렉의 종들이 강제로 그의 우물을 빼앗은 사건입니다. 아브라함은 이 사건으로 아비멜렉과 언약을 세우며, 서로 맹세했는데 그 장소가 '브엘세바'입니다.

브엘세바는 '일곱 개의 우물', '맹세의 우물'이라는 뜻입니다. 아브라함은 이곳에서 상당 기간 살았으며, 하나님께서 밤에 이삭에게 나타나셔서 "복을 주어 네 자손이 번성하게 하리라"(창 26:24)라는 약속을 주신 곳도 이곳입니다. 또한 이 브엘세바는 야곱이 태어난 곳이기도 합니다.

아브라함은 아비멜렉에게 일곱 암양을 주면서 언약을 세우고, 맹세를 하게 하여 우물을 도로 찾습니다. 여기에서 우물은 생수를 의미하며, 일곱은 완전수를, 암양은 우리의 희생제물이신 그리스도를 의미합니다.

하나님께서는 아담에게 에덴에서 흘러나오는 생명수를 공급하셨지만, 그는 범죄 이후에 에덴에서 쫓겨났고 영적인 사망을 경험했으며, 영혼의 갈증을 겪어야만 했습니다. 그러나 일곱 암양 즉, 우리의 완전한 희생제물이신 그리스도로 말미암아 우리는 다시 우물을 되찾게 되었습니다. 이 우물은 일곱 개의 우물로, 완전한 우물이며 맹세의 우물입니다. 아브라함은 이 우물의 생수를 누릴 수 있었습니다.

아브라함은 브엘세바에 에셀 나무를 심고 거기서 영생하시는 여호와 하나님의 이름을 불렀습니다(창 21:33 참조). 에셀 나무는 상록수입니다. 전체적인 모양은 둥글고 울창하며 가지는 가늘어서 수양버들처럼 늘어집니다. 이 나무는 뜨거운 광야에서 유목민이나 나그네에게 그늘을 제공하는 안식의 쉼터가 되기도 하고, 위치를 알려 주는 이정표 역할을 하기도 합니다. 에셀 나무는 우물과 연관이 있습니다. 이는 이 우물의 물이 얼마나 풍성한지, 또한 얼마나 많은 물을 공급하는지를 나타내줍니다.

우물(생수), 에셀 나무, 영생하시는 하나님, 이 세 가지는 서로 연결됩니다. 창세기 2-3장에서 에덴에서 발원하는 강, 동산 중앙의 생명나무, 동산을 거니시는 하나님이 나오듯이, 또한 요한계시록 22장에서 수정같이 맑은 생명수의 강과 강 좌우의 생명나무, 하나님과 어린 양의 보좌가 있듯이, 아브라함도 브엘세바에서 우물과 에셀 나무, 영생하시는 하나님, 이 세 가지를 모두 누리는 삶의 그림을 보여줍니다. 따라서 이 장면은 믿음의 조상 아브라함의 영적 풍성함을 우리에게 그림으로 보여주는 것입니다.

이삭도 우물과 관련된 사건을 겪었습니다. 블레셋 사람들이 이삭의 아버지 아브라함이 팠던 우물을 메웠기에 이삭은 다시 우물을 팠습니다. 그런데 이번에는 그랄 목자들이 와서 다투면서 방해했습니다. 이삭은 방해를 받을 때마다 다투지 않고 이동해서 우물을 팠으며, 결국 세 번째 장소인 르호봇(넓음)에서 우물을 얻었습니다.

그는 이곳에서 이렇게 고백합니다. "여호와께서 우리를 위하여 넓게 하셨으니 이 땅에서 우리가 번성하리로다"(창 26:22). 우물은 번성의 축복과 연결됩니다.

야곱 역시 우물과 연관이 깊습니다. 요한복음 4장에는 야곱의 우물이 나옵니다. 이 장면은 아브라함과 이삭이 우물을 누렸던 것처럼 야곱도 생수이신 하나님을 누렸음을 보여줍니다. 이곳에서 예수님께서는 물을 길으러 나온 여인에게 영적 생수, 영혼에서 솟아오르는 샘물을 제공하셨습니다. 구약의

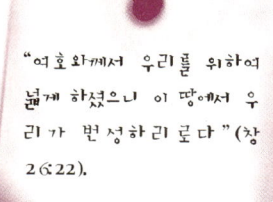

우물은 신약의 영적 생수에 대한 그림입니다. 믿음의 조상들은 한결같이 생수를 누렸습니다. 당신도 풍성한 생수를 누리기 바랍니다.

묵상및적용

1. 믿음의 선진들은 어떻게 생수를 누렸습니까?

2. 오늘도 풍성한 생명수를 주시도록 기도문을 써보십시오.

오늘의 기도

제5일 생수를 누린 사람들(3) – 출애굽한 백성, 삼손, 다윗과 주님을 사랑하는 성도들

- 출애굽한 백성

애굽을 탈출한 약 200만 명의 이스라엘 백성은 40년 동안 광야에서 그들이 필요한 물을 어떻게 공급받았습니까? 출애굽 이후 가나안 도착까지 지나온 지역이 마흔두 개입니다. 그들은 평균 1년에 한 번꼴로 이동을 했습니다. 그들은 마시고, 몸을 씻고, 옷을 빨거나 물건을 깨끗하게 하고, 음식을 하는 데 엄청나게 많은 물을 사용했을 것입니다.

물은 생명입니다. 물이 없다면 생명을 유지할 수 없습니다. 그만큼 물은 사람에게 없어서는 안 되는 본질적 문제입니다.

우리의 인생에서 가장 본질적인 것은 무엇입니까? 바로 생명수로 예표되는 성령 하나님입니다. 하나님께서는 예수님으로 상징된 반석이 모세의 지팡이에 의해 매를 맞게 하셨습니다.

모세는 율법을, 지팡이는 율법의 권위를 상징합니다. 예수님께서는 십자가에서 모든 율법의 저주를 우리를 대신해서 받으셨습니다. 반석이 매를 맞아 갈라졌을 때, 생수가 흘러넘쳐서 이스라엘 백성의 필요를 공급했습니다. 이 반석은 광야생활 40년 동안 그들을 따라다니며 물을 공급했습니다(고전 10:4 참조).

- 엔학고레의 샘을 누린 삼손

삼손은 레히에서 나귀의 턱뼈로 블레셋 사람 일천 명을 죽이는 큰일을 행했습니다. 이 일은 아무나 할 수 없고, 오직 하나님의 큰 도우심으로 이루어진 일입니다. 그러나 그는 곧 심한 갈증에 빠져 블레셋 사람에게 잡힐 위기에 처합니다(삿 15:18 참조).

많은 사람이 아주 엄청난 일을 성취하고 난 이후에 깊은 갈증에 빠집니다. 외형적으로는 매우 큰 성과를 올렸지만 반면에 그 내면은 곤핍할 때가 있습니다. 이때가 큰 위기입니다. 삼손은 이때 여호와께 부르짖었고, 기도응답으로 하나님께서 그곳에서 물이 나오게 하시니, 삼손이 물을 마시고 정신이 회복되어 소생합니다. 그리고 그 이름을 엔학고레 즉, '부르짖는 자의 샘'이라고 칭합니다.

목이 마를 때마다 주님께 부르짖으십시오. 부르짖고 또 부르짖으십시오. 당신의 영혼 속에 샘물이 터질 것입니다.

- 다윗과 주님을 사랑하는 성도들

성경에 나오는 하나님을 믿는 모든 성도는 하나님께서 주시는 생명수를 누리며 살았습니다. 다윗도 마찬가지입니다. 그는 여호와께서 목자가 되셔서 쉴 만한 물 가로 인도하시며 영혼의 목마름을 해결해주시는 분이라고 고백합니다(시 23:1 참조).

아가서는 주님을 사랑하는 자로 예표되는 성도와 주님과의 사랑의 관계를 노래합니다. 주님께서는 술람미 여인으로 예표된 우리를 바라보시며 이렇게 고백하셨습니다.

> 너는 동산의 샘이요 생수의 우물이요 레바논에서부터 흐르는 시내로구나 아 4:15

우리 영혼 속에는 성령이 계십니다. 그 성령은 생수처럼 흘러넘치시기를 원합니다. 주님께서는 우리에게서 동산의 샘, 우물, 시내처럼 생명수가 흘러넘치는 아름다운 삶을 보시고 만족스러워하십니다.

구원받은 모든 성도는 미래에 어떤 삶을 살게 될까요? 요한계시록 7장은 어린 양이신 예수님께서 구원받은 성도들의 목자가 되사, 생명수 샘으로 인도하실 것을 보여줍니다(계 7:17 참조). 영원히 목마름도 갈증도 없는 참된 만족의 삶을 누리는 것입니다.

묵상 및 적용

1. 믿음의 선진들과 구원받은 성도들은 어떻게 생명수를 누렸습니까?

2. 참된 만족과 안식은 주님께서 성도에게 예비하신 놀라운 하늘의 선물입니다. 당신은 얼마나 주님의 선물을 사모하며 누리고 계십니까?

🖐 오늘의 기도

제6일 생수를 누리는 비결(1)

1. 갈급한 마음으로 부르짖으며 간구하라

우리 영혼에 참된 안식과 만족이 없을 때, 세상의 파도와 풍랑으로 우리 내면이 요동칠 때, 광야와 같은 살인적 햇빛으로 우리 마음이 황폐해질 때, 우리는 주님께 나아가 부르짖어 주님을 찾는 기도를 해야 합니다.

> 구하라 그리하면 너희에게 주실 것이요 찾으라 그리하면 찾아낼 것이요 문을 두드리라 그리하면 너희에게 열릴 것이니   마 7:7

구하고 찾고 문을 두드리는 끈기가 있어야 합니다. 하늘 문이 열릴 때까지 간절한 심령으로 기도하는 것입니다. 성경에는 세 번씩 기도하는 기도의 원칙이 나옵니다.

사도 바울은 주님께 그의 질병이 낫기를 세 번 간구했고, 예수님께서도 겟세마네 동산에서 십자가를 지는 문제에 대해 세 번 기도하셨습니다. 여기서 세 번은 응답될 때까지를 의미합니다. 단순한 횟수의 문제가 아닙니다. 응답될 때까지 기도하는 것입니다.

주님께서는 우리에게 가장 좋은 것 즉, 성령을 부어주시기를 소원했습니다. 그리고 구하는 자에게 그 가장 좋은 것을 주시겠다고 약속했습니다(눅 11:13 참조).

삼손은 레히 지역에서 목말라 죽을 것 같았을 때 주님께 부르짖었습니다. 주님께서는 삼손의 기도를 들어주시고 그곳에서 샘을 터지게 하셔서 산속의 갈급함을 면하게 하셨습니다.

예수님께서 사마리아 우물가에서 여인을 만났을 때, 그녀는 이미 여섯 명의 남편으로도 만족할 수 없는 인생의 심각한 갈증을 겪고 있었습니다. 그녀는 "주여, 그런 물을 내게 주사 목마르지도 않게 하소서"(요 4:15 참조)라고 구했습니다. 주님께서는 구하는 자에게 주십니다. 주님께 끈질기게 생수를 달라고 간구하십시오. 주님께서 반드시 응답해주실 것입니다.

생수를 마시는 것은 성령을 마시는 것입니다(고전 12:13 참조). 우리 영혼을 만족시키는 것은 영이신 하나님밖에 없습니다. 영혼을 하나님으로 충만하게 채우기 위해 갈급함으로 부르짖고 간구해야만 합니다.

> 생수를 마시는 것은 성령을 마시는 것입니다. 우리 영혼을 만족시키는 것은 영이신 하나님밖에 없습니다.

2. 주님께 온전히 사로잡히라

사람은 마음에 가득한 것이 입으로 나옵니다. 우리 영혼에 생수가 흘러나오려면 먼저 생수가 흘러 들어가 가득 채워져야 합니다. 내면에 배설물 같은 세상의 것들이 가득 차 있을 때에는 세상의 것이 나오게 되어 있습니다. 생수는 세상의 것이 아닌, 신성한 하늘에 속한 것입니다. 생수가 어디에 있습니까? 생수는 바로 믿는 사람 속에 거하시는 성령입니다.

성령이 흘러나오시려면 우리 내면에 있는 것이 먼저 죽어야 합니다. 생수는 성전의 문지방 밑에서 물이 나와 동쪽으로 흐르다가 성전 오른쪽 제단 남쪽으로 흘러내립니다. 제단은 제물이 죽는 장소입니다.

인간적인 모든 것, 육에 속한 것, 세속적인 것들은 제단을 통과해 죽어야 합니다. 세속적인 것이 죽어야만 비로소 거룩한 생수가 흐를 수 있습니다.

에스겔 47장을 보면 성전에서 흘러나온 물이 천 척을 측량한 후에 발목에, 또 다시 천 척을 측량한 후에 무릎에, 다시 천 척 후에 허리에, 다시 천 척 후에는 물에 잠깁니다(겔 47:3-5 참조). 다윗은 "주의 궁정에서의 한 날이 다른 곳에서의 천 날보다"(시 84:10) 낫다고 고백했고, 솔로몬은 일천 번제를 하나님께 드렸습니다.

여기서 '천'(千)이라는 수는 하나의 온전한 단위입니다. 천 척은 하나님의 기준에서 볼 때 온전하게 하나의 과정을 통과하는 단계입니다. 우리는 하나님께서 원하시는 영적 과정을 통과할 때마다 더 깊은 은혜의 세계 속으로 들어갑니다.

사람마다 하나님께서 부어주시는 생수의 은혜가 각각 다릅니다. 우리의 영적 수준과 상태에 따라 은혜가 다르게 나타날 수밖에 없습니다. 세속적인 것이 하나씩 떨어져나갈 때 거룩한 생수가 점점 더 흘러나옵니다.

사도 바울은 주님을 위하여 모든 것을 잃어버리고 배설물로 여긴다고 고백합니다(빌 3:8 참조). 내가 붙든 모든 것을 내려놓아야 합니다. 그럴 때 가장 소중한 하늘의 것을 누릴 수 있습니다. 바로 그리스도를 얻는 것입니다(빌 3:8 참조). 또한 사망의 권세를 깨뜨리고 부활한 새 생명, 그 생명력을 누리기 위해서는 예수님께 사로잡혀야 합니다(빌 3:12 참조).

 묵상 및 적용

1. 생수를 누릴 수 있는 구체적인 방법은 무엇입니까?

2. 주님께서 당신의 영혼을 사로잡으시고, 또한 당신이 제단을 통과하도록 자신을 주님께 드리는 기도문을 써보십시오.

오늘의 기도

제7일 생수를 누리는 비결(2) – 생수를 흘려보내는 삶

생수의 강이 흘러넘치는 삶을 누리려면 영적 법칙을 알아야 합니다. 강은 반드시 흐르게 되어 있습니다. 고요하게 괴어 있는 것은 호수입니다. 성경에서 말하는 생수는 호수가 아닌 강입니다. 강은 하늘에서 내려온 비나 저장되어 있는 분천이 흘러넘쳐서 형성된 시내가 모여 이루어집니다. 강은 물이 들어오는 곳이 있으면 나가는 곳이 있습니다. 이것이 중요한 원칙입니다.

우리 영혼 속에 성령이 강같이 흐르기 위해서는 반드시 하나님의 은혜가 영혼 안에 흘러 들어와야 합니다. 말씀과 기도를 통해 공급받아야 합니다. 공급이 없다면 흘러갈 길이 없습니다.

목이 마를 때 우리는 반드시 물을 마셔야 합니다. 여기서 더 중요한 사실은 계속 물을 마시려면 물을 반드시 내보내야 한다는 것입니다. 수도꼭지에 연결된 파이프를 통해 들어온 물은 반드시 나가야 합니다. 들어온 물이 나가지 않으면 더 이상 새로운 물이 들어올 수 없습니다.

생수를 계속 마시려면 생수를 흘려보내야 합니다. 생수를 흘려보내는 방법은 무엇입니까? 주전자를 예로 든다면, 주전자에 생수를 넣고 싶은데 그 안에 구정물이 있다면 먼저 구정물을 버려야 합니다. 그리고 주전자를 깨끗이 씻은 후에 생수를 가득 부으면 됩니다.

또한 주전자가 차고 넘치게 하려면 계속해서 생수를 넣으면 됩니다. 그리고 날마다 안에 든 물을 주전자 주둥이로 흘려보내야 합니다. 그럴 때 새로운 생수를 공급받을 수 있습니다.

하나님의 은혜도 이와 마찬가지입니다. 하나님의 말씀을 듣고, 읽고, 공부하고, 암송하며, 묵상하여 우리 내면에 채웠다면 그 말씀을 다시 입으로 흘려보내야 합니다. 말씀을 듣는 것도 중요하지만 말씀을 전하는 것은 더욱 중요합니다. 복음을 전하면 복음을 전하는 사람 자신이 복음의 능력을 더욱 깊이 체험합니다. 하나님의 말씀을 배우는 것도 중요하지만 직접 그 말씀을 가르쳐보십시오. 진리가 더욱 분명해지고 밝아질 것입니다.

말씀을 눈으로만 읽지 말고 입으로 선포하며 말하십시오. 말씀의 능력이 흘러나올 것입니다. 하나님의 말씀을 묵상해서 우리 안으로 소화하고 흡수했다면 그 깨달은 말씀으로 시를 짓고 찬양을 해보십시오. 놀라운 은혜가 흐를 것입니다.

입을 열어 하나님의 크신 일을 말하십시오. 기도응답, 말씀의 깨달음을 입으로 말하는 것이 간증이며 선포요, 능력입니다. 입을 여십시오. 방언기도도 입을 열어서 할 때에야 비로소 우리 속에서 성령의 은혜가 흘러나옵니다.

흘려보내야 신선한 생수가 흘러들어올 수 있습니다. 교회에서 말씀을 가르치는 목자(구역장), 교사, 찬양대원들은 이러한 축복을 누립니다.

오순절 성령이 각 사람 위에 임하시면서 주신 놀라운 것은 성령이 말하게 하심을 따라 그들이 말을 하기 시작했다는 것입니다. 성령이 말하게 하심을 따라 말을 하는 것이 생수를 흘려보내는 것입니다. 인간적이고 부정적인 말, 불신의 말, 관계를 깨뜨리는 말은 우리 안에 있는 생수에 흙을 뿌리는 것과 같습니다. 우리의 생각과 감정을 따라 말하는 것이 아니라, 성령의 생각과 감정을 따라 말할 때 생수의 강은 흘러넘칠 것입니다.

성령의 은혜가 더욱 흘러넘치도록 성령을 상징하는 이른 비와 늦은 비를 사모하십시오(욜 2:23 참조). 비는 모든 만물의 생명을 신선하게 하고 촉촉하게 하여 대지를 새 생명의 기운으로 적셔줍니다. 이스라엘 같은 중동지방에서 자라는 모든 곡식과 열매는 이른 비와 늦은 비가 반드시 필요합니다. 이른 비는 가을비이고, 늦은 비는 봄비입니다. 유대 나라는 가을에 씨를 뿌리고 봄에 추수했으므로, 이른 비는 씨를 싹트게 하고, 늦은 비는 씨가 성장하여 열매를 맺을 수 있게 합니다.

이처럼 땅의 생명을 살리는 역할을 비가 하듯이, 우리 영혼을 성장하게 하고 열매를 맺게 하는 것도 역시 비와 같은 성령의 은혜입니다.

교회사적으로 적용해보면, 이른 비는 오순절에 마가의 다락방에서 부어주신 성령의 강림입니다. 복음의 씨가 이른 비를 통해 싹트고 성장해갑니다. 그리고 이제는 늦은 비와 같이 전 세계에 부어주시는 성령의 역사를 통하여 복음의 열매가 맺히고 있습니다.

묵상 및 적용

1. 당신의 영 안에 생수의 성령이 흘러나오는 영적 원칙은 무엇입니까?

2. 교회, 직장, 가정에서 진리를 흘려보낼 수 있는 방법이 무엇인지 생각해보고 그것을 적용해보십시오.

오늘의 기도

제10과
기름부음의 기도

제1일 성령의 기름부음

성령의 기름부음이란 무엇입니까? 성령은 다양하게 우리의 삶 속에서 역사하십니다. 중동지방의 뜨거운 기후에서 살아가기 위해서는 반드시 물이 필요합니다. 또한 물 못지않게 중요한 것이 있는데 바로 기름입니다. 중동지방의 광야는 사막기후입니다. 뜨거운 햇살 아래서 건강한 몸을 유지하려면 올리브나무(감람나무)에서 나오는 기름을 매일 얼굴과 몸에 발라 피부를 보호해야 합니다.

한국인에게 김치가 필수적이듯이, 중동지방에서는 올리브열매를 장아찌처럼 만들어서 이를 매일 섭취합니다. 중동지방의 기후에서 잘 적응하는 체질로 살기 위해서는 반드시 올리브기름을 음식에 넣어 먹어야 합니다.

또한 이 기름은 어둠을 밝히는 등불에도 사용하며, 상처를 치유하며 낫게 하는 용도로도 쓰입니다. 고대 중동사회의 처녀들은 시집을 가면서 옥합에 기름을 모아 지참금처럼 가져가기도 했습니다.

이처럼 기름은 중동지역 사람들에게 없어서는 안 되는 필수품입니다.

성경은 성령의 역사를 중동지방의 생활 속에서 가장 요긴한 용도로 쓰이는 기름을 통해서 진리로 계시합니다. 성령을 생수로 계시하는 것과 마찬가지로 성령을 기름부음으로 나타내고 표현합니다.

구약에서 기름은 두 가지 용도로 사용됩니다. 첫째는 성막 안의 모든 기구에 기름을 발라서 거룩하게 하는 것입니다. 이 기름은 향을 제조하는 법대로 하여 향기름으로 만드는데, 이를 '거룩한 관유'라고 불렀습니다(출 30:25 참조).

관유(흐를 灌, 기름 油)란 흐르는 기름이라는 뜻으로, 정체되어 있는 기름이 아닌 흐르고 움직이는, 생명력 있는 영생의 특징을 의미합니다. 이 관유는 거룩한 관유입니다. 거룩함이란 오직 하나님께만 해당됩니다. 왜냐하면 하나님 외에는 온전히 거룩한 분이 없기 때문입니다.

하나님께서는 이 거룩한 관유를 회막과 증거궤, 상과 등잔대와 분향단과 물두멍과 그 모든 기구에 발라 지극히 거룩한 것으로 구별하라고 명령하셨습니다(출 30:29 참조). 거룩한 것은 분별되고 구별되는 것으로서 하나님께 속하였다는 의미입니다.

둘째로 거룩한 관유는 제사장, 왕, 선지자에게 기름을 부을 때 사용하여 직임을 위임하며 그들로 거룩하고 구별되게 하였습니다(출 30:30 참조).

여기서 기름의 가장 중요한 기능은 거룩하게 하며, 하나님께 속한 것으로 구별되게 하는 것입니다. 이것은 기름부음의 가장 중요한 기능입니다.

구약에서 성령은 하나님의 영, 혹은 여호와의 영(신)으로 불렸습니다. 이는 창조의 하나님과 구원의 하나님을 강조해줍니다. 그러나 신약에 와서는 '성령'(Holy Spirit) 곧 '거룩의 영'으로 불립니다. 성령의 본질적인 사역은 거룩하게 하시는 성화의 사역임을 우리에게 보여줍니다.

성령이 믿는 사람들 안에 들어오시면서 우리의 영과 성령은 연합되었습니다. 또한 우리의 죽은 영은 부활의 영이신 성령으로 말미암아 다시 살아나게 되었습니다. 우리 속에 계신 거룩의 영으로 인해 우리는 성도(聖徒)라 불립니다.

하나님 앞에서 우리는 하나님의 자녀가 되어 의인으로 인정받게 되었습니다. 또한 우리 속에 계신 성령은 우리를 계속해서 거룩하게 만들어가는 성화의 사역을 하고 계십니다. 어떻게 하면 실제로 거룩한 삶을 살아갈 수 있습니까? 출애굽기를 보면 성막의 모든 기구는 거룩한 성분을 지닌 관유와 접촉할 때 거룩해졌습니다. 이를 영적으로 적용해보면, 구약의 성막은 신약의 교회이며, 성막의 기구들은 교회 안의 성도들입니다. 성막의 다양한 기구와 같이 교회 안의 성도들은 하나님께서 주신 은사를 따라 섬겨야 합니다. 여기에 공통점이 있는데, 거룩한 관유와의 접촉으로 거룩해진다는 점입니다.

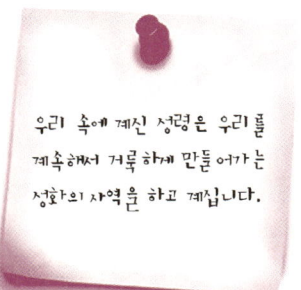

우리 속에 계신 성령은 우리를 계속해서 거룩하게 만들어가는 성화의 사역을 하고 계십니다.

오늘날 하나님의 자녀들이 어떻게 거룩해질 수 있습니까? 우리 안에 계신 성령의 거룩한 요소인 기름 성분이 우리 양심과 생각과 감정과 의지(뜻)로 흘러들어 접촉을 통해 우리를 변화시킵니다.

거룩함은 인간의 힘이나 능력, 방법으로 이룰 수 없습니다. 인간은 전적으로 타락하고 부패하였기에 하나님의 거룩한 요소가 사람의 내면 안에 접촉(혹은 주입)되기 전에는 거룩해질 수 없습니다. 물론 여기서의 거룩은 성화(聖化)의 과정이며, 완벽한 성화는 우리의 몸까지 예수님처럼 부활의 몸으로 변화되어 영화(榮化)롭게 될 때만 가능합니다.

우리의 내면을 거룩하게 하시는 주님의 신성한 기름부음을 사모하십시오.

묵상 및 적용

1. 기름부음은 무엇을 의미하며 왜 중요합니까?

2. 성령의 가장 중요한 본질적 사역은 무엇입니까?

3. 성령의 기름부음을 사모하며 당신의 내면을 새롭게 해달라고 기도문을 써보십시오.

🖐 오늘의 기도

제2일 기름부음의 유익(1) - 자유함을 누림

예수님께서는 공생애 사역을 시작하시면서 성령의 기름부음을 받으셨습니다. '기름부음'이란 무엇입니까? 성령의 임재하심입니다. 누가복음에서는 성령의 임재하심을 마치 기름이 부어지는 것과 같다고 표현합니다(눅 4:18 참조).

예수님께서 기름부음을 받으신 이유는 무엇입니까? 그것은 가난한 자에게 복음을 전하기 위해서입니다. 복음이란 '복된 소식' 입니다. 고대전쟁에서 적군에게 사로잡혀 포로가 되면 노예로 살거나 죽음을 기다릴 수밖에 없었습니다. 이러한 상황에서 석방되어 자유를 누릴 수 있다는 소식을 듣는 것이 복음입니다. 즉, 해방을 의미합니다. 따라서 영적으로 눈이 멀고 소경이 되었다가 다시 보게 되며, 마음이 눌리고 영혼이 압제를 당하는 상태에서 자유함을 얻은 상태가 복된 소식입니다.

기름부음이 임할 때 성령의 능력이 나타납니다. 복음을 내 힘과 능력과 지혜로 전파하려고 하면 너무 힘이 들고 어렵습니다. 그러나 성령의 임재와 영광이 나타날 때 하나님의 능력도 나타납니다.

기름부음이 임할 때 나타나는 특징은 바로 '자유함'입니다(눅 4:18 참조). 오늘날 왜 많은 사람의 영혼이 고통스러워합니까? 심한 스트레스 때문에 정신적 감옥에 갇혀 있기 때문입니다.

오래전에 상담학 공부를 할 때 일어난 일입니다. 같은 그룹의 한 자매가 항상 머리카락으로 얼굴의 반쪽을 가리고 다녔습니다. 그러나 같은 반 학생들은 크게 신경 쓰지 않았습니다. 그런데 감수성 훈련시간에 교수님이 날카롭게 질문을 했습니다. "자매님은 왜 항상 머리카락으로 얼굴 한쪽을 가리고 있나요?" 그 자매는 얼굴이 빨개지더니, 얼굴이 너무 커서 창피해서 머리카락으로 가리고 다닌다고 대답했습니다. 어렸을 때부터 자매의 어머니는 딸에게 "너는 머리가 참 크네"라는 말을 종종 했다고 합니다. 그래서 자매는 머리를 조금이라도 작게 보이려고 항상 머리카락으로 얼굴을 가리고 살아왔습니다.

교수님은 학생들에게 그 자매의 머리가 한국인의 표준형에 비해 "크다, 표준형이다, 작다"를 예로 들어 물어보았습니다. 놀랍게도 그룹 구성원들은 자매의 머리가 표준보다 작다는 데 의견을 일치했습니다.

그 자매는 어머니에게 들은 말 때문에 늘 열등감에 빠져 살았습니다. 남들보다 머리가 너무 크다고 여겨서 늘 머리카락으로 얼굴을 가리고 다녔습니다. 스스로와 사람들 앞에서 자유함이 없었던 것입니다. 열등감을 감추기 위해 자기도 모르게 무의식 속의 내면 에너지가 얼마나 많이 소비되었겠습니까? 어떤 사람들은 학력, 직업, 재산, 사회적 지위 때문에 열등감을 느낍니다.

이와는 반대로 우월감을 느끼는 사람들도 있습니다. 자기의 외모나 학력, 지위, 재산 등이 남들보다 더 낫다고 여기며 무의식 속에 우월의식이 가득 차 있는 것입니다. 그러나 우월의식 역시 자신의 열등감을 감추기 위한 또 다른 단면일 뿐입니다.

열등감이나 우월감은 같습니다. 이것들은 자신의 기준에서 자신을 평가하기 때문에 쉽게 낙담하고 쉽게 고통을 받게 만듭니다. 사람들에게 자신을 있는 모습 그대로 보여주지 못하게 해서 늘 불안해하며 살게 합니다.

그러나 성령의 기름부음이 임하면 인간적인 기준이 아니라 성령의 생각으로 다스림을 받는 통치 안으로 들어가므로 자유함과 평안을 누립니다. 그런데 그리스도인들에게 성령이 임하셨음에도 불구하고 때때로 세상 사람들처럼 염려와 근심, 불안과 두려움을 느끼는 이유는 무엇입니까?

사탄은 우리 영혼과 육체를 결박하고 압제하기 위해 어깨에는 무거운 짐을, 목에는 멍에를 씌웁니다. 한 조사에 의하면, 대한민국 성인 여섯 명 중 한 명은 정신질환의 고통을 겪고 있다고 합니다. 가족 간의 관계의 어려움, 직장에서의 미래에 대한 불안, 치열한 경쟁사회 속에서 겪는

성령의 기름부음이 임하면 인간적인 기준이 아니라 성령의 생각으로 다스림을 받는 통치 안으로 들어가므로 자유함과 평안을 누립니다.

부담감 등 여러 가지 스트레스 때문에 영혼이 압박받고 있습니다.

그리스도인들이 성령의 기름부음을 통해 자유함을 누려야 하는데도 누리지 못하는 이유는 무엇입니까? 성령의 기름부음이 넘치지 않기 때문입니다.

다윗은 여호와 하나님으로 인한 만족함을 이렇게 고백합니다. "주께서 내 머리에 기름을 부으셨으니 내 잔이 넘치나이다"(시 23:5). 다윗은 이처럼 늘 풍성하게 성령의 임재의 은혜가 넘치는 삶을 누렸습니다.

신성하고 거룩한 기름과 향이 우리 영혼에 흘러내릴 때 영생의 기쁨이 흘러넘칩니다(시 133:3 참조). 이때 우리의 마음은 치유되고 회복되며, 자유를 누리며, 차고 넘치는 풍성한 삶을 누릴 수 있습니다. 주님의 기름부으심을 사모하십시오.

우리가 구원을 받았을 때 성령이 기름처럼 우리 안에 부어졌습니다(고후 1:21 참조). 이제 우리는 성령이 우리에게 계속 기름을 부어 주시기를 사모하며 간구해야 합니다.

묵상 및 적용

1. 성령의 기름부음으로 나타나는 결과는 무엇입니까?

2. 당신의 영혼 속에 자유롭지 못한 영역이 있다면 무엇인지 생각해보고, 성령의 기름부음을 통해 그곳에 자유함이 나타나도

록 기도하십시오. 주님의 신성한 기름부음을 사모하는 기도문을 써보십시오.

✋ 오늘의 기도

_____
_____
_____
_____
_____
_____

제3일 기름부음의 유익(2)
― 능력 행함, 성령의 보증, 분별과 앎

― 능력 행함

예수님께서는 이 땅에서 사역하실 때 성령과 능력을 기름 붓듯 받으셨습니다(행 10:38 참조). 마치 자동차에 기름이 가득 있을 때 힘 있게 엔진이 돌아가듯, 그분은 성령과 능력이 흘러넘치셨습니다. 예수님께서는 두루 다니시며 선한 일을 행하시고 마귀에게 눌린 모든 사람을 고치셨습니다.

마귀는 영물(靈物)입니다. 눈에 보이지 않지만 사람의 영혼을 도적질하고 죽이고 멸망시키려고 합니다(요 10:10 참조). 사람의 마음을 여러 가지 미움과 시기, 탐욕과 증오, 탐심과 이기심에 사로잡히도록 미혹합니다. 심지어 사람의 영혼을 강탈하여 압제하고 마음을 괴롭게 하고 고통스럽게 합니다. 이러한 영적인 어둠의 세력을 어떻게 물리칠 수 있습니까? 성령의 능력 외에는 이길 수 없습니다.

성령의 기름부음이란 성령 자신을 우리 자신(영혼) 속에 한량없이 부어주심으로써 우리가 성령으로 충만해지며, 성령과 하나 되는 것입니다. 그렇다면 그 기름을 어디에 부을까요?

사람은 하나님(성령님)을 받아들일 수 있는 그릇과 같은 존재입니다(고후 4:7 참조). 하나님께서는 사람을 그릇으로 만드셨기에(롬 9:21 참조), 성령으로 기름을 부어주셔서 흘러넘치는 풍성한 삶 즉, 성령 충만한 삶을 누리기 원하십니다. 우리의 영 속에 성령의 기름이 차고 넘칠 때, 우리는 내면의 죄악과 마귀의 역사로부터 자유할 수 있습니다.

어느 상담치유 세미나에서 같은 조원이었던 한 집사님의 이야기입니다. 그분은 상당히 안정적인 자영업자였는데, 어느 날 거래처에 들렀다가 낮술을 마시게 되었습니다. 그런데 한 번 두 번 마신 것이 습관이 되어 알코올중독까지 되었고, 나중에는 밥은 안 먹어도 술 없이는 못 사는 상태가 되었습니다. 술을 안 마시면 금단증상이 생겨 정신이 들지 않고 마치 안개가 낀 듯 몽롱한 상태였다가 술을 마시면 정신이 맑아졌습니다.

그러다가 하루에 청주를 큰 병으로 두 병 이상씩 마셔야 되는 상

> 성령의 기름부음이란 성령 자신을 우리 자신(영혼) 속에 한량없이 부어주심으로써 우리가 성령으로 충만해지며, 성령과 하나 되는 것입니다.

태까지 이르러, 사업은 엉망이 되고 가정생활도 정상적으로 할 수 없었습니다. 여러 번 술을 끊으려고 했지만 그때마다 실패했고, 아내의 권유로 주님을 믿으면서 일주일간 금식기도를 하며 하나님께 도움을 구했습니다. 사역자들에게 기도도 받고 하루에도 몇 번씩 예배에 참석하면서 기도를 했습니다. 그러던 중 드디어 성령의 은혜를 받아 술을 끊게 되었습니다.

그 이후로 그분은 기도의 맛을 알아 매일 새벽기도를 빠지지 않았고, 기도를 통해 승리할 수 있었다며 하나님께 감사했습니다. 그리고 지금은 가끔씩 조금 마실 때도 있지만, 매일 기도를 통해 하나님께서 주시는 은혜를 맛보기에 술에서 해방되었다고 간증했습니다.

때로 인간적인 힘으로는 끊을 수 없는 이러한 것도 성령의 은혜로 끊을 수 있고 자유함을 누릴 수 있습니다. 성령의 기름부음은 능력입니다. 성령의 기름부음을 받으면 마음속에 평강과 기쁨과 사랑과 빛이 충만해집니다.

조심스럽게 제 간증을 하자면, 저도 가끔씩 성령이 기름을 부어 주시는 경험을 합니다. 길을 가다가, 혹은 차 안이나 방 안에서 성령이 제 영혼에 은혜를 부어주시는데 마치 기름을 붓듯 부어주시는 것을 느낍니다. 기름을 바르면 몸에 스며들듯이 내 마음속에 성령의 기름이 스며들어, 마음이 밝아지고 기쁨과 평안이 흘러 들어옵니다.

어떤 때는 내가 기도를 하지 않았는데도 하나님께서 나의 일상생활에 은혜를 기름 붓듯 부어주시는 것을 경험합니다. 아마도 나를 위해 기도해주는 사람이 많아서 그런 것 같습니다.

사랑하는 가족, 남편, 자녀, 교역자, 교회 지체들, 나의 기도가 필요한 사람들, 나라를 위해 봉사하는 위정자들을 위해 우리는 기도해야 합니다. 하나님의 은혜가 기름 붓듯 임해서 그들의 마음이 성령의 능력으로 강건해지고, 하나님께서 맡기신 사명을 잘 감당할 수 있도록 기도해주어야 합니다.

- 성령의 보증

성경은 우리가 예수 그리스도를 구주로 모셔 들이면 성령이 우리 영혼에 기름처럼 임하신다고 언급합니다. 성령은 우리를 하나님의 것이라고 도장을 찍으시고 영생의 소망에 대해 보증을 주십니다. 그러므로 모든 그리스도인은 성령의 기름부음을 받은 자입니다 (고후 1:21-22 참조).

'그리스도인'이란 무슨 의미입니까? 그리스도에게 속한 사람이라는 뜻이며, 그리스도는 '기름부음 받은 자'라는 뜻입니다. 따라서 그리스도인은 기름부음 받은 자에게 속한 사람이라는 의미로, 이미 성령으로 말미암아 기름부음을 받았으며, 나아가 지속적으로 성령의 기름부음을 받아야 합니다.

- 분별과 앎

사도 요한은 우리 안에 기름부음이 있기에 그것이 모든 것을 우리에게 가르친다고 말합니다. 다시 말하면, 우리 안에 계신 성령으로 말미암아 참과 거짓을 분별할 수가 있습니다.

사도 요한이 서신을 쓰던 시기에는 이단의 가르침이 성행했습니다. 예수님께서 그리스도이심을 부인하는 세린터스의 이단과 예수님께서 육신으로 오신 것을 시인하지 않는 도세티즘의 이단이 팽배했던 때였습니다.

주님을 구세주로 모셔 들인 그리스도인들 속에는 성령이 거하시는데, 우리 속에 계신 성령은 예수님을 '주'라고 고백하게 하십니다(고전 12:3 참조). 우리는 마음과 입으로 예수님을 그리스도라고 고백합니다. 이것은 우리 자신이 입으로 고백하는 것 같지만, 사실 우리 안에 계신 성령이 이렇게 고백하게 하시는 것입니다.

"주는 그리스도시요 살아 계신 하나님의 아들이시니이다"(마 16:16)라고 말했던 베드로의 고백은 베드로가 스스로 알고 한 것이 아니라, 아버지께서 알게 해주신 것이라고 예수님께서는 말씀하셨습니다(마 16:17 참조).

이와 마찬가지로, 예수님이 그리스도이심을 깨닫게 해주시는 것은 바로 우리 안에 기름부음으로 거하시는 성령이라고 사도 요한은 말하는 것입니다.

우리가 "예수님께서는 나의 주가 되시며 그리스도가 되십니다"라고 마음으로 믿고 입으로 선포할 때마다 우리 안에 계신 성령은 기뻐하시며, 우리 속에서는 기쁨과 평안이 흘러나옵니다. 왜냐하면 우리 속에는 하나님께서 주신 영원한 생명, 신성한 생명의 흐름이 있기 때문입니다. 이것이 성령의 가르치심입니다.

🔖 **묵상 및 적용**

1. 성령의 기름부음이 임할 때 나타나는 유익은 무엇입니까?

2. 성령이 우리를 진리 가운데로 인도하시고 가르치시도록 사모하며 기도합시다.

🙌 **오늘의 기도**

제4일 사람의 영과 성령

하나님께서는 흙으로 사람의 육체를 만드시고 코에 생기를 불어넣으셔서 영혼을 만드셨습니다(창 2:7 참조). 그런데 잠언에서는 사람의 영혼이 '여호와의 등불'이라고 밝히며(잠 20:27 참조), 이사야는 사람의 영혼을 '꺼져가는 등불'로 묘사합니다(사 42:3 참조). 마태는 이사야의 말을 인용해서 예수님께서 '꺼져가는 심지'(영혼)도 끄지 않으시는 분이라고 소개합니다(마 12:20 참조).

사람의 영혼은 심지가 있는 등불입니다. 등불이 활활 타올라 어둠을 밝히기 위해서는 반드시 심지에 기름이 충분히 있어야 합니다. 기름이 없다면 심지가 메말라 꺼져가며 연기만 피울 뿐입니다. 사람의 영혼을 밝고 환하게 비추어주는 기름은 바로 성령입니다. 사람의 영혼 속에 성령의 기름부음이 계속 충분히 공급될 때, 그 영혼은 사랑과 기쁨과 평안과 능력 가운데서 빛을 발하며 살아갈 수 있습니다.

'사람의 영혼'을 '등'이라고 한다면 '심지'는 '양심'이라고 말할 수 있습니다. 심지가 꺼져가는 것은 양심이 죄와 악으로 인해 고통스러워하며 삶의 의욕을 상실해가는 것을 의미합니다.

마태복음 25장에서는 밤중에 신랑을 기다리는 미련한 처녀와 지혜로운 처녀의 비유를 소개합니다. 미련한 다섯 처녀는 등을 가지되 기름을 가지지 아니했고, 슬기 있는 다섯 처녀는 그릇에 기름을 담아 등과 함께 가져갔습니다. "신랑이 더디 오므로 다 졸며 잘새"(마 25:5), 밤중에 "보라 신랑이로다 맞으러 나오라"(마 25:6)라는 소리에 그 처녀들이 다 일어났습니다.

잠에서 깨어보니 미련한 처녀들의 등불은 꺼져갔고, 지혜로운 처녀들은 여분의 기름으로 등불을 계속 밝혔습니다. 미련한 다섯 처녀가 기름을 사러 가는 동안 신랑이 오므로, 기름을 준비하였던 지혜로운 다섯 처녀는 혼인잔치에 들어가고, 미련한 처녀들은 혼인잔치의 문이 닫혀 들어가지 못했습니다.

미련한 처녀들의 등불은 왜 꺼져갔습니까? 여분의 기름을 준비하지 못했기 때문입니다. 다른 다섯 처녀를 슬기 있다고 하는 이유는 여분의 기름 즉, 신랑이 올 때까지 필요한 기름을 충분하게 준비했기 때문입니다.

우리가 재림의 주님을 맞이하는 지혜로운 처녀가 되기 위해서는 기름으로 표현되시는 성령이 넘치는 삶, 성령 충만한 삶을 살아야 합니다.

다윗의 고백을 들어보십시오. "주께서 내 머리에 기름을 부으셨으니 내 잔이 넘치나이다"(시 23:5). 여기서 기름은 바로 성령이며, 잔은 기름을 채울 수 있는 그릇인 '사람의 영혼' 입니다.

하나님께서는 사람에게만 그분의 영을 쏟아부어 주십니다. 왜냐하면 사람에게는 영이 있기 때문입니다. 사람은 하나님을 담을 수 있는 그릇입니다(고후 4:7 참조). 동물은 영이 없기에 성령을 받을 수가 없습니다.

하나님께서 우리 영혼에 성령을 부어주시면, 우리 내면의 허전한 마음, 텅 빈 마음이 채워집니다. 그 어떤 명예와 물질도 사람의 마음을 완전히 채울 수 없습니다. 하나님께서는 우리 마음속에 주인으로 들어오시고, 계속해서 우리 속에서 운행하시며, 우리 속에서 생수처럼 기름처럼 차고 넘치시기를 원합니다(엡 3:8 참조).

성령의 기름부음을 사모하고 또 사모하십시오.

📖 묵상 및 적용

1. 당신의 영(그릇)에는 기름(성령)이 얼마나 있습니까?

2. 당신의 영에 여분의 기름을 준비하기 위해 해야 할 일은 무엇입니까?

✋ 오늘의 기도

제5일 기름부음의 성분과 효능 – 관유(1)

효소 다이어트라는 것이 있습니다. 주변의 몇 사람이 일주일간, 혹은 그 이상 음식을 먹지 않고 효소만 먹으면서 체중을 감량하는 것을 보았습니다. 현대인들은 기름진 음식을 먹는 습관과 스트레스, 피로, 운동부족이 누적되면서 몸속에 노폐물과 독소가 쌓이는데, 효소가 그것들을 빼내어 체질개선을 시켜준다고 합니다. 물 같은 효소만 먹어도 필요한 영양분이 공급되면서 살을 빼는 데 부작용이 없다는 것이 참으로 신기했습니다.

영적인 원리도 이와 같습니다. 성령의 기름부음을 통해 그리스도인은 거룩함과 능력을 공급받아 성령의 사람으로 체질이 변화됩니다. 효소의 성분이 사람의 몸에 변화를 주듯이 성령으로 예표되는 기름도 우리의 영혼을 변화시키는 효소를 가지고 있습니다.

하나님께서는 모세에게 직접 기름 만드는 법을 지시하셨습니다.

> 너는 상등 약품을 가지되 액체 몰약 오백 세겔과 그 반수의 향기로운 육계 이백오십 세겔과 향기로운 창포 이백오십 세겔과 계피 오백 세겔을 성소의 세겔로 하고 감람기름 한 힌을 가지고 그것으로 거룩한 관유를 만들되 향을 제조하는 법대로 향기름을 만들지니 그것이 거룩한 관유가 될지라   출 30:23-5

본문은 가장 좋은 향품 곧, 액체 몰약 오백 세겔, 육계 이백오십 세겔, 창포 이백오십 세겔, 계피 오백 세겔, 감람기름 한 힌으로 관유를 만드는 법을 소개합니다. 먼저 향품에 대한 의미를 알아보도록 하겠습니다.

1) 첫 번째 재료는 몰약입니다.

몰약의 의미는 무엇입니까? 몰약의 어원은 아랍어의 'mur' 즉, '몹시 쓰다'라는 뜻에서 비롯된 것이라고 합니다. 이 식물은 아라비아, 에티오피아, 소말리아 등 동부아프리카 해안이 원산지입니다. 고대에는 몰약의 홍갈색 송진이 미라의 보존을 위해 이용되었는데, 니고데모, 아리마대 요셉 역시 예수님의 장례를 위해 몰약을 가지고 왔습니다.

향기롭지만 맛이 쓴 액체 몰약은 그리스도의 귀중한 죽음을 의미합니다. 주님께서 죄인들을 위해 죽으시는 희생의 죽음이기에 향기로운 것입니다. 그러나 맛은 아주 씁니다. 이는 죽음의 고통을 의미합니다.

예수님께서는 우리를 위해 큰 낚싯바늘 같은 갈고리로 된 채찍에 맞아 피부가 찢겨지고, 나무 위에서 두 손 두 발은 대못으로 박히며, 옆구리는 창으로 찔리시는 고통을 받으셨습니다. 십자가에 매달린 고통이 극심하여 군병 중 하나가 예수님께 고통을 감소시키는 마취제와 같은 몰약 탄 포도주를 주었으나 예수님께서는 맛을 보신 후 거절하셨습니다. 인류의 모든 죄의 형벌과 고통을 친히, 홀로, 완전히 담당하시기 위해 고통을 줄여주는 마취액을 거절하신 것입니다.

2) 두 번째 재료는 육계입니다.

육계는 시나몬(cinamon)으로 알려져 있는데 계피로 통용되지만 조금 다릅니다. 육계는 계피나무 껍질의 1센티미터 이하 속껍질에서 나오고, 계피는 껍질의 바깥쪽에서 나옵니다. 육계는 심장을 자극하는 데 사용되고, 계피는 곤충과 뱀을 퇴치하는 데 사용됩니다.

육계는 우리 몸의 나쁜 분비물을 제거해주고 심장을 자극하여 생명력을 풍성하게 나타내게 합니다. 영적으로 적용하면 몰약은 그리스도의 죽음을, 육계는 그리스도의 죽음의 효능을 의미합니다.

예수님을 믿는 사람의 속에는 옛 사람과 새 사람이 있습니다. 옛 사람은 죄의 본성을 따라 사는 사람이고, 새 사람은 성령의 인도와 다스림을 받는 사람입니다. 예수 그리스도를 구주로 모신 사람은 그리스도가 십자가에서 죽으셨을 때 그의 옛 사람도 함께 죽었습니다. 따라서 우리 내면에는 늘 새 사람이 나타나야 합니다. 그러나 가끔씩 옛 사람이 나타나기도 합니다. 여전히 옛 사람의 혈기와 분노, 미움과 술수와 정욕과 죄악의 본성들이 나타납니다. 그럴 때마다 우리는 그리스도의 죽음을 적용해야 합니다. 우리 속에 있는 나쁜 분비물들이 제거되고 그리스도의 죽음의 효능으로 말미암아 그리스도의 심장이 우리 속에서 뛰어야 합니다.

그리스도의 죽음과 효능을 적용하는 기도를 해보십시오. "주여, 저는 이미 십자가에서 그리스도와 함께 죽은 자입니다. 저의 옛 사람은 이미 끝났습니다. 당신의 죽음의 효능으로 제 마음에 있는 모든 나쁜 분비물들 즉, 육에 속한 정욕과 탐심의 것들은 이미 십자가에 못 박혔습니다."

이렇게 기도하며 그리스도의 죽음의 능력을 적용할 때 우리 옛 사람은 살아 역사하지 못합니다.

 묵상 및 적용

1. 기름의 두 가지 성분은 무엇이고, 그 의미는 무엇입니까?

2. 몰약과 육계의 효능을 적용하는 기도문을 써보십시오.

🖐 오늘의 기도

제6일 기름부음의 성분과 효능 – 관유(2)

3) 관유를 만들 때 사용하는 세 번째 재료는 창포입니다.

여기서 창포는 갈대입니다. 창포의 원뜻은 '일어서다' 라는 의미입니다. 창포는 늪이나 진흙땅에서 자랍니다. 늪과 진흙에서 생명체가 자라기란 쉽지 않습니다. 늪은 음부와 같이 모든 살아 있는 것을 밑으로 빠지게 하여 사망에 이르게 합니다. 그러나 창포는 늪에서 자라지만 유일하게 공중으로 일어설 수 있습니다.

영적으로 적용하면, 이 창포는 죽음으로부터 일어서신 주 예수님, 그리스도의 부활을 의미합니다. 우리는 그리스도의 죽음을 체험한 후에 부활 안으로 인도됩니다. 부활은 사망의 권세를 깨뜨리고 다시 살아난 생명을 의미합니다.

4) 네 번째 재료는 계피입니다.

고대에서 계피는 곤충이나 뱀을 쫓는 방충제로 사용되었습니다. 계피는 어떠한 사망의 환경도 이겨낼 수 있는 부활의 생명력을 나타냅니다. 부활은 방충제처럼 모든 악한 영적 세력, 마귀를 퇴치합니다.

그리스도는 십자가에서 죽으시고 부활, 승천하셔서 하나님의 보좌 우편에 앉아 계십니다. 그분은 "하늘에 있는 자들과 땅에 있는 자들과 땅 아래 있는 자들로 모든 무릎을 예수의 이름에 꿇게 하시고, 모든 입으로 예수 그리스도를 주라 시인하여 하나님 아버지께 영광을 돌리게"(빌 2:10-11) 하셨습니다.

5) 마지막 향품은 감람기름 한 힌입니다.

이것은 하나님의 영을 상징합니다. 감람나무인 올리브나무에서 나온 올리브기름입니다. 구약에서 성령은 하나님의 영, 하나님의 신(神), 여호와의 영으로 불리셨습니다.

이 모든 향품이 하나로 섞여서 거룩한 관유가 됩니다. 관유는 몰약과 육계와 창포와 계피와 감람기름이 복합되어 나온 것입니다. 그러므로 관유는 그리스도의 죽으심과 부활의 능력, 하나님의 영의 효능이 있는 성령이라고 볼 수 있습니다.

구약에서의 성령은 단순히 하나님의 능력을 나타내는 하나님의 '영' 입니다. 그러나 신약에서는 성령으로, 로마서에서는 그리스도의 죽음과 부활을 강조하는 '그 영' 으로 칭해집니다. '그 영' 은 바로 복합적인 관유라고 말할 수 있습니다.

이 관유를 성막 안의 모든 기구에 발라 거룩하게 하였고, 아론의 아들들 즉, 제사장과 왕과 선지자들에게 기름을 부어 그들을 거룩하고 구별되게 하여, 하나님께 속한 사람임을 알게 하였습니다.

관유는 구약의 삼중직분을 기능하게 하는 실제적인 하나님의 인치심의 표시입니다. 기름을 부음으로써 삼중직분을 가진 사람들을 하나님께 속한 사람으로 도장 찍는 것과 같습니다. 또한 기름부음은 직분을 행할 수 있는 능력을 공급합니다.

- 사울과 다윗의 기름부음의 예

사울은 이스라엘의 초대 왕으로 선택되어 사무엘에게 기름부음을 받았습니다(삼상 10:1 참조). 사무엘은 사울의 머리에 기름을 부으면서 이렇게 예언합니다. "네게는 여호와의 영이 크게 임하리니 너도 그들과 함께 예언을 하고 변하여 새 사람이 되리라"(삼상 10:6).

성령으로 예표되는 기름부음을 통하여 여호와의 영이 사울에게 임한 것입니다. 여호와의 영이 사울에게 크게 임하면서 사울은 예언을 하고 새 사람이 되었습니다. 예언을 한다는 것은 하나님의 말씀을 말한다는 것입니다.

사람은 마음에 가득한 것을 입으로 말하게 되어 있습니다. 사울의 머리에 기름부음이 임하면서 사울의 마음속은 여호와의 영으로 가득 채워져 하나님의 생각과 뜻과 계획을 분별하고, 하나님의 말씀을 말할 수 있었습니다. 사울은 여호와의 영으로 말미암아 자신의 생각과 감정과 의지가 아닌, 하나님의 생각과 감정과 의지가 충만한 새 사람이 되었습니다.

성경에서 새 사람은 옛 사람과 대조됩니다. 옛 사람은 자아에 속한 사람이요, 죄에 사로잡혀 살아가는 사람입니다. 그러나 새 사람은 생각이 진리 안에서 변화를 받아 감정과 의지까지 새로워지는 속사람, 성령에 속한 사람입니다.

다윗 역시 사무엘에게 기름부음을 받아 크게 변화되었습니다. "이날 이후로 다윗이 여호와의 영에게 크게 감동되니라"(삼상 16:13). 여호와의 영에 의해 크게 감동되었다는 것은 여호와의 영의 움직임, 혹은 운행, 호흡을 의미합니다. '호흡한다' 라는 것은 '숨이 운행한다' 라는 뜻입니다. 성령의 운행, 움직임, 흐름이 다윗의 영혼 속에 크게 역사되어 나타났다는 것입니다.

바울은 빌립보 교인들을 향해 이렇게 말했습니다. "너희 안에서 행하시는 이는 하나님이시니 자기의 기쁘신 뜻을 위하여 너희에게 소원을 두고 행하시나니"(빌 2:13).

우리 안에 거하시는 성령은 호수처럼 고요하게 계시는 분이 아닙니다. 그분은 운행하시며 역사하시는 하나님으로, 마치 강이 흐르는 것처럼 살아 움직이시는 분입니다. 그분은 우리 마음속에 하나님의 기쁘신 뜻과 소원을 계속 가르치시며, 깨닫게 하시며, 나타내십니다.

우리 속에 계신 성령은 우리의 내면을 거룩하게 하고, 하나님의 뜻으로 충만하게 하여 하나님의 말씀을 알고 실행할 수 있는 사람으로 살도록 역사하십니다.

예수 그리스도는 이 땅에서 제사장, 왕, 선지자로 삼중직분을 감당하시며 살았습니다. 그리스도를 따르는 사람들을 그리스도인이라고 부릅니다. 이 의미는 '기름부음 받은 자에게 속한 사람'이라는 뜻입니다. 그리스도를 따르는 모든 그리스도인은 예수님처럼 늘 기름부음을 받음으로써 삼중직분을 수행할 수 있어야 합니다.

우리의 인격이 그리스도의 인격을 닮아 거룩해지며, 하나님의 뜻을 나타내는 제사장, 왕, 선지자로서 삼중직분을 수행하려면 성령의 기름부음이 넘쳐야 합니다. 성령의 기름부음을 사모하십시오.

 묵상 및 적용

1. 성령의 기름부음의 성분과 효능은 무엇입니까?

2. 그리스도인의 삼중직분을 수행하기 위해 성령의 기름부음을 사모하며 기도합시다.

오늘의 기도

제7일 기름부음을 사모하라

하나님께서는 그리스도인들에게 성령의 능력을 기름 붓듯 넘치도록 부어주시기를 원하지만 기름부음에도 제한이 있습니다. 출애굽기에는 "이것은 너희 대대로 내게 거룩한 관유니 사람의 몸에 붓지 말며"(출 30:31-32)라는 말씀이 나옵니다. '사람의 몸에 붓지 말며'라는 문장은 원어로는 '사람의 육체에 붓지 말며'입니다. 성경에서 '육체'의 뜻은 여러 가지입니다.

첫째는 영혼과 대조되는 육체라는 몸(body)을 의미하고, 둘째는 육에 속한 인격(사탄과 죄성의 지배를 받는 인격)을 뜻합니다. 여기에서는 두 번째 의미로 쓰여 자아가 지배하는 인격, 죄와 탐욕, 정욕, 야심으로 충만한 인격의 상태를 말합니다.

하나님의 뜻을 매번 거역하며 살아가고, 자아가 마음의 왕좌에 앉아 있는 사람에게는 기름부음이 임할 수 없습니다. 성령의 기름부음이 충만하려면, 자아의 왕좌로부터 내려와 예수 그리스도에게 그 자리를 내어드려야 합니다.

물론 사도 바울과 같은 특별한 경우도 있습니다. 그는 살의와 증오로 가득 차서 믿는 사람들을 핍박했고, 그들을 옥에 가두려고 다메섹으로 가던 중에 주님의 은혜로 영광의 주님을 만났습니다. 이는 하나님의 특별한 선택이며 은총입니다. 그렇지만 그도 삼 일 동안 금식하며 자신을 내려놓은 후에 아나니아에게 안수(기름부음)를 받아 성령 충만함을 경험합니다. 우리의 내면을 주님께 비워드릴수록 성령의 기름부음은 넘치게 공급됩니다.

열왕기하 4장 1-6절에서는 기름부음이 어떻게 임하는지 상세하게 가르쳐줍니다. 선지자의 제자였던 남편이 죽어 두 아들이 종으로 팔려가게 된 과부 여인은 엘리사에게 도움을 요청합니다. 엘리사는 여인에게 밖에 나가서 모든 이웃에게 빈 그릇을 많이 빌려다가, 문을 닫고 그 모든 그릇에 기름을 부어서 차는 대로 옮겨놓으라고 합니다.

엘리사의 말대로 순종했더니 신기하게도 기름이 그치지 않고 빈 그릇마다 채워지는 기적이 일어났습니다. 여인이 아들에게 "또 다른 빈 그릇을 가져오라"라고 하자 아들이 "다른 그릇이 없나이다"라고 대답하니 기름이 곧 그쳤습니다.

성령의 기름부음은 제한이 없습니다. 성령은 늘 풍성하게 한량없이 우리에게 부어주시기를 원합니다. 그러나 우리 마음속에 세상적인 것들이 가득 차 있으면 기름부음의 역사는 멈추고 말 것입니다. 상처와 쓴 뿌리, 원망과 욕심, 하나님보다 세상을 사랑함, 하나님보다 높아진 모든 생각을 내려놓아야 합니다(고후 10:4-5 참조). 그리고 성령의 생각과 감정과 의지로 우리 내면을 채워야 합니다. 성령이 공급하시는 마음은 두려워하는 마음이 아니라 능력과 사랑과 절제하는 마음입니다(딤후 1:7 참조). 자신을 비우고 또 비울 때, 오로지 성령으로만 채워지기를 원할 때, 기름부음이 임합니다.

우리가 기름부음을 받는 가장 좋은 방법 중의 하나는 주님의 사랑에 매혹되는 것입니다. 순간마다 주님의 사랑을 누리고, 주님의 사랑에 잠기는 것입니다. 주님께 향하지 못하도록 막는 바깥의 어려운 환경에도 불구하고, 주님이 공급하시는 끊을 수 없는 사랑을 바라볼 때(롬 8:39 참조), 주님의 사랑이 흘러넘칠 것입니다. 주님의 사랑을 단순히 혼자 누리는 것을 넘어서서 풍성하게 넘쳐 다른 사람에게 나누어줄 수 있도록 주님을 사모하십시오.

> 성령은 늘 풍성하게 한량없이 우리에게 부어주시기를 원합니다. 그러나 우리 마음 속에 세상적인 것들이 가득 차 있으면 기름부음의 역사는 멈추고 말 것입니다.

그러려면 쉬지 않고 기도해야 합니다(살전 5:17 참조). 매 순간 주님의 임재에 머무는 훈련을 해야 합니다. 주님의 임재를 의식하고 누리는 시간이 점점 길어져야 합니다. 의식이 깨어 있는 낮은 물론 잠자리에 들어서도 육체는 잠들지라도 깊은 내면에는 성령의 움직임, 흐름, 임재가 나타나도록 해야 합니다.

다윗은 세 번 기름부음을 받았습니다. 첫 번째는 사무엘에게 왕으로 임명받을 때였습니다(삼상 16:13 참조). 이 기간은 왕으로 훈련받는 기간이었습니다. 그는 두 번째 기름부음을 받고 정식으로 유다의 왕이 되었습니다(삼하 2:7 참조). 이때 다윗은 이스라엘 지파 중 일부분만 통치했습니다. 그러나 세 번째 기름부음을 받고서는 온 이스라엘의 열두 지파를 다스리는 왕이 되었습니다(삼하 5:3 참조). 성령의 기름부음은 사역을 확산시켜가는 원동력입니다. 하나님의 은혜와 사랑, 평안과 기쁨, 능력이 흘러넘칠 때 우리의 사역의 장은 넓어지고 번성해갈 수 있습니다.

성령은 2000년 전에 예수님께 기름 붓듯 한량없이 부어주셨던 능력을 주님의 몸 된 교회와 우리에게 넘치도록 부어주시기를 원합니다. 우리의 가정과 직장을 넘어서 나라와 모든 민족에게까지 축복이 흘러넘치도록 성령의 기름부음을 간구합시다.

 묵상및적용

1. 성령은 기름을 넘치도록 부어주시기를 원하지만 우리가 제한할 때가 많습니다. 그 이유는 무엇입니까?

2. 성령의 기름부음을 넘치도록 누리기 위해 당신의 그릇을 비워야 할 영역은 무엇입니까? 성령의 기름부음을 사모하며 기도문을 써보십시오.

오늘의 기도

▥ 기름부음 기도 예문

주 예수님, 이 시간 저의 모든 생각을 왕이신 주님의 발아래에 내려놓습니다.

주님께서 제 생각의 주인이 되시고, 성령의 진리의 생각으로 변화되어 주님의 빛으로 수정같이 맑아지고 투명해지기를 원합니다.

제 생각을 완전히 비워 당신의 생각으로 제 마음의 가장 깊은 곳을 채우기를 원합니다.

제 마음을 온전히 활짝 열어드립니다.

제 생각을 점유하시고, 사로잡아 주시옵소서.

십자가에서 못 박히시고, 죽으시고 부활하신 주님의 효소가 제 영 속에 흘러내리기를 원합니다.

주 예수여, 제 마음이 주님의 죽으심과 부활의 효능으로 충만하기를 원합니다.

이 시간, 몰약의 향기와 육계와 창포와 계피의 향기가 내 영에서 흘러나오게 하시고, 당신의 달콤하고 향기로운 기름으로 제 영혼을 채우소서.

당신을 갈망합니다. 온전히 주님만을 사랑하기만을 소원합니다.

시간마다, 순간마다 당신의 신선한 기름으로, 제 영혼(주님의 몸 된 지체에게)에 바르시고 또 바르소서.

당신과 온전히 하나 되어, 당신의 영원한 생명의 영광을 보게 하시고, 당신의 아름다움에 빠져들게 하소서 .

주 예수님, 당신을 사랑합니다. 주 예수님, 당신을 사랑합니다.

당신의 기름 바름으로, 제가 더 거룩해지기를 원합니다.

아론의(예수님) 머리에서부터, 수염으로, 옷깃까지, 넘치게 부으시는 당신의 기름부음으로 제 잔이 흘러넘치기를 원합니다.

당신의 신성한 기름부음을 흘려보내고, 또 흘려보내어, 향기로운 기름이 사방에 퍼지게 하소서.

오늘 만나는 모든 사람마다 당신의 거룩함과 아름다움이 나타나게 하소서.

일평생 매일매일 당신의 신선한 기름부음으로 제 영혼을 기름지게 하시고, 제 영혼이 당신의 성령의 불로 활활 타오르게 하소서.

주 예수님, 당신의 영원한 사랑으로 순간순간마다 넘치며, 그 사랑을 누리기 원합니다.

예수 그리스도의 이름으로 기도합니다. 아멘.

▊▊▊ 성령의 기름부음

주님의 죽으심과 부활에서부터 흘러나오는 권능의 기름부음

비고 비인 내 마음에 주님의 영광과 임재로 가득 채워

흘려보냄으로 거룩케 되고 분별돼

기름부음 넘침으로 부요한 은혜 누리고 누리네

성령의 넘치는 기름부음으로 오직 당신만을 사랑하고 만족해

성령의 충만한 임재와 권능으로 주님의 일을 이루도록
그리스도의 죽음의 효능이 내 영 안에 흐를 때, 죄와 사망의 법에서
해방되고 자유해

나의 기질, 분노, 원망, 더러운 내면, 그리스도의 죽음의 효능으로,
나의 옛 사람
십자가에서 끝나고, 그리스도의 부활의 효능으로 향기롭고 아름다
운 생명의 능력 넘치네

그리스도의 몰약과 육계의 향기와 달콤함, 나의 멍에와 죄 사슬 끊
기고
그리스도의 창포와 계피의 효능이 하늘의 보좌로 나를 앉히네
죽음과 부활과 승천을 통과한 그리스도의 영,
내 안에서 적시고 적셔 기름부음 넘치네

나의 상한 마음, 당신의 기름으로 바르사, 내 마음 치유 회복되고
그 영의 넘치는 효능, 내 영 안에서 살아 운행하네.

✽ 그리스도인의 기도학교 수료후기 ✽

김○○ 성도(남서울교회)

　먼저 부족한 저에게 기도학교에서 경험한 하나님의 은혜와 기도의 유익에 대해서 간증할 기회를 주신 하나님께 감사드리며, 이 간증을 통해 오직 하나님의 영광만이 드러나기를 원합니다.

　기도학교 강의는 유학생활 중 잠시 한국에 와 있었던 저에게 단비와 같은 시간이었습니다. 저는 3년간의 유학생활 동안 하나님의 놀라운 은혜들을 경험했지만, 한국에 돌아와 쉬면서 기도생활이 해이해져 있는 상태였습니다. 영적인 공급이 없자, 저의 영은 물론 육신까지 침체되어서, 매일 권태로운 일상을 보냈습니다.

　그러던 중에 어머니의 권유로 계획에 없던 기도학교 강의를 듣게 되었습니다. 기대 없이 나간 저에게 하나님께서는 첫 시간부터 놀라운 은혜를 준비해놓고 계셨습니다. 목사님의 강의 한 부분 한 부분이 분명한 하나님의 음성으로 다가왔습니다. "기도는 하나님의 임재로 내 안이 채워지는 것이다. 우리는 먼저 풍성한 그분의 존재를 구해야 한다"라는 말씀을 듣고 하나님께서 저와 좀 더 인격적인 관계를 맺기 원하신다는 것을 깨달았습니다. 또한 "내 자아가 꽉 차 있으면 그분의 음성이 들어올 수 없다. 주님께서 내 안에 들어오셔서 모든 감정과 생각을 주장하시도록 해야 한다"는 말씀을 통해, 하나님께서는 기도함으로써 제 주권과 생각을 그분 앞에 내려놓으라고 말씀하고 계셨습니다.

이렇게 하나님께서는 기도의 유익과 중요성을 직접적인 음성으로 말씀하셨을 뿐 아니라, 어떻게 기도해야 하는지 지식적으로도 알게 하셨습니다. "기도는 하나님의 임재 안에서 이루어져야 하며, 나의 뜻이 아닌 하나님의 뜻을 먼저 구해야 한다"라는 기도의 중요한 원칙들을 배울 수 있어서 얼마나 감사한지 모릅니다.

기도학교에서 제가 배우고 변화된 점을 나열하자면 수없이 많을 것입니다. 무엇보다 가장 감사한 것은 기도의 유익을 깊이 체험했기에, 자발적인 의지로 기도하게 되었다는 것입니다. 아침에 눈을 뜨면 컴퓨터를 먼저 켰던 제가 이제는 말씀으로 기도하며 하루를 시작합니다. 그리고 대화식 기도훈련을 받은 후에는 가족들이 서로 중보하며, 하나님의 뜻을 구하는 시간을 갖습니다.

마지막으로, 더욱더 많은 청년이 기도학교에서 하나님의 임재를 누리는 기도, 하나님의 마음에 합한 기도를 배우고 함께하는 귀한 시간을 누렸으면 합니다.

매주 주옥같은 강의로 인도해주신 이성훈 목사님과 사랑으로 섬겨주신 여러 조장님께도 감사를 드립니다. 무엇보다 은혜의 시간들을 허락해주신 주님께 영광을 돌립니다.

이○○ 권사(광명○○교회)

남서울교회 어느 집사님의 소개로 기도학교에 등록했는데, 낯선 남서울교회에서 이성훈 목사님과 반갑게 맞아주는 성도님들을 만나 그리스도 안에서 우리가 한 형제라는 것을 느꼈습니다. 기도학교에서 '말씀으로 기도하는 방법'을 처음 배웠고, 한 절 한 절 읽으며 간절히 기도하시는 목사님을 보면서 내가 그동안 소중한 말씀을 너무 쉽게 읽고 지나쳐버렸음을 회개했습니다.

연합 대화식 기도를 배우는 중에 조원들이 손을 잡고 어느 권사님 부부의 관계회복을 놓고 돌아가며 기도한 적이 있는데, 그 권사님이 다음 시간에 와서 남편과의 관계가 회복되었다고 기뻐하는 모습을 보면서 이 방법을 구역예배에 적용해 보아야겠다고 생각했습니다.

함께 공부하던 최 권사님은 지하철에서 기도학교 책을 보며 복습을 하곤 했는데, 어느 날 전혀 알지 못하는 사람이 다가와 "기도학교가 따로 있느냐"라고 관심을 보이며 기도학교에 본인을 꼭 인도해달라고 해서 그분도 같이 우리와 공부를 하게 되었습니다.

그분은 종갓집 맏며느리로 많은 제사를 지내다가 주님을 만나 기독교로 개종하였고, 믿는 두 며느리가 제사를 추도예배로 바꾸었는데, 기도를 할 줄 몰라서 동서한테 기도를 부탁하곤 했다고 합니다. 맏며느리로서 동서한테 기도를 부탁하는 것이 너무 부끄러워서, "하나님! 저도 기도를 잘할 수 있게 해 주세요" 하고 평소에 기도해왔다고 합니다. 그런데 정말 이렇게 기도학교를 다니는 분을 만나 인도함을 받았다며, 살아 계신 하나님을 기뻐하면서 누구보다 더 열심히 공부했습니다. 그분이 기도학교를 통하여 믿음이 성장해 가는 모습을 보며 우리는 모두 참으로 행복했습니다. 하나님께서는 언제나 자신을 찾는 자를 만나주시고 사랑해주신다는 사실을 다시 한 번 알게 되었습니다.

또한 그동안 내 생각이 앞서 주님을 멀리하고 기도응답을 재촉하며 나름대로 판단했던 것들이 얼마나 어리석은 믿음이었는지 깨달았습니다. 기도학교를 통하여 받은 은혜를 소중히 간직하며 믿음의 지경을 넓혀가겠습니다.

이제 모든 문제를 인격적으로 만난 주님의 발아래에 내려놓습니다. 얕은 물가에서 기도드렸었는데, 주님이 주시는 생수가 넘치는 지성소에서 기도하게 하시니 감사합니다.

끝으로 이렇게 귀한 기도학교를 통해 우리를 깨닫게 해주신 남서울교회와 이성훈 목사님에게 진심으로 감사드리며, 주님이 제사장 직분을 받은 믿음의 형제들의 영을 만져주실 때 감사로 응답하며, 아름다운 성령의 열매를 많이 맺어 하나님께 사랑받는 자녀들이 되기를 기도합니다.

박○○ 집사(남서울교회 / 주일반 수료자)

그동안 기도에 대하여 막연하게만 알고 있었기에, '어떻게 하는 기도를 주님께서 받아주실까?', '어떻게 하면 기도를 더 잘할 수 있을까?' 하는 이러한 문제를 구체적으로 해결하고자 기도학교에 등록했습니다.

'기도란 무엇인가' 라는 첫 시간 강의를 들으면서, "기도는 우리가 호흡할 때 공기를 마시는 것처럼 하나님의 영을·내 속에 채우는 것이다. 하나님과의 인격적인 만남으로 그분을 내 안에 채우고, 그분의 얼굴을 구하고, 그분의 임재 앞에 머무르는 것이 기도"라는 사실을 알게 되었습니다.

고속버스를 타고 출근하면서 기도학교에서 배운 말씀을 암송하며 기도하니 여러 가지가 달라졌습니다. 예전에는 기도를 2-3분 이상 한 적이 별로 없었는데, 나를 비우고 내 안에 주 예수님을 모시는 기도(내가 생각하고 말하고 행동하는 모든 것을 주님께서 주장해주옵소서. 눈짓, 손짓, 발짓까지 다스려주옵소서)를 하게 되니, 기도가 끊어지지 않고 계속 이어졌습니다.

새벽에 상당산성을 등산하고 내려오는 길에 "주 예수님!" 하고 크게 세 번을 외친 후, "내가 생각하고 말하고 행동하는 모든 것, 주님께서 주장해주옵소서. 주님께서는 나의 왕이십니다. 주님께서는 창조주이십니다. 이 산과 나무와 태양과 신선한 공기를 주신 하나님 감사합니다" 하면서 약 1시간 정도(그때는 10분쯤 지난 느낌이었습니다) 뜨겁게 기도를 드렸습니다. 그때 내 안의 주님께서 함께 기도하시는 것을 느꼈습니다.

그리고 제8과 '생수를 누리는 기도' 시간에는 "우리 속에 계신 성령을 통해 생수의 강이 흘러나오게 함으로써 우리의 온 존재가 하나님의 생명으로 적셔진다"라는 진리를 배웠습니다. "배에서 생수의 강이 흘러나오리라"라는 말씀에 큰 은혜를 받았습니다.

시와 찬송과 신령한 노래를 하라(엡 5:18-19 참조)라는 말씀을 적용하는 찬송시도 난생처음 써보았습니다. 직장인선교회에서 다녀온 포암산을 배경으로 시를 쓰고 182장에 곡을 붙였습니다. 잘 썼는지 검증도 받기도 전에, 중앙대학교 대학원 모 교수께서 박사학위 논문심사가 통과되었다는 소식을 듣고 포암산 사진 몇 장과 찬송시를 축하의 메시지와 함께 메일로 보냈습니다. 그런데 교수님께서 수업시간에 공개적으로, 제가 보내준 찬송시 메일을 받고 울었다는 이야기를 하며, 그 찬송시가 자기의 마음을 흔들어놓았다고 고백했습니다.

기도학교를 통하여 주님께 가까이 나아갈 수 있도록 훈련시켜주신 이성훈 목사님, 조장님, 조원 여러분께 감사드립니다. 배운 것을 잘 실천하여 주님께서 기뻐하시는 기도의 사람이 되겠습니다.

❋기도학교 운영자 지침❋

기도학교 운영 방안

1. 기도에 관련된 책과 자료 수집
2. 교역자가 《영광의 보좌로 나아가는 기도》를 먼저 읽고 기도의 개념을 잡은 후, 중직자(기도부서의 임원들)와 함께 책을 읽고 소감문 나누기
3. '그리스도인의 기도학교' 강의용 CD 듣기
4. '그리스도인의 기도학교' 목회자 임상 세미나 참석
5. 교회에서 '그리스도인의 기도학교' 세미나 실시
6. 기도학교 운영을 위해 기도하면서 현재 교회에 필요한 기도의 공과 항목 작성
   - 교재는 남서울교회 중보기도부 클럽에 회원가입 후 다운받을 수 있습니다.
7. 교역자가 가르치고자 하는 내용으로 공과 작성
   - '그리스도인의 기도학교' 교재와 책을 바탕으로 운영자 스타일로 만드십시오.
8. 소그룹으로 시작하여 임원, 중직자들을 조장으로 세우기
   - 임원들의 역할 분담(총무회계: 간식, 교재, 회비, 출석부 / 조장: 목회자의 강의 후 '묵상과 적용' 질문으로 함께 나누는 역할, 기도 섬김이 역할)
9. 수업시간 일정표와 10-12주간 진행표 만들기

- 수업일정 및 과별 진행표 참조
- 12주 훈련이 좋으나 조금 길게 느껴지면 10주간으로 해도 무방

10. 수료식
   - 간증자를 2-3명 정도 선정하여 미리 간증문을 써오게 하십시오.
   - 간증문 점검 후 발표
   - 수료증 수여
   - 마지막 모임 때는 조별로 식사하게 하십시오.

기도학교 훈련생 모집 순서

1. 기도부서가 있으면 임원들이 먼저 모여 '그리스도인의 기도학교'를 위해 주 1회, 4주간 기도모임을 하십시오.
2. 기도부서 임원들부터 먼저 소그룹으로 시작하십시오.
   - 먼저 소그룹으로 시작한 사람들은 자원하여 '조장'으로 봉사하게 하십시오.
3. 2-3주간 동안 '그리스도인의 기도학교'를 주보(또는 전단지)에 소개하십시오.
4. 신청서를 만들어 신청을 받으십시오. 이때 신청서에 신청자 소개란을 만드십시오.
5. 신청서를 작성하지 않은 성도들을 위해 첫 시간은 공개강좌로 진행하십시오.

✼기도학교 훈련생 지침✼

본서 활용 방안

본서는 칼럼형식으로 구성되었지만 '그리스도인의 기도학교' 교재로도 사용할 수 있습니다.

1. 먼저 책 전체를 정독하십시오. 본서는 성경적인 기도에 대한 주제를 10주간 분량으로 만들었습니다. 각 주제는 서로 연결되어 있습니다. 정독한 후 매일, 매주 단위별로 읽고, '묵상과 적용'을 실행하십시오. 혹은 하루 10분 매일 칼럼을 읽고 '묵상 및 적용'을 실행하십시오.

2. 일대일, 혹은 소그룹으로도 공부가 가능합니다. 기간을 정해서 책을 정독하고 소감문을 쓴 후, 혹은 일주일에 한 과씩 칼럼을 읽고 '묵상과 적용', '기도문'을 써온 후에 깨달은 말씀을 함께 나누십시오.

    칼럼의 내용을 함께 나누면 개념을 더 확실히 정립할 수 있으며, 함께 기도할 때 더 큰 성령의 역사가 일어납니다. 부부, 자녀, 친구, 구역(목장)이 모여 10주간, 혹은 기간을 정해 책을 읽고, 나눔과 기도를 실행하십시오.

    첫 모임 때 각자 기도제목을 나누고, 모임이 끝날 때까지 서로 기도해주십시오.

3. 각 과의 과제(찬송시, 편지, 기도문, 책 읽기, 소감문 등)를 충실하게 하기 바랍니다. 과제를 작성하여 함께 나눌 때 풍성한 은혜가 나타납니다.

기도는 우리의 삶 속에서 시로, 노래로 다양하게 표현되어야 합니다. 성경은 성령 충만한 삶은 시와 찬미와 신령한 노래들로 화답하는 삶이라고 밝힙니다(엡 5:18 참조). 주님에 대한 우리의 고백이 계속 새롭게 표현되어야 합니다. 오늘날의 찬송가도 삶 속에서 체험한 하나님의 은혜의 표현들, 즉 찬송시와 가사들이 모여서 만들어진 것입니다.

4. '그리스도인의 기도학교' 세미나에 참석하십시오.

제   기 그리스도인의 기도학교 과별 진행표

20 년 월 일 ~ 월 일

_____반

수업진행 계획			훈련생의 주간 수업준비		
주차	날짜	제목	조별 활동	암송	말씀으로 기도하기
1		제1과 기도의 의미와 원칙	기도제목 나누기	빌 1:21 창 1:26	암송구절로 기도
2		제2과 제사장과 기도	소감문, 기도문 나누기	벧전 2:5, 9	암송구절로 기도
3		제3과 성령 안에서 기도하라	양심을 따라 기도문 쓰기	엡 6:18 벧전 3:21	암송구절로 기도
4		제4과 주님의 인격을 누리는 기도	주님의 이름을 부르며 고백기도 20분 실행	롬 10:12-13	암송구절로 기도
5		제5과 말씀으로 기도함	조별 말씀으로 기도하기	골 3:16 골 2:2-3	시편 1편으로 기도
6		제6과 대화식 연합기도(1)	연합기도 실행(1)	마 18:19-20 행 2:4	데살로니가전서 1장
7		제7과 대화식 연합기도(2)	말씀으로 연합기도 실행	엡 4:16 빌 2:1-2	데살로니가전서 2장
8		제8과 생수를 누리는 기도(1)	조별 찬송시	요 7:37-39	데살로니가전서 3장
9		제9과 생수를 누리는 기도(2)	개인별 찬송시	엡 5:19-20	데살로니가전서 4장
10		제10과 기름부음의 기도	찬송시 및 기름부음에 대한 간구문	눅 4:18 고후 1:21-22	데살로니가전서 5장

* 첫날은 공개강좌 가능(기도의 개념 강의, 소개 및 지원동기, 기도제목 나눔)

✲ 그리스도인의 기도학교 훈련원 ✲

목적
'그리스도인의 기도학교 훈련원'은 교회마다 그리스도인의 기도학교가 설립되어 모든 성도가 하나님의 풍성한 은혜를 누리도록 돕기 위함입니다.

목표
그리스도인의 기도학교를 통해 성도들이 단계적 기도훈련을 받으며 중보기도에 헌신하도록 합니다.

중점 사항
- 기도를 통해 주님의 임재를 풍성하게 누림으로 행복한 삶을 영위함
- 단계적 기도훈련을 통해 성령 충만한 기도사역자 양성
- 기도학교의 단계별 과정 확립

세미나 과정
1) 10주 과정: 10과 전체 내용을 1주에 하루 2시간씩 실시
2) 3일 과정: 10과 전체 내용을 3일간 실시
3) 2일 과정: 10과 중 6과의 핵심내용으로 2일간 실시
4) '그리스도의 기도학교' 소개 세미나: 1과, 5과 중심으로 총 4시간 과정

자세한 문의는 아래로 연락바랍니다.

이메일 주소: lsh4438@daum.net

훈련원 전화: 070-8699-5667

후원계좌번호: 우체국 012237-02-234779(이성훈)

하나은행 289-910133-48607(이성훈)

우리나라의 모든 성도와 교회에 하나님의 풍성한 은혜와 축복이 넘치기를 기도하며, 이 모든 일이 하나님께 영광이 되기를 소원합니다.

❋ 그리스도인의 기도학교 세미나 신청서 ❋

*신청자(직분):

*교회명:

*교단:

*연락처(핸드폰):

*교회 전화번호:

*신청과정: 신청하고자 하는 과정에 O표 하세요.

☐ 10주 과정

☐ 3일 과정

☐ 2일 과정

☐ '그리스도인의 기도학교' 소개 세미나 과정

그리스도인의 기도학교 훈련원

원장 이성훈 목사

모든 기도와 간구를 하되 항상 성령 안에서 기도하고 이를 위하여
깨어 구하기를 항상 힘쓰며 여러 성도를 위하여 구하라   _엡 6:18

21c 교회성장과 축복의 통로

교회진흥원은 기독교한국침례회 총회의 교육, 문서선교 기관으로서 교회의 교육, 목회, 선교활동에 관한 실제적인 연구와 프로그램 개발, 기독교 정보를 제공하고, 자료 출판 및 보급사역을 하고 있습니다.

- 각 연령별 교회학교 공과, 구역공과, 제자훈련 교재, 음악도서를 기획, 출판하고 이와 관련된 각종 강습회를 실시합니다.
- 요단출판사를 운영하며 매년 70여 종의 각종 신앙도서와 제자 훈련 교재를 기획, 출판합니다.
- 3개의 직영서점을 운영하고 있습니다.

요단출판사 의 사역정신

그리스도인들의 올바른 신앙성장과 영성 개발에 필요한 신앙도서를 엄선하여 출판, 보급함으로써 이 땅에 하나님 나라 확장을 위해 헌신하고 있습니다.

- **F**or God For Church
  하나님과 교회의 유익을 위하여 도서를 기획 출판합니다.
- **O**nly Prayer
  오직 기도뿐이라는 자세로 사역합니다.
- **W**ay To Church Growth & Blessings
  교회성장과 축복의 통로가 되기 위해 사명을 감당합니다.
- **G**ood Stewardship & Professionalism
  선한 청지기와 프로정신으로 사역합니다.
- **C**reating Christianity Culture & Developing Contents
  각종 문화 컨텐츠를 개발함으로 기독교 문화 창달에 기여합니다.

직영서점

요단기독교서적 교회용품센타 서울특별시 서초구 잠원동 69-14 반포쇼핑타운 6동 2층
TEL 02) 593 · 8715~8 FAX 02) 536 · 6266 / 537 · 8616(용품)

둔산침례회서관 대전광역시 서구 둔산동 1092번지 신둔산 빌딩 2층
TEL 042) 472 · 1919~20 FAX 042) 472 · 1921

대전침례회서관 대전광역시 동구 중동 21-27
TEL 042) 255 · 5322, 256 · 2109 FAX 042) 254 · 0356

요단인터넷서점 www.jordanbook.com

"그러므로 너희는 가서 모든 민족을 제자로 삼아 아버지와 아들과 성령의 이름으로 침(세)례를 베풀고 내가 너희에게 분부한 모든 것을 가르쳐 지키게 하라 볼지어다 내가 세상 끝날까지 너희와 항상 함께 있으리라 하시니라." _마 28:19~20